LA DINÁMICA DE LA TIERRA

Anthea Maton
Ex coordinadora nacional de NSTA
Alcance, secuencia y coordinación del proyecto
Washington, DC

Jean Hopkins
Instructora de ciencias y jefa de departamento
John H. Wood Middle School
San Antonio, Texas

Susan Johnson
Profesora de biología
Ball State University
Muncie, Indiana

David LaHart
Instructor principal
Florida Solar Energy Center
Cape Canaveral, Florida

Charles William McLaughlin
Instructor de ciencias y jefe de departamento
Central High School
St. Joseph, Missouri

Maryanna Quon Warner
Instructora de ciencias
Del Dios Middle School
Escondido, California

Jill D. Wright
Profesora de educación científica
Directora de programas de área internacional
University of Pittsburgh
Pittsburgh, Pennsylvania

Prentice Hall
Englewood Cliffs, New Jersey
Needham, Massachusetts

Prentice Hall Science

Dynamic Earth

Student Text and Annotated Teacher's Edition
Laboratory Manual
Teacher's Resource Package
Teacher's Desk Reference
Computer Test Bank
Teaching Transparencies
Product Testing Activities
Computer Courseware
Video and Interactive Video

The illustration on the cover, rendered by Keith Kasnot, shows one of the most dynamic events on Earth—the eruption of a volcano.

Credits begin on page 190.

SECOND EDITION

ISBN 0-13-400623-2

1 2 3 4 5 6 7 8 9 10   97 96 95 94 93

Prentice Hall
A Division of Simon & Schuster
Englewood Cliffs, New Jersey 07632

STAFF CREDITS

Editorial:	Harry Bakalian, Pamela E. Hirschfeld, Maureen Grassi, Robert P. Letendre, Elisa Mui Eiger, Lorraine Smith-Phelan, Christine A. Caputo
Design:	AnnMarie Roselli, Carmela Pereira, Susan Walrath, Leslie Osher, Art Soares
Production:	Suse F. Bell, Joan McCulley, Elizabeth Torjussen, Christina Burghard
Photo Research:	Libby Forsyth, Emily Rose, Martha Conway
Publishing Technology:	Andrew Grey Bommarito, Deborah Jones, Monduane Harris, Michael Colucci, Gregory Myers, Cleasta Wilburn
Marketing:	Andrew Socha, Victoria Willows
Pre-Press Production:	Laura Sanderson, Kathryn Dix, Denise Herckenrath
Manufacturing:	Rhett Conklin, Gertrude Szyferblatt

Consultants

Kathy French	National Science Consultant
Jeannie Dennard	National Science Consultant

Prentice Hall Ciencia

La dinámica de la tierra

Student Text and Annotated Teacher's Edition
Laboratory Manual
Teacher's Resource Package
Teacher's Desk Reference
Computer Test Bank
Teaching Transparencies
Product Testing Activities
Computer Courseware
Video and Interactive Video

La ilustración de la portada, por Keith Kasnot, muestra uno de los fenómenos más dinámicos de la Tierra: la erupción de un volcán.

Procedencia de fotos e ilustraciones, página 190.

SEGUNDA EDICIÓN

ISBN 0-13-801978-9

1 2 3 4 5 6 7 8 9 10   97 96 95 94 93

Prentice Hall
A Division of Simon & Schuster
Englewood Cliffs, New Jersey 07632

PERSONAL

Editorial:	Harry Bakalian, Pamela E. Hirschfeld, Maureen Grassi, Robert P. Letendre, Elisa Mui Eiger, Lorraine Smith-Phelan, Christine A. Caputo
Diseño:	AnnMarie Roselli, Carmela Pereira, Susan Walrath, Leslie Osher, Art Soares
Producción:	Suse F. Bell, Joan McCulley, Elizabeth Torjussen, Christina Burghard
Fotoarchivo:	Libby Forsyth, Emily Rose, Martha Conway
Tecnología editorial:	Andrew G. Black, Deborah Jones, Monduane Harris, Michael Colucci, Gregory Myers, Cleasta Wilburn
Mercado:	Andrew Socha, Victoria Willows
Producción pre-imprenta:	Laura Sanderson, Kathryn Dix, Denise Herckenrath
Manufactura:	Rhett Conklin, Gertrude Szyferblatt

Asesoras

Kathy French	National Science Consultant
Jeannie Dennard	National Science Consultant

CONTENTS

DYNAMIC EARTH

CONTENIDO

LA DINÁMICA DE LA TIERRA

CONCEPT MAPPING

Throughout your study of science, you will learn a variety of terms, facts, figures, and concepts. Each new topic you encounter will provide its own collection of words and ideas—which, at times, you may think seem endless. But each of the ideas within a particular topic is related in some way to the others. No concept in science is isolated. Thus it will help you to understand the topic if you see the whole picture; that is, the interconnectedness of all the individual terms and ideas. This is a much more effective and satisfying way of learning than memorizing separate facts.

Actually, this should be a rather familiar process for you. Although you may not think about it in this way, you analyze many of the elements in your daily life by looking for relationships or connections. For example, when you look at a collection of flowers, you may divide them into groups: roses, carnations, and daisies. You may then associate colors with these flowers: red, pink, and white. The general topic is flowers. The subtopic is types of flowers. And the colors are specific terms that describe flowers. A topic makes more sense and is more easily understood if you understand how it is broken down into individual ideas and how these ideas are related to one another and to the entire topic.

It is often helpful to organize information visually so that you can see how it all fits together. One technique for describing related ideas is called a **concept map**. In a concept map, an idea is represented by a word or phrase enclosed in a box. There are several ideas in any concept map. A connection between two ideas is made with a line. A word or two that describes the connection is written on or near the line. The general topic is located at the top of the map. That topic is then broken down into subtopics, or more specific ideas, by branching lines. The most specific topics are located at the bottom of the map.

To construct a concept map, first identify the important ideas or key terms in the chapter or section. Do not try to include too much information. Use your judgment as to what is

really important. Write the general topic at the top of your map. Let's use an example to help illustrate this process. Suppose you decide that the key terms in a section you are reading are School, Living Things, Language Arts, Subtraction, Grammar, Mathematics, Experiments, Papers, Science, Addition, Novels. The general topic is School. Write and enclose this word in a box at the top of your map.

SCHOOL

Now choose the subtopics—Language Arts, Science, Mathematics. Figure out how they are related to the topic. Add these words to your map. Continue this procedure until you have included all the important ideas and terms. Then use lines to make the appropriate connections between ideas and terms. Don't forget to write a word or two on or near the connecting line to describe the nature of the connection.

Do not be concerned if you have to redraw your map (perhaps several times!) before you show all the important connections clearly. If, for example, you write papers for Science as well as for Language Arts, you may want to place these two subjects next to each other so that the lines do not overlap.

One more thing you should know about concept mapping: Concepts can be correctly mapped in many different ways. In fact, it is unlikely that any two people will draw identical concept maps for a complex topic. Thus there is no one correct concept map for any topic! Even

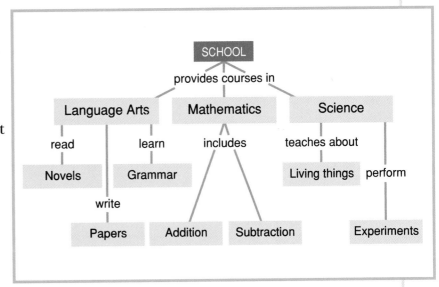

though your concept map may not match those of your classmates, it will be correct as long as it shows the most important concepts and the clear relationships among them. Your concept map will also be correct if it has meaning to you and if it helps you understand the material you are reading. A concept map should be so clear that if some of the terms are erased, the missing terms could easily be filled in by following the logic of the concept map.

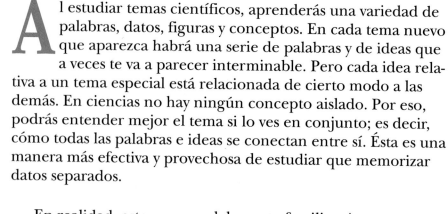

Al estudiar temas científicos, aprenderás una variedad de palabras, datos, figuras y conceptos. En cada tema nuevo que aparezca habrá una serie de palabras y de ideas que a veces te va a parecer interminable. Pero cada idea relativa a un tema especial está relacionada de cierto modo a las demás. En ciencias no hay ningún concepto aislado. Por eso, podrás entender mejor el tema si lo ves en conjunto; es decir, cómo todas las palabras e ideas se conectan entre sí. Ésta es una manera más efectiva y provechosa de estudiar que memorizar datos separados.

En realidad, este proceso debe serte familiar. Aunque no te des cuenta, analizas muchos de los elementos de la vida diaria, considerando sus relaciones o conexiones. Por ejemplo, al mirar un ramo de flores, lo puedes dividir en grupos: rosas, claveles y margaritas. Después, asocias colores con las flores: rojo, rosado y blanco. Las flores serían el tema general. El subtema, tipos de flores. Un tema tiene más sentido y se puede entender mejor si comprendes cómo se divide en ideas y cómo las ideas se relacionan entre sí y con el tema en su totalidad.

A veces es útil organizar la información visualmente para poder ver la correspondencia entre las cosas. Una de las técnicas usadas para organizar ideas relacionadas es el **mapa de conceptos**. En un mapa de conceptos, una palabra o frase recuadrada representa una idea. La conexión entre dos ideas se describe con una línea donde se escriben una o dos palabras que explican la conexión. El tema general aparece arriba de todo. El tema se divide en subtemas, o ideas más específicas, por medio de líneas. Los temas más específicos aparecen en la parte de abajo.

Para hacer un mapa de conceptos, considera primero las ideas o palabras claves más importantes de un capítulo o sección. No trates de incluir mucha información. Usa tu juicio para decidir qué es lo realmente importante. Escribe el tema general arriba

de tu mapa. Un ejemplo servirá para ilustrar el proceso. Decides que las palabras claves de una sección son Escuela, Seres vivos, Artes del lenguaje, Resta, Gramática, Matemáticas, Experimentos, Informes, Ciencia, Suma, Novelas. El tema general es Escuela. Escribe esta palabra en un recuadro arriba de todo.

ESCUELA

Ahora, elige los subtemas: Artes del lenguaje, Ciencia, Matemáticas. Piensa cómo se relacionan con el tema. Agrega estas palabras al mapa. Continúa así hasta que todas las ideas y las palabras importantes estén incluídas. Luego, usa líneas para marcar las conexiones apropiadas. No dejes dc cscribir en la línea de conexión una o dos palabras que expliquen la naturaleza de la conexión.

No te preocupes si debes rehacer tu mapa (tal vez muchas veces), antes de que se vean bien todas las conexiones importantes. Si, por ejemplo, escribes informes para Ciencia y para Artes del lenguaje, te puede convenir colocar estos dos temas uno al lado del otro para que las líneas no se superpongan.

Algo más que debes saber sobre los mapas de conceptos: pueden construirse de diversas maneras. Es decir, dos personas pueden hacer un mapa diferente de un mismo tema. ¡No existe un único mapa de conceptos! Aunque tu mapa no sea igual al de tus compañeros, va a estar bien si muestra claramente los conceptos más importantes y las relaciones que existen entre ellos. Tu mapa también estará bien si tú le encuentras sentido y te ayuda a entender lo que estás leyendo. Un mapa de conceptos debe ser tan claro que, aunque se borraran algunas palabras se pudieran volver a escribir fácilmente, siguiendo la lógica del mapa.

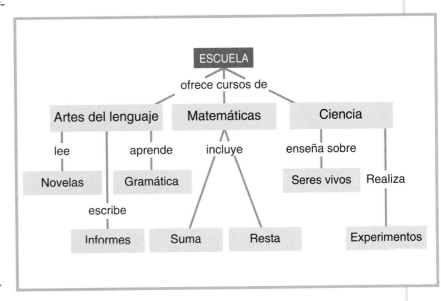

DYNAMIC EARTH

▲ Waterfalls and streams slowly wear away the rock of the island's interior.

Lava spews forth from the top of Mauna Loa and flows in orange rivers down its slopes. ▶

It is midnight on the island of Hawaii. The stars shine brightly in a coal-black sky; they look close enough to touch. But in one part of the sky above a distant mountain ridge, something strange is happening.

Red and purple clouds swirl rapidly and restlessly, rumbling with thunder. Just below them, there is an eerie reddish glow. Orange and yellow flames flicker along the ridge, forming a shimmering curtain of fire.

Through your binoculars, you can see that this is no ordinary fire. Fountains of molten rock the colors of flame leap from cracks in the Earth and fall back to the ground in showers of black cinders. Scarlet streams of molten rock ooze from the cracks and flow away, creating twisted formations of black rock as they cool.

Even as the island is being built up in one place, it is being broken down in another. Waves pound against the island's shore, grinding the rocks of the coast into sand and carrying the sand away. Farther inland, rocks are broken down into soil by wind, rain, and plants. Like the rest of the dynamic Earth, the island is constantly changing.

Waves crash along the shore, breaking down rock born of volcanic activity.

Discovery *Activity*

Sand

1. Examine some sand with a magnifying glass. What do you observe?

2. Form a pile of sand in a large waterproof container such as a dishpan. Pour water from a paper cup onto the sand. Does the speed at which you pour make a difference in what you observe?

3. Fill the bottom of a small plastic container to a depth of 2 centimeters with wet sand. Stir 25 grams of alum into the sand. Allow the mixture to dry completely (about 2 days). After the mixture has dried, gently twist the sides of the container to free its contents.

   ■ How do you think the observations you made in this activity relate to events that occur in nature?

LA DINÁMICA DE LA TIERRA

Las cascadas y los arroyos desgastan lentamente las rocas en el interior de la isla.

Es medianoche en la isla de Hawai. Las estrellas resplandecen en el cielo negro y parece que se podrían tocar. Pero en el cielo, sobre la cumbre de un monte lejano, algo extraño está pasando.

Nubes rojas y moradas se arremolinan sin descanso, retumbando como el trueno. Justo bajo ellas algo brilla, rojizo y amenazador. Llamas anaranjadas y amarillas vacilan por las crestas, como cortinas relucientes de fuego.

Con tus binoculares ves que no es un fuego cualquiera. Surtidores de roca fundida al rojo surgen de la tierra cuarteada y caen al suelo con lluvias de negras cenizas. Ríos de roca líquida escarlata rezuman de las grietas y fluyen, creando al enfriarse formaciones retorcidas de roca negra.

La lava sale despedida de la cumbre del Mauna Loa y fluye en ríos anaranjados por sus laderas.

Al mismo tiempo que la isla está creciendo por un lado, se está desintegrando por el otro. Las olas chocan contra la orilla, convirtiendo las rocas en arena y llevándosela. En el interior el viento, la lluvia y las plantas transforman la roca en tierra. Como el resto de la Tierra, tan dinámica, la isla está siempre cambiando.

Las olas chocan contra la orilla, descomponiendo las rocas volcánicas.

Para averiguar *Actividad*

Arena

1. Examina un poco de arena con una lupa. ¿Qué ves?

2. Forma una pila de arena en un gran recipiente impermeable como un barreño. Con un vaso, vierte agua sobre la arena ¿Influye la velocidad con que la viertes en lo que observas?

3. Llena el fondo de un pequeño recipiente de plástico con unos 2 centímetros de arena húmeda. Mézclala con 25 gramos de alumbre. Deja secar completamente (unos 2 días). Cuando la mezcla esté seca, retuerce suavemente los lados del recipiente para liberar el contenido.

   ■ ¿Qué relación crees que hay entre las observaciones que hiciste en esta actividad y los fenómenos de la Naturaleza?

Movement of the Earth's Crust

Guide for Reading

After you read the following sections, you will be able to

1–1 Earth's Changing Surface

■ Describe how the Earth's crust is deformed.

1–2 The Floating Crust

■ Define isostasy and explain its effect on the movement of the Earth's crust.

Have you ever had the exhilarating experience of standing at the edge of a mountain and looking down into a valley far below? Did you know that millions of years ago the mountain and valley probably looked quite different? The land may have been completely flat, without so much as a hill. Perhaps the area was once beneath an ocean. What caused the land to change? How did the mountain and the valley form?

Throughout the Earth's long history, its surface has been lifted up, pushed down, bent, and broken by forces beneath the surface. Although the resulting movements of the Earth's surface are usually too small and too slow to be directly observed, they are constantly changing the appearance of the Earth. Thus the Earth looks different today from the way it did millions of years ago. For example, what were once small hills may now be mountains that stand almost 9 kilometers above sea level!

What are the forces that cause mountains and valleys to form and grow? How do they work? Read on and find out.

Journal *Activity*

You and Your World Perhaps you have hiked to the top of a high mountain, traveled down into a valley, or imagined doing so. In your journal, discuss your experiences, real or imagined. Accompany your description with some illustrations.

◀ *These towering mountains did not always exist. But over time, forces deep within the Earth have pushed them up far above the surrounding land.*

El movimiento de la corteza terrestre

¿Alguna vez has tenido la hermosa experiencia de estar al borde de una montaña, contemplando el valle que se extiende abajo? ¿Sabías que hace millones de años tanto el valle como la montaña tenían probablemente un aspecto bastante diferente? El terreno podía haber sido completamente llano, sin ninguna elevación o, quizás, podía haber estado bajo el océano. ¿Cuáles fueron las causas del cambio? ¿Cómo se formaron los valles y las montañas?

A través de su historia, la superficie de la Tierra ha sufrido elevaciones, hundimientos, dobleces y fracturas, causadas por fuerzas del interior. Aunque son general-mente muy pequeños y lentos para ser observados directamente, los movimientos de la corteza terrestre están cambiando constantemente la apariencia de la Tierra. Esto hace que su aspecto actual sea diferente al aspecto que tenía hace millones de años. Por ejemplo, lo que un día fueron pequeñas elevaciones de terreno, pueden ser ahora montañas que se elevan casi 9 kilómetros sobre el nivel del mar.

¿Cuáles son las fuerzas que ocasionan la formación y el crecimiento de las montañas y los valles? ¿Cómo funcionan? Para averiguarlo, continúa leyendo.

Diario *Actividad*

Tú y tu mundo Seguramente alguna vez has escalado una montaña o descendido a un valle o, lo habrás imaginado. Describe en tu diario tus experiencias, ya sean reales o imaginarias. Acompaña la descripción con ilustraciones.

◀ *Estas montañas no han existido siempre. Con el paso de los años, fuerzas internas las han elevado sobre el nivel del terreno que las rodea.*

Guide for Reading

Focus on these questions as you read.

▶ How does the formation of mountains, valleys, plateaus, and domes relate to stress?

▶ How do faulting and folding change the appearance of the Earth's surface?

1–1 Earth's Changing Surface

Stress! This word is probably all too familiar to most people. Think about the last time you were under a lot of stress. Perhaps you were getting ready to take a hard math test, arguing with a friend or family member, making a difficult decision, or waiting for your turn to perform in a musical or athletic competition. You may have felt as if you were being pulled in many directions at once. Or you may have felt so tense inside that you thought something might snap.

Like you, the Earth also experiences **stress**. This kind of stress, however, is not the result of emotionally difficult situations. Rather, it is caused by forces within the Earth itself. These forces push and pull on the part of the Earth known as the **crust**. The crust is the surface, or outermost, layer of the Earth.

There are two major sections of the crust. One section is called continental crust. Continental crust makes up the Earth's landmasses, such as the North American continent. In most places, continental crust is about 32 kilometers thick. But under tall mountains, it can be up to 70 kilometers thick.

The other section of the crust is called oceanic crust. Oceanic crust is found under the ocean floor. It is thinner than continental crust. Oceanic crust is usually about 8 kilometers thick.

Figure 1–1 *The rocks of the Earth's crust may be carved into strange and beautiful forms by the action of wind, water, and weather. The Needle's Eye is found in the Black Hills of South Dakota (left). The red–orange pinnacles are found in Bryce Canyon National Park in Utah (right).*

1–1 Cambios de la superficie terrestre

¡Tensión! Probablemente es una de las palabras más conocidas. Piensa en la última vez que hayas estado sometido a mucha tensión. La preparación de un examen de matemáticas difícil, una discusión con un amigo o con un familiar, el tomar una decisión o, esperar tu turno en una competición artística o deportiva. Sentiste como si tiraran de ti en distintas direcciones al mismo tiempo o, quizás, tanta tensión interna que pensaste que algo iba a estallar.

De la misma forma la Tierra experimenta **tensión,** aunque ésta no es causada por situaciones emocionales sino por fuerzas internas de la Tierra misma. Estas fuerzas tiran y empujan la parte de la Tierra conocida como **corteza.** La corteza es la superficie, o capa externa de la Tierra.

La corteza se divide en dos secciones: corteza continental y corteza oceánica. La corteza continental forma las masas de la Tierra, tal como el continente americano. La corteza continental tiene un espesor de 32 kilómetros, aunque debajo de montañas de gran altura puede llegar a tener hasta 70 kilómetros de espesor.

La otra sección, o corteza oceánica, se encuentra bajo el fondo del océano; es más fina que la corteza continental y mide unos 8 kilómetros de espesor.

Figura 1–1 *La acción del viento, del agua y del clima puede tallar las rocas de la corteza terrestre, creando diferentes formas. El Ojo de Aguja se encuentra en las Black Hills de Dakota del Sur (izquierda). Los pináculos rojos-naranjas se encuentran en el Bryce Canyon National Park, Utah (derecha).*

As you have just read, stress pushes and pulls on the Earth's crust. **As the rocks of the crust undergo stress, they slowly change shape and volume.** (Volume is the amount of space an object takes up.) **They also move up or down or sideways.** The movement causes the rocks to break, tilt, and fold. The breaking, tilting, and folding of rocks is called **deformation.** The prefix *de-* means undo; the root word *form* means shape or configuration. Can you explain why the term deformation is appropriate?

There are three basic types of stress, each of which deforms the crust in a different way. The three types of stress are **compression, tension,** and **shearing.** Refer to Figure 1–3 as you read about these different types of stress.

Compression squeezes the rocks of the crust. This often causes the particles in the crustal rocks to

Figure 1–3 *Each of the different forms of stress deforms the crust in a different way. The large arrows show the directions of the forces acting on the rocks. How are rocks affected by compression? Tension? Shearing?*

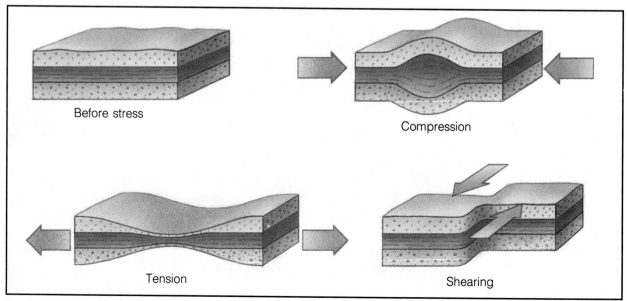

Before stress

Compression

Tension

Shearing

Figura 1–2 *Estas rocas de la costa de Nueva Zelandia se han deformado por la tensión. ¿Qué significa el término deformación?*

Como acabas de leer, la tensión tira y empuja de la corteza terrestre. **Al experimentar tensión, las rocas de la corteza cambian lentamente de forma y volumen.** (El volumen es la cantidad de espacio que ocupa un objeto.) **También se mueven hacia arriba, hacia abajo o lateralmente.** El movimiento hace que las rocas se rompan, se inclinen o se plieguen. A este proceso se le llama **deformación.** El prefijo *de-* significa deshacer y la raíz de la palabra *formación* significa forma o configuración. ¿Podrías explicar por qué el término deformación resulta apropiado?

Existen tres tipos básicos de tensión—**compresión, tracción y tensión de cizalla.** Observa la figura 1–3 mientras lees sobre los distintos tipos de tensión.

La compresión aprieta las rocas de la corteza. Esto hace que las partículas de las rocas de la corteza se

Figura 1–3 *Cada una de las diferentes formas de tensión deforma la corteza de distinta manera. Las flechas muestran las direcciones en las que las fuerzas actúan sobre las rocas. ¿Cómo afectan a las rocas la compresión, la tracción y la tensión de cizalla?*

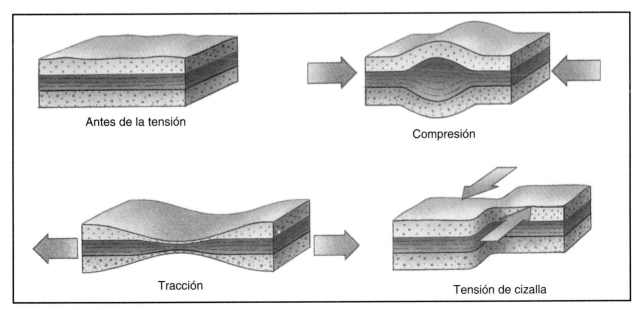

Antes de la tensión

Compresión

Tracción

Tensión de cizalla

move closer together, making the rocks denser and smaller in volume. In this case, compression is acting rather like a trash compactor, squeezing a large amount of matter into a smaller amount of space. As crustal rocks are compressed, they are pushed both higher up and deeper down. To understand this movement, imagine you are squeezing clay in your hand. As you squeeze the clay, some of it is pushed out of the opening at the top of your fist and some of it is pushed out of the opening at the bottom.

Tension pulls on the rocks of the crust, causing them to stretch out over a larger area. Like a piece of warm taffy being pulled, a rock under tension becomes thinner in the middle than at the ends. In addition, as the volume of the rock increases, its density decreases.

Shearing pushes rocks of the crust in two opposite directions. This causes the rocks to twist or tear apart. During shearing, then, rocks are not compressed or stretched. They simply bend or break apart.

Compression, tension, and shearing can change a rock's volume, its shape, or both. These stresses can also cause the rocks to **fracture,** or crack. If the rocks fracture along numerous flat surfaces which show no displacement, the cracks are called joints. Joints are generally parallel to one another. Some rocks have joints that form in more than one direction. Such rocks may break into blocks. The blocks form where the different sets of joints cross one another.

Figure 1–4 *Joints divide the face of the cliff behind the waterfall into tall, six-sided blocks. The joints formed as molten rock cooled and shrank. What shape are the blocks formed by the joints in the cliff overlooking the sea?*

La Tierra que cambia

1. Durante los dos próximos meses recorta artículos de prensa sobre terremotos, inundaciones, volcanes o cualquier otro suceso que tenga relación con cambios de la Tierra.

2. En un mapa señala el lugar exacto del suceso. Usa lápices de distintos colores para cada tipo de suceso. Incluye en el mapa una clave.

■ ¿Cómo han alterado la superficie de la Tierra los distintos sucesos?

Figura 1–4 *Las grietas dividen la cara del acantilado detrás de la cascada en bloques altos de seis lados. Las grietas se han formado al enfriarse y encojerse la roca derretida. ¿Qué forma tienen los bloques del acantilado que dan al mar?*

acerquen, haciendo las rocas más densas y de menor volumen. En este caso la compresión actúa como un condensador de basura. A medida que las rocas se compriman, se empujan hacia arriba o hacia abajo. Para entender este movimiento, imagínate que estás apretando arcilla en la mano. A medida que aprietas, parte de la arcilla saldrá por la apertura superior del puño y parte por la apertura inferior.

La tracción estira las rocas de la corteza, haciendo que se extiendan sobre un área mayor. De la misma forma que cuando estiras un chicle, una roca sometida a prcsión se hace más delgada en la parte central que en los extremos. Además, a medida que aumenta el volumen de la roca, su densidad disminuye.

La tensión de cizalla empuja las rocas de la corteza en dos direcciones opuestas. Esto hace que las rocas se tuerzan o se rompan pero no que se estiren o se compriman.

La compresión, la tracción y la tensión de cizalla pueden cambiar el volumen y la forma de la roca o ambos. Estas fuerzas también pueden hacer que las rocas se **fracturen** o se agrieten. Si la fractura se extiende a lo largo de varias superficies planas sin dislocamiento, recibe el nombre de grieta. Generalmente las grietas son paralelas unas a otras, aunque algunas rocas tienen grietas en más de una dirección, lo que hace que a veces se separen en bloques. Los bloques se forman a partir de los cruces de las grietas.

Figure 1–5 *Based on the diagram and the photograph, what type of stress was acting on the sandstone? How can you tell?*

Faulting

Stress sometimes causes rocks to break. A break or crack along which rocks move is called a **fault.** The rocks on one side of the fault slide past the rocks on the other side of the fault. Movements along a fault can be up, down, or sideways. Earthquakes often occur along faults in the Earth's crust. What are some other possible results of movements along a fault?

Look at the cross sections of faulted rocks in Figure 1–5. As you can see, there are two blocks of rock, one on top of the other. The block of rock above the fault is called the **hanging wall.** The block below the fault is called the **foot wall.**

Stress can cause either the hanging wall or the foot wall to move up or down along a fault. If tension is acting on a fault, the hanging wall will move down relative to the foot wall. If this occurs, the fault between the two blocks is called a **normal fault.** If compression is acting on a fault, the hanging wall will move up relative to the foot wall. This type of fault is called a **reverse fault.**

A special type of reverse fault is a **thrust fault.** A thrust fault is formed when compression causes the hanging wall to slide over the foot wall. Thrust faults are special because they are almost horizontal, whereas regular reverse faults and normal faults are almost vertical. Thrust faults usually carry rocks many kilometers from their original position. Rocks are usually severely bent at the same time that thrust faulting occurs. In addition, thrust faults mix up the order of the layers in rock. Normally, older rock layers are found under younger rock layers. But a thrust fault pushes older rocks on top of younger rocks. The Lewis Overthrust Fault in Glacier National Park, Montana, is an example of a thrust fault. Here very old rocks have slid eastward more than 48 kilometers and now rest on top of younger rocks.

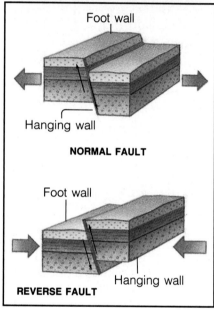

Figure 1–6 *A thrust fault is a special kind of reverse fault in which the foot wall slides over the hanging wall. How does a thrust fault affect the order of the rock layers in an area?*

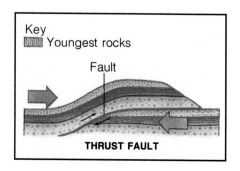

Figura 1–5 *Basándote en el diagrama y en la fotografía, ¿qué tipo de tensión ha actuado en la arenisca? Explícalo.*

Falla

A veces la tensión hace que las rocas se rompan. A una grieta en la corteza terrestre, a lo largo de la cual se mueven las rocas, se le llama **falla.** Las rocas de un lado de la falla se deslizan sobre las rocas del lado opuesto. Los movimientos a lo largo de una falla pueden ser hacia arriba, hacia abajo o laterales. Los terremotos ocurren a lo largo de las fallas.

Mira las muestras de rocas quebradas, produciendo fallas, que se ven en la figura 1–5. Como puedes ver, hay dos bloques de roca, uno encima del otro. Al bloque de roca por encima de la falla se le llama **labio elevado.** Al bloque de roca por debajo se le llama **labio hundido.**

La tensión puede hacer que cualquiera de los dos se mueva a lo largo de la falla. Si la tensión actúa sobre una falla, el labio elevado se moverá hacia abajo en relación al labio hundido, formando una **falla normal** entre los dos bloques. Cuando la compresión actúa sobre una falla, el labio elevado se moverá hacia arriba en relación al labio hundido, formando una **falla inversa**.

Existe un tipo especial de falla inversa conocida como **falla de cobijadura**. Ésta se forma cuando la compresión hace que el labio elevado se deslice sobre el labio hundido. Las fallas de cobijaduras son casi horizontales mientras que las fallas inversas o las normales son casi verticales. Las fallas de cobijaduras pueden arrastrar rocas a muchos kilómetros de su posición original. Al formarse, las rocas se doblan y el orden de las capas de la roca se mezcla. Normalmente las capas de roca más antigua están debajo de las capas de roca más joven. La falla de cobijadura empuja las rocas más antiguas, colocándolas sobre las más jóvenes. Un ejemplo de esta falla es la Falla de cobijadura Lewis del Glacier National Park en Montana. En esta falla rocas muy antiguas se han deslizado hacia el este más de 48 kilómetros y ahora se colocan sobre rocas jóvenes.

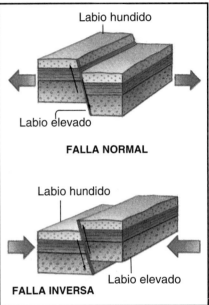

Figura 1–6 *Una falla de cobijadura es un tipo de falla inversa en la que el labio hundido se desliza sobre el labio elevado. ¿De qué forma afecta una falla de cobijadura el orden de las capas de la roca?*

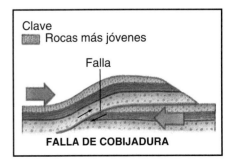

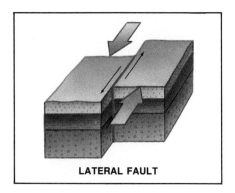

LATERAL FAULT

Figure 1–7 *In a lateral fault, which is also known as a strike-slip fault, the blocks of rock move horizontally past each other.*

Figure 1–8 *A fault-block mountain is formed when a block (or blocks) of rocks between two normal faults is pushed up. The rock layers in the diagram are flat, so you can clearly see the mountain-forming process. However, the rock layers in real mountains, such as the Grand Tetons in Wyoming, are usually tilted. One of the slopes of each mountain was once a horizontal surface!*

Stress does not cause blocks of crustal rock to move only up and down. Shearing will cause the blocks of rock to slide horizontally past each other. One block moves to the left or right in relation to the other block. The fault along which the blocks move horizontally past each other is called a **lateral fault.**

Faulted Mountains and Valleys

When there are many normal faults in one area, a series of mountains and valleys may form. Mountains formed by blocks of rock uplifted by normal faults are called **fault-block mountains.** A vast region in western North America called the Cordilleran Mountain region contains many fault-block mountains. The region extends from central Mexico to Oregon and Idaho and includes western Utah, all of Nevada, and eastern California.

Valleys also form when mountains form. Some valleys are formed when the block of land between two normal faults slides downward. Valleys created in this way are called **rift valleys.** One example of a rift valley is Death Valley in California. It is a long, narrow valley 87 meters below sea level. Scientists believe that the valley was formed by a series of small movements along two faults at either side of the valley. They estimate that the land along the eastern fault of Death Valley will move another 3 meters during the next 1000 years.

Fault-block mountain

Faults

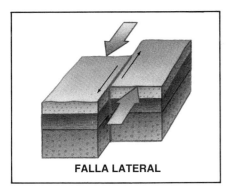

FALLA LATERAL

Figura 1–7 *En una falla lateral los bloques de roca se mueven en sentido horizontal en direcciones opuestas.*

Figura 1–8 *Una montaña de bloques de fallas se forma cuando uno o varios bloques de rocas entre dos fallas normales se eleva. Las capas de roca en el diagrama son planas así que se puede apreciar el proceso de formación. Sin embargo las capas de roca de las montañas como las Grand Tetons en Wyoming están inclinadas. Una de las laderas de cada montaña fue una superficie horizontal.*

No sólo causa la tensión de cizalla que los bloques de roca se deslicen hacia arriba o abajo sino también horizontalmente en direcciones opuestas. Uno de los bloques se mueve hacia la derecha o hacia la izquierda en relación con el otro bloque. La falla que resulta de este movimiento se llama **falla lateral**.

Fallas, montañas y valles

En zonas donde existen muchas fallas normales se suelen formar montañas y valles. **Las montañas de bloques dc fallas** están formadas por bloques de rocas levantados por fallas normales. Existe al oeste de América del Norte una región llamada Cordilleran Mountain que tiene muchas montañas de bloque de falla. Esta región se extiende desde el centro de México a Oregón e Idaho, e incluye el oeste de Utah, todo Nevada y el oeste de California.

Algunos valles se forman cuando el bloque de tierra entre dos fallas normales se hunde. Estos valles se llaman **fosas de hundimiento**. Un ejemplo es el Valle de la Muerte en California. Es un valle largo y estrecho a 87 metros bajo el nivel del mar. Los científicos creen que el valle se formó debido a una serie de pequeños movimientos a lo largo de dos fallas a cada lado del valle. Se estima que la tierra a lo largo de la falla oriental del Valle de la Muerte se moverá otros 3 metros en los próximos 1000 años.

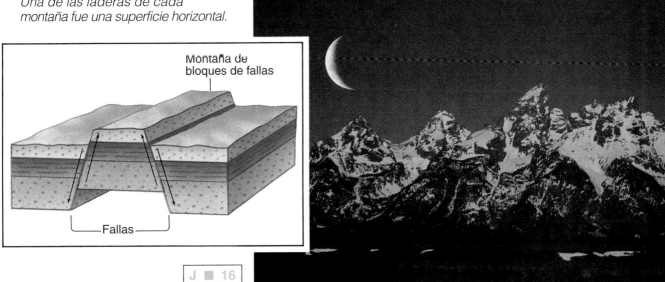

Montaña de
bloques de fallas

Fallas

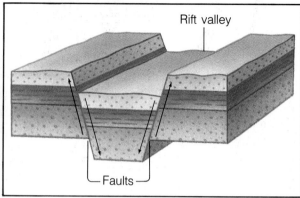

Rift valley

Faults

Figure 1–9 *A rift valley is formed when a block of rock between two normal faults slides down. The flat plain formed by this Kenyan rift valley is home to zebras, wildebeest, lions, and many other living things. How did the low mountains on either side of the valley form?*

Folding

Sometimes when stress is applied to the rocks of the crust, the rocks bend but do not break. The rocks bend in much the same way a rug wrinkles as it is pushed across a floor. A bend in a rock is called a **fold.** As you can see in Figure 1–10, a rock can fold either upward or downward. An upward fold in a rock is called an **anticline** (AN-tih-klighn). A downward fold in a rock is called a **syncline** (SIHN-klighn).

Folds vary in size. Some folds are so small that you need a magnifying glass to see them clearly. Others are large enough to form mountains. Layered rocks with large folds often have smaller folds within the layers. The Appalachian Mountains in the eastern United States are made up of many anticlines and synclines. This folded mountain chain extends from Canada to Alabama.

Figure 1–10 *Anticlines are upward folds in rocks. Synclines are downward folds in rocks. Some folds are quite large. The speck at the top of the English hill is a person.*

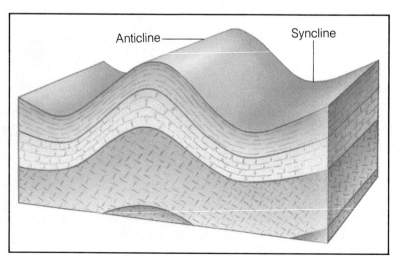

Anticline

Syncline

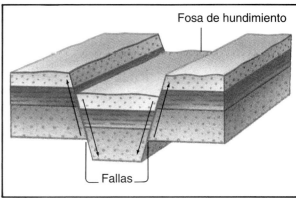

Fosa de hundimiento

Fallas

Figura 1–9 *Una fosa de hundimiento se forma cuando el bloque de roca entre dos fallas normales se hunde. En este valle, formado por una fosa de hundimiento en Kenya, habitan cebras, ñúes, leones, etc. . . . ¿Cómo se formaron las montañas a los lados del valle?*

Plegamientos

A veces, cuando la tensión se aplica, las rocas se doblan pero no se rompen. Las rocas se doblan de la misma forma que lo haría una alfombra cuando se le empuja a través del piso. Un doblez en una roca se llama **pliegue.** Como se ve en la figura 1-10, una roca se puede doblar o hacia arriba o hacia abajo. Un pliegue rocoso hacia arriba se llama **anticlinal** y hacia abajo **sinclinal.**

Los pliegues pueden tener diferentes medidas. Algunos son tan pequeños que necesitarías una lupa para verlos, mientras que otros son tan grandes que forman montañas. Con frecuencia, dentro de los grandes pliegues se pueden encontrar otros más pequeños. Los Montes Apalaches en el este de Estados Unidos están formados por pliegues anticlinales y sinclinales. Esta cordillera se extiende desde Canadá hasta Alabama.

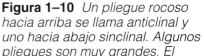

Figura 1–10 *Un pliegue rocoso hacia arriba se llama anticlinal y uno hacia abajo sinclinal. Algunos pliegues son muy grandes. El punto en la cima de esta colina en Inglaterra es una persona.*

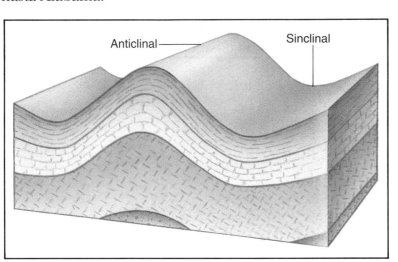

Anticlinal — Sinclinal

Under Pressure

1. Flatten three pieces of different-colored modeling clay into thin, rectangular layers on a piece of waxed paper. (If you do not have clay, you can substitute three equal-sized carpet scraps or pieces of foam rubber.)

2. Place the flattened layers of clay on top of one another.

3. Place your hands at opposite ends of the clay rectangle. Slowly push the two ends together. What happens to the clay?

■ How does this relate to the processes that build mountains?

Even though an anticline is an upward fold, it is not always higher than the surrounding land. An anticline can be under hills, valleys, or flat areas. An anticline may be hidden by layers of rock that build up in the low-lying areas around it after it forms. Or the stress may not have been great enough to bring the fold to the Earth's surface.

Fault or Fold?

A number of factors determine whether rocks will fault or fold. One factor is temperature. If the rocks become extremely hot during compression, they are more likely to fold than to fault. Do you know why? If you ever left a box of crayons in the sun when you were young, you may have firsthand experience with the effect of temperature on folding and faulting. At normal temperatures, crayons snap in two when stress is applied. In other words, they fault. But warm crayons can bend without breaking—they fold.

Another factor that affects whether rocks will fault or fold is pressure. The greater the pressure applied to the rocks, the more likely they are to fold rather than fault.

Rock type is yet another factor that determines whether rocks will fault or fold. Some types of rocks break easily when stress is applied. Such fragile rocks are said to be brittle. Sandstone is one example of brittle rock. Other rocks, such as rock salt, bend easily under stress. Rocks that bend easily are said to be ductile. Ductile rocks are more likely to fold, whereas brittle rocks are more likely to fault.

Another factor that determines whether rocks will fault or fold is how the stress is applied to the rocks. If the stress is applied gradually, the rocks will usually fold. But if the stress is applied suddenly, the rocks will usually fault.

Plateaus

A **plateau** (pla-TOH) is a large area of flat land that is raised high above sea level. You can get a pretty good idea of what a typical plateau looks like if you place a sandwich on a plate and look at it from the side. The flat layers of bread slices, cold

ACTIVIDAD

PARA DESCUBRIR

Bajo Presión

1. En un pedazo de papel encerado aplasta tres trozos de plastilina de distintos colores, formando tres rectángulos finos. (La plastilina se puede sustituir por tres trozos de alfombra o de espuma de caucho.)

2. Coloca los trozos de plastilina uno encima de otro.

3. Coloca las manos a cada lado del rectángulo de plastilina. Empuja lentamente, uniendo los extremos. ¿Qué le pasa a la plastilina?

■ ¿Cómo relacionas esto con el proceso de formación de las montañas?

Aunque un pliegue anticlinal va hacia arriba, no siempre es más alto que la tierra que lo rodea. Un pliegue anticlinal puede estar debajo de colinas, valles o terrenos llanos, o escondido por capas de roca formadas alrededor del pliegue después de su formación. Otras veces puede ser que la tensión no haya sido tan fuerte como para sacarlo a la superficie.

¿Falla o pliegue?

Existen distintos factores que determinan si una roca se romperá o si se doblará. Uno de los factores es la temperatura. Si durante el proceso de compresión las rocas alcanzan una temperatura elevada, tienen más tendencia a doblarse que a romperse. ¿Sabes por qué? Si alguna vez has dejado una caja de creyones al sol habrás experimentado el efecto de la temperatura. Si el creyón está frío se partirá con facilidad, pero si está templado o caliente se doblará sin romperse.

Otro de los factores es la presión. Cuanto más presión tanto más posibilidad hay de que se doble en vez de partirse.

También hay que tener en cuenta el tipo de roca. Existen rocas que se rompen con mucha facilidad. A estas rocas tan frágiles se les llama quebradizas, como la arenisca. Otras, como la sal, se doblan muy fácilmente y se les llama dúctiles. Las rocas dúctiles tienden a doblarse mientras que las quebradizas tienden a romperse.

Por último, otro factor que determina si las rocas se romperán o se doblarán es cómo se aplica la tensión. Si la tensión se aplica gradualmente, las rocas suelen doblarse, si la presión se aplica precipitadamente, las rocas suelen romperse.

Mesetas

Una **meseta** es una gran extensión de terreno llano que se eleva sobre el nivel del mar. Para que te hagas una idea, una meseta tiene el mismo aspecto que un sandwich, visto de lado, encima de un plato. Las rebanadas de pan así como lo que pones dentro corresponderían a las

cuts, cheese, lettuce, tomato, and mayonnaise (or whatever you put in your sandwich) correspond roughly to the horizontal rock layers that make up a plateau. Like a sandwich, a plateau is wider than it is tall. In addition, a plateau is often surrounded by steep cliffs that rise sharply from the surrounding land, much as a sandwich rises above the surface of the plate on which it is placed.

Although plateaus are often raised up by the same processes that form mountains, the rock layers in a plateau remain flat. (This is not the case with mountains, in which the rock layers are tilted and broken by faulting or are warped by folding.)

One way a plateau may be formed is by a slow, flat-topped fold. The Appalachian Plateau, which lies just west of the folded Appalachian Mountains, was created millions of years ago by such a fold. This plateau covers much of New York, Pennsylvania, Ohio, Kentucky, West Virginia, and Tennessee.

Another way a plateau may be formed is through vertical faulting. The Colorado Plateau, which is located west of the Rocky Mountains, was uplifted when the underlying region of the inner Earth became hotter and expanded. As this region expanded, it pushed up on the crust above it. The rocks at the edge of the forming Colorado Plateau fractured, and the plateau was slowly pushed upward. The Colorado Plateau covers parts of New Mexico, western

Figure 1–11 *A river cutting through the Colorado plateau reveals the horizontal rock layers that lie beneath its surface (left). Lake Titicaca is located on a plateau on the border of Peru and Bolivia. Rock, mud, and sand washed down from the sides of the surrounding mountains and piled up in flat layers to form the plateau (right). How else are plateaus formed?*

capas horizontales de roca que forman una meseta. Como el sandwich, una meseta es más ancha que alta. Una meseta suele estar rodeada de acantilados escarpados que se elevan sobre el terreno, de la misma forma que el sandwich se eleva sobre la superficie del plato.

Aunque a veces las mesetas se elevan siguiendo el mismo proceso de formación que las montañas, la diferencia está en que las capas de roca de las mesetas son planas, mientras que las capas de roca de las montañas están inclinadas y rotas, produciendo fallas o superficies torcidas debido al plegamiento.

Una meseta se puede haber formado por un lento pliegue superior plano. La Meseta de los Apalaches, que se extiende al oeste de los Montes Apalaches, se formó hace millones de años por este tipo de plegamiento. Esta meseta recorre la mayor parte de New York, Pennsylvania, Ohio, Kentucky, West Virginia y Tennessee.

Una meseta también se puede formar por pliegue vertical. La meseta de Colorado, situada al oeste de las Montañas Rocosas, se levantó cuando la región subyacente del interior de la Tierra se calentó y se extendió. Al expandirse esa región empujó la corteza. Las rocas del borde de la meseta de Colorado se fracturaron y la meseta se fue elevando lentamente. La meseta de Colorado abarca partes de New Mexico, oeste de Colorado, este de Utah y norte de Arizona.

Figura 1–11 *Un río que cruza la meseta de Colorado descubre las capas horizontales de rocas que se extienden bajo su superficie (izquierda). El Lago Titicaca está situado en una meseta en la frontera de Perú y Bolivia. Rocas, lodo y arena bajan por los lados de las montañas y se acumulan en capas planas que forman la meseta (derecha). ¿De qué otra manera se forman las mesetas?*

Colorado, eastern Utah, and northern Arizona. Most of the plateau is more than 1500 meters above sea level. The Colorado Plateau was formed hundreds of millions of years after the Appalachian Plateau.

Plateaus can also be formed by a series of molten rock flows on the surface of the Earth. Molten rock at the surface of the Earth is called lava. Molten rock deep within the Earth is called magma. Magma reaches the Earth's surface through long cracks in the ground. Great floods of hot molten rock periodically stream out of the cracks. The flowing lava spreads out over a large area and hardens into a sheet. The lava sometimes fills in valleys and covers hills. The flowing and spreading out of the lava is repeated over and over again. The hardened lava sheets pile up and form a raised plateau. The Columbia Plateau, which covers parts of Oregon, Washington, and Idaho, is a lava plateau. Here lava built up a large flat region covering almost 5 million square kilometers. The plateau is 1 to 2 kilometers thick.

Rivers often carve one large plateau into many smaller plateaus or cut deep valleys and canyons through plateaus. One of the most spectacular canyons formed by a river is the Grand Canyon in the Colorado Plateau.

Domes

You know now that lava flows out onto the Earth's surface to form plateaus. Sometimes, however, magma pushes upward but does not reach the Earth's surface. The stress caused by the magma causes the rock layers above it to fold upward, forming an uplifted area. At some point, the magma cools and forms hardened rock.

The uplifted area created by rising magma is called a **dome**. A dome is a raised area shaped roughly like the top half of a sphere. The outline of a dome is oval or circular. You can think of a dome as rather like a blister on the surface of the Earth. Like a blister, a dome is formed when fluid collects beneath the surface and pushes up on overlying layers, forming a raised spot in the immediate area but leaving the surrounding regions flat and undisturbed.

La altura de la mayor parte de la meseta es de 1500 metros sobre el nivel del mar. La meseta de Colorado se formó millones de años después de la de los Apalaches.

Algunas mesetas se pueden formar por unas capas de rocas derretidas que fluyen sobre la superficie de la Tierra. Estas rocas derretidas reciben el nombre de lava. Las rocas derretidas del interior de la Tierra reciben el nombre de magma. El magma llega a la superficie a través de largas grietas en el terreno. La lava que fluye se extiende, formando una capa endurecida. A veces la lava llena valles y cubre colinas. El flujo y la extensión de la lava se repite periódicamente. La lava endurecida se acumula, formando una meseta. La meseta de Columbia, que cubre partes de Oregon, Washington e Idaho, es una meseta de lava, de casi 5 millones de kilómetros cuadrados. La meseta tiene un espesor de entre 1 y 2 kilómetros.

Hay ríos que dividen una gran meseta en varias pequeñas o abren valles profundos o cañones a través de las mesetas. Uno de los cañones más espectaculares formado por un río es el Gran Cañón del Colorado en la meseta de Colorado.

Cimas

Como ya sabes, la lava fluye en la superficie de la Tierra, formando mesetas. A veces el magma empuja hacia arriba pero no llega a la superficie. La tensión causada por el magma hace que las rocas por encima de él se plieguen hacia arriba, formando una elevación. Cuando el magma se enfría forma una roca dura.

Una **cima** es un área ascendente creada por magma emergente, con una forma parecida a la mitad de una esfera. El contorno de una cima es oval o circular. Te lo puedes imaginar como una burbuja. Una cima se forma cuando los fluidos se acumulan debajo de la superficie y empujan las capas superiores, formando una elevación en esa zona pero sin que afecte al terreno que lo rodea.

Dome

Magma

Figure 1–12 *A dome may be formed when rising magma causes the rock layers above it to fold upward (left). Over a long period of time, the uppermost rock layers may be worn away to reveal the dome's core of hardened magma (right).*

Domes that have been worn away in places form many separate peaks called dome mountains. The Black Hills of South Dakota and Wyoming are dome mountains. In this region, many layers of flat-lying rocks were arched up. Over a long period of time, the rocks on top were worn away. The hardened magma that caused the uplifting was then exposed.

1–1 Section Review

1. How does stress affect the Earth's crust?
2. Compare faulting and folding.
3. How are plateaus formed?
4. What is a dome? A dome mountain?

Connection—*Paleontology*

5. A paleontologist is a scientist who studies organisms that lived on the Earth long ago (such as dinosaurs). Most of the information about these long-gone organisms comes from fossils, or the preserved remains of ancient organisms. The majority of fossils are found in certain kinds of rock layers. Why is it important for a paleontologist to understand faulting and folding?

ACTIVITY

WRITING

A Geological Trip

Using information from the text, write a 300-word essay about an imaginary trip you are taking across the United States. Describe any important and dramatic geological formations you find along the way. In your essay, use the following vocabulary words.

plateau
dome mountain
fault
anticline
thrust fault
fault-block mountain
rift valley
fold
syncline
normal fault

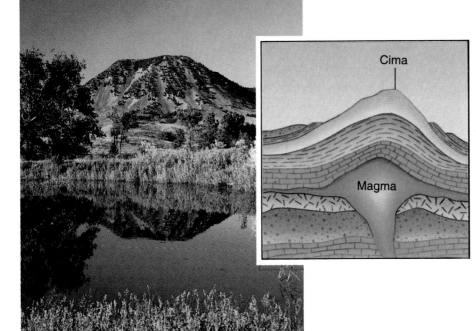

Figura 1–12 *Una cima puede formarse cuando el magma emergente hace que las rocas por encima de él se plieguen hacia arriba (izquierda). Después de un largo período de tiempo las capas superiores se pueden gastar, mostrando el centro de magma endurecido (derecha).*

Cima

Magma

Cuando las cimas tienen partes desgastadas que forman picos separados se las llaman mogotes. Las Black Hills de South Dakota y Wyoming son mogotes. En esta zona muchas de las capas de roca plana se arquearon. Después de un largo período de tiempo las rocas superiores se desgastaron, mostrando el magma endurecido que causó la elevación.

1–1 Repaso de la sección

1. ¿Cómo afecta la tensión a la corteza terrestre?
2. Compara falla y plegamiento.
3. ¿Cómo se formaron las mesetas?
4. ¿Qué es una cima? ¿Qué es un mogote?

Conexión—*Paleontología*
5. Un paleontólogo es un científico que estudia los organismos que vivieron en la Tierra hace mucho tiempo (como los dinosaurios). La mayor parte de la información acerca de estos organismos viene de los fósiles o de restos que se conservan de organismos antiguos. La mayoría de los fósiles se encuentran en ciertos tipos de capas de roca. ¿Por qué es importante que un paleontólogo entienda las fallas y los pliegues?

ACTIVIDAD

PARA ESCRIBIR

Un viaje geológico

Utilizando la información del texto, escribe una redacción de 300 palabras describiendo un viaje imaginario cruzando los Estados Unidos. Describe cualquier formación geológica importante que encuentres en el camino. Utiliza el siguiente vocabulario.

meseta
mogote
falla
pliegue anticlinal
falla de cobijadura
montaña de bloques de fallas
valle hundido
pliegue
pliegue sinclinal
falla normal

PROBLEM Solving

Studying Sidewalks

Ever since her class had started studying the movements of the Earth's crust in science, Jenny had noticed that she was paying a lot more attention to the ground at her feet. For example, she had observed that the sidewalk in her neighborhood had a number of cracks, sunken areas, raised bumps, seams, and breaks in it. In one place, one broken edge of the sidewalk stuck up two to three centimeters above the matching edge. As Jenny's brother had found out the hard way, it was easy to stub one's toe on that protruding edge.

Obviously, Jenny thought, the sidewalk was not made with cracks in it, or with low places where puddles formed, or with raised areas that tripped people. Like the Earth's crust, the sidewalk had changed. But why did it change?

Applying Concepts

1. What do you think causes the cracks and other changes in the sidewalk?

2. How are the forces that act on the sidewalk similar to the ones that act on the crust of the Earth? How are they different?

3. Suppose that Jenny hypothesizes that tree roots, acting rather like the magma in a dome, are responsible for a broken, raised ridge on the sidewalk. How might she test her hypothesis?

Guide for Reading

Focus on these questions as you read.

▶ *What is isostasy?*

▶ *How does isostasy affect the Earth's crust?*

1–2 The Floating Crust

You have learned how areas of the Earth's crust can be moved up and down through faulting, folding, and uplifting. But there is another process in which the crust moves up and down. Here is how it works.

Beneath the Earth's crust is a layer called the **mantle.** The mantle is the layer of the Earth that

PROBLEMA a resolver

El estudio de las aceras

Desde que Jenny ha empezado a estudiar los movimientos de la corteza terrestre en su clase de ciencias, ha empezado a fijarse más en el suelo que pisa. Por ejemplo, ha observado que las aceras de su barrio tienen grietas, zonas hundidas, junturas y rupturas. Un borde roto de la acera sobresalía dos o tres centímetros por encima del de al lado. El hermano de Jenny descubrió que era muy fácil tropezar con ese borde.

Es obvio que Jenny pensó que la acera no se había construido con grietas o con hundimientos en los que se formaban charcos, ni con trozos sobresalientes para que la gente tropezara. La acera había cambiado al igual que la corteza terrestre. ¿Por qué había cambiado?

Aplicar conceptos

1. ¿Cuáles son las causas de las grietas o de otros cambios en la acera?

2. ¿En qué se parecen las fuerzas que actúan sobre la acera y las que actúan sobre la corteza terrestre? ¿En qué se diferencian?

3. Imagínate que la hipótesis de Jenny es que las raíces del árbol, actuando como el magma en una cima, son las responsables de la elevación de la acera. ¿Cómo demostraría su hipótesis?

Guía para la lectura

Piensa en estas preguntas mientras lees.

▶ *¿Qué es la isostasia?*
▶ *¿Cómo afecta la isostasia a la corteza terrestre?*

1–2 La corteza flotante

Has aprendido que las distintas áreas de la corteza de la Tierra se pueden mover hacia arriba y hacia abajo por medio de fallas y pliegues. Existe otro proceso por el cual la corteza se mueve.

Debajo de la corteza terrestre hay una capa llamada **manto.** El manto es la capa de la tierra que baja unos

Figure 1–13 *These four diagrams show the effect a heavy icecap has on an area's elevation. When an icecap forms on a flat area of crust (A), the added material increases the force with which the area pushes down on the mantle. This causes the area to sink (B). When the icecap melts, the downward force of the crust decreases, so the upward force of the mantle pushes the crust slowly upward (C). Eventually, the upward force of the mantle balances the downward force of the crust (D). What is the balancing of these two forces called?*

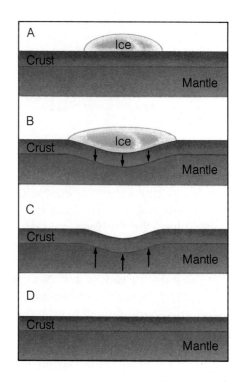

extends from the bottom of the crust downward about 2900 kilometers to the Earth's core. The mantle is made of rock that flows slowly—sort of like molasses or hot, thick tar. Because the mantle is much denser than the crust, the solid, rocky crust floats on the mantle. (A less dense object always floats on a more dense object.)

The floating crust exerts a downward force on the mantle. But the mantle also exerts a force. The mantle exerts an upward force on the crust. **A balance exists between the downward force of the crust and the upward force of the mantle.** The balancing of these two forces is called **isostasy** (igh-SAHS-tuh-see). The prefix *iso-* means equal, and the root word

Burning Up, p. 170

Figure 1–14 *Material carried by rivers is deposited on the ocean floor, where it builds up in thick, heavy layers. You might think that eventually the ocean would be filled in. But this does not happen. Why?*

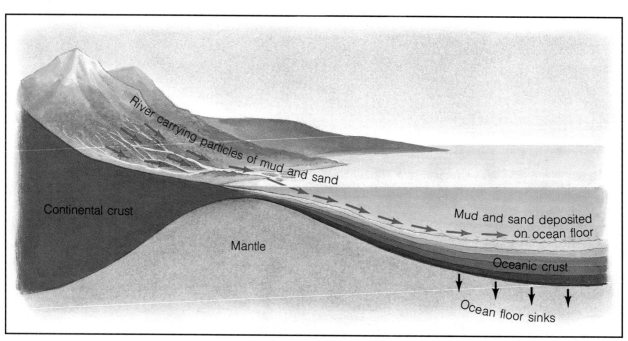

Figura 1–13 *Estos cuatro diagramas muestran el efecto que un manto de hielo tiene en la elevación de una zona. Cuando el manto de hielo se forma en un área plana de la corteza (A), la materia añadida aumenta la fuerza con la que el área presiona el manto hacia abajo. Esto hace que el área se hunda (B). Cuando el manto de hielo se derrite, la fuerza hacia abajo de la corteza disminuye de forma que la fuerza hacia arriba del manto empuja la corteza ligeramente hacia arriba (C). De esta forma la fuerza hacia arriba del manto equilibra la fuerza hacia abajo de la corteza (D). ¿Cómo se llama el equilibrio de estas dos fuerzas?*

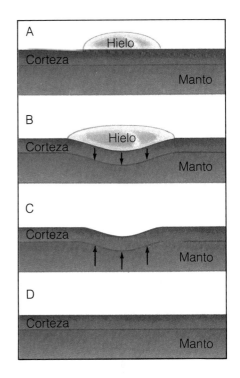

2900 kilómetros hacia el centro de la Tierra. El manto está compuesto de rocas fundidas que fluyen lentamente, algo así como melaza o brea espesa y caliente. Debido a que el manto es más denso que la corteza, la corteza sólida de rocas flota sobre el manto. (El objeto menos denso siempre flota sobre el más denso.)

La corteza flotante ejerce una fuerza hacia abajo sobre el manto. Pero el manto ejerce una fuerza hacia arriba sobre la corteza. **Existe un equilibrio entre la fuerza hacia abajo de la corteza y la fuerza hacia arriba del manto.** A este equilibrio se le llama isostasia. El

Pozo de actividades

La llama que se consume, p.170

Figura 1–14 *Los ríos llevan materia que se deposita en el fondo del océano donde forma capas gruesas. Se podría pensar que el océano debería estar lleno, pero no lo está. ¿Por qué?*

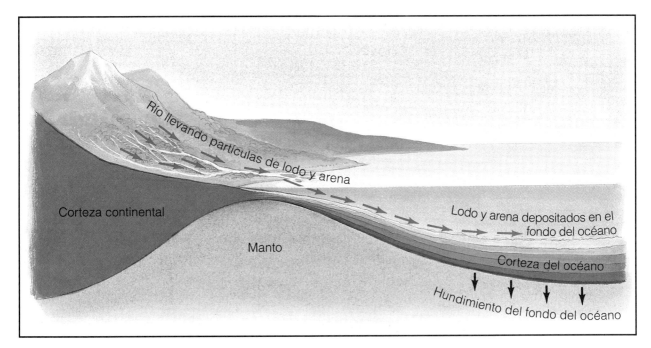

Exploring Density

Here's a riddle that may be familiar to you: Which is heavier—a pound of feathers or a pound of lead?

The answer, of course, is that neither is heavier. They weigh exactly the same amount. However, a pound of feathers fills a large bag and a pound of lead is a rather small chunk. Lead has more mass per unit volume than feathers do. In other words, lead has a greater density.

How do the densities of other substances compare to one another? Find out for yourself. Some materials that you might use in your experiments include a large glass jar, water, vegetable oil, glycerine, food coloring, ice, salt, a block of wood, a small plastic object, and a rock.

■ Which substances have the greatest density? The least density? How can you tell?

■ How might density account for the fact that mountains are high and oceans are deep?

stasis means standing still. Why is isostasy an appropriate term for this balancing act?

If material is added to an area of the crust, that area will float lower on the mantle. If material is removed, that area will float higher. So the crust is always balanced on the mantle.

Isostasy explains why some low-lying regions—such as Norway, Sweden, and Finland—have slowly risen. Thousands of years ago, these northern European countries were covered by tons of ice. The melting of the ice removed material from the crust. As a result, the land began to float higher on the mantle. In fact, the land is still rising today—and it is expected to rise about 200 meters in the next few thousand years! What do you think would happen to the elevation of Antarctica if the ice sheets covering most of the continent melted?

Crustal rock can also sink. For example, the Mississippi River has dropped millions of tons of mud and sand particles into the Gulf of Mexico. Will the accumulation of particles cause the Gulf to grow shallower and eventually disappear? Thanks to isostasy, the answer is no. The addition of materials—mud and sand—to the crust on the Gulf floor causes it to sink. But the depth of the water in the Gulf has not changed. A balance is maintained between the building up and the sinking of the Gulf floor.

1–2 Section Review

1. What balances the downward force of the crust? What is this balancing of forces called?
2. Which are less dense, the crustal rocks or the mantle rocks?
3. What happens when sediments are deposited on the ocean floor?

Critical Thinking—*Applying Concepts*

4. Most of Greenland is hidden beneath an enormous sheet of ice. Using what you have learned about isostasy, explain why the surface rock that makes up Greenland is saucer-shaped, with its center below sea level.

ACTIVIDAD
PARA AVERIGUAR

Exploración de la densidad

Quizás esta adivinanza te resulte familiar: ¿Qué pesa más, una libra de plumas o una libra de plomo?

La respuesta es que los dos pesan exactamente lo mismo. Sin embargo una libra de plumas llena una bolsa grande y una libra de plomo es sólo un pedazo. El plomo tiene más masa por unidad de volumen que las plumas o, dicho de otra forma, el plomo tiene mayor densidad.

¿Cómo se comparan las densidades de otras sustancias? Averígualo tú mismo. Para tu experimento puedes utilizar los siguientes materiales: una jarra de cristal, agua, aceite vegetal, glicerina, colorante de alimentos, hielo, sal, un trozo de madera, un objeto pequeño de plástico y una piedra.

■ ¿Qué sustancias tienen mayor densidad? ¿Cuáles la menor? Explícalo.

■ ¿Cómo explica la densidad el hecho de que las montañas sean altas y los océanos profundos?

prefijo *iso-* significa igual y la raíz de la palabra *stasia* significa mantenerse. ¿Por qué es apropiado el término isostasia para definir este equilibrio?

Si se añade material a una zona de la corteza, esa zona flotará a menor altura en el manto. Si se retira el material, la zona flotará más alta, de manera que la corteza siempre está equilibrada sobre el manto.

La isostasia explica por qué algunas tierras bajas, como Noruega, Suecia y Finlandia, se han elevado lentamente. Hace miles de años estos países del norte de Europa estaban cubiertos de hielo. Al derretirse el hiclo retiró material de la corteza por lo que la tierra flotó más alta en el manto. La tierra se sigue elevando hoy—se espera que en unos cuantos miles de años se eleve unos 200 metros. ¿Qué crees que pasaría con la elevación de la Antártida si se derritiesen las extensiones de hielo que cubren el continente?

La roca de la corteza también se puede hundir. Por ejemplo, el río Misisipí ha depositado toneladas de partículas de lodo y arena en el Golfo de México. ¿Podría la acumulación de partículas hacer que el Golfo desapareciera? No, gracias a la isostasia. La adición de materiales—lodo y arena—a la corteza del suelo del Golfo produce hundimiento por lo que la profundidad del agua del Golfo no ha variado. Se mantiene un equilibrio entre la acumulación y el hundimiento en el suelo del Golfo.

1–2 Repaso de la sección

1. ¿Qué equilibra la fuerza hacia abajo de la corteza? ¿Cómo se llama este equilibrio de fuerzas?
2. ¿Cuáles son menos densas, las rocas de la corteza o las del manto?
3. ¿Qué ocurre cuando los sedimentos se depositan en el fondo del océano?

Pensamiento crítico—*Aplicación de conceptos*
4. La mayor parte de Groenlandia está cubierta por una enorme capa de hielo. Utilizando tus conocimientos sobre la isostasia, explica por qué la superficie rocosa que forma Groenlandia tiene forma de platillo, con su centro bajo el nivel del mar.

CONNECTIONS

A World of Opposites

According to traditional Chinese *philosophy*, everything that exists is made up of two opposite principles: the feminine *yin* and the masculine *yang*. These two principles interact and balance each other; when one increases, the other decreases. The harmonizing of these two opposite principles is represented by a circle divided into light and dark halves.

Consider what you have learned about the movement of the Earth's crust. You have learned about tension and compression, anticlines and synclines, and the balancing of upward and downward forces in isostasy. What other opposites can you think of?

Geology (the study of the Earth) is not the only science in which you will find opposites. In chemistry, there are positive and negative ions, acids and bases, metallic and nonmetallic elements.

In biology, there are seed plants and plants without seeds, males and females, vertebrate and invertebrate animals. In physics, there are concave and convex lenses, north and south magnetic poles, positive and negative electrodes. The world of opposites is not restricted to the world of science. There are representational and abstract works of art. Music may be fortissimo (very loud) or pianissimo (very soft). Numbers may be even or odd, real or imaginary, rational or irrational, positive or negative. Dramas may be tragedies or comedies and may receive favorable or unfavorable reviews. Religions deal with good and evil. The law deals with right and wrong. What other pairs of opposites can you think of?

Invertebrates such as moths and vertebrates such as orangutans can be thought of as opposite types of animals.

CONEXIONES

El mundo de los opuestos

Según la *filosofía* China, la existencia está basada en dos principios opuestos: el femenino *yin* y el masculino *yang*. Estos dos principios interactúan y se equilibran entre ellos; cuando uno aumenta el otro disminuye. La armonización de estos dos principios opuestos se representa mediante un círculo dividido en una mitad clara y otra oscura.

Piensa en lo que has aprendido sobre el movimiento de la corteza terrestre— sobre la tensión y la compresión, los pliegues sinclinales y los anticlinales y el equilibrio de las fuerzas ascendentes y descendentes de la isostasia. ¿Se te ocurren otras cosas que sean opuestas?

La geología (el estudio de la Tierra) no es la única ciencia en la que existan los opuestos. En la química existen iones positivos y negativos, ácidos y bases, elementos metálicos y no metálicos.

En la biología se dan plantas con semillas y plantas sin semillas, machos y hembras, vertebrados e invertebrados. En la física están las lentes cóncavas y las convexas, polos magnéticos norte y sur, electrodos positivos y negativos. Pero los opuestos no se limitan al mundo de la ciencia, en el arte existen trabajos abstractos y figurativos. En la música tenemos fortissimo (muy alto) y pianissimo (muy bajo). Los números pueden ser pares o nones, reales o imaginarios, racionales o irracionales, positivos o negativos. Las obras de teatro pueden ser dramas o comedias, y pueden tener buena o mala crítica. La religión trata sobre el bien y el mal, y las leyes sobre lo justo y lo injusto. ¿Puedes pensar en otros pares de cosas opuestas?

Invertebrados como las polillas y vertebrados como los orangutanes se consideran tipos opuestos de animales.

Laboratory Investigation

Examining Isostasy

Problem

How does the Earth's crust float on the Earth's mantle?

Materials *(per group)*

2 blocks of wood—
    1: 10 cm x 10 cm x 2.5 cm
    2: 10 cm x 10 cm x 1.5 cm
basin of water
metric ruler
25 metal washers

	Number of Washers	Amount Above Water
Block 1		
Block 2		

Procedure

1. Label the larger block of wood 1 and the smaller block 2.

2. Float block 1 in the basin of water. Using a metric ruler, measure the amount of wood above the water's surface. Record your measurement in a data table similar to the one shown here.

3. Carefully place ten washers on the surface of block 1. Measure the amount of wood above the water's surface. Record this information in your data table.

4. Continue adding washers two at a time. Carefully measure and record the amount of wood above the water's surface after each addition. Stop adding washers when the wood sinks or the washers spill into the basin of water.

5. Repeat steps 2 through 4 for block 2.

Observations

1. Are there any differences in the way the two blocks of wood float before the washers are added? After?

2. Which block of wood is able to hold more washers before it sinks? Explain.

Analysis and Conclusions

1. How do the two blocks of wood resemble continental and oceanic crust? How does the water represent the Earth's mantle?

2. If block 1 represents continental crust and block 2 represents oceanic crust, which crust is able to support the most weight?

3. How is the Earth's crust able to stay balanced on the mantle?

4. How does this investigation illustrate isostasy?

5. **On Your Own** Design an experiment to examine isostasy in which thick mud is used to model the mantle. What do you think would be the results of this experiment? If you receive permission, you may perform this investigation and see if your predictions were correct.

Investigación de laboratorio

Examinar la isostasia

Problema

¿Cómo flota la corteza terrestre sobre el manto?

Materiales *(para cada grupo)*

2 bloques de madera
  1: 10 cm x 10 cm x 2.5 cm
  2: 10 cm x 10 cm x 1.5 cm
barreño de agua
regla métrica
25 arandelas metálicas

	Número de arandelas	Cantidad por encima del agua
Bloque 1		
Bloque 2		

Procedimiento

1. Marca el trozo de madera grande con un 1 y el pequeño con un 2.

2. Sumerge el bloque número 1 en barreño. Usando la regla, mide la cantidad de madera que sobresale del agua. Anota la medida en una tabla similar a la que mostramos aquí.

3. Con mucho cuidado pon diez arandelas sobre el bloque 1. Mide la cantidad de madera que sobresale del agua y anótalo en la tabla.

4. Añade arandelas de dos en dos y ve midiendo y anotando las cantidades de madera que sobresalen después de cada adición. Deja de añadir arandelas cuando la madera se hunda o si se caen las arandelas al agua.

5. Repite los pasos del 2 al 4 con el bloque 2.

Observaciones

1. ¿Existe alguna diferencia en la forma en la que flotan los dos bloques antes de añadirles las arandelas? ¿Y después?

2. ¿A cuál de los dos bloques se le puede añadir más arandelas antes de que se hunda? Explícalo.

Análisis y conclusiones

1. ¿En qué se parecen los dos bloques de madera a la corteza continental y a la oceánica? ¿Cómo representa el agua el manto de la Tierra?

2. Si el bloque 1 representa la corteza continental y el 2 la corteza oceánica, ¿cuál de las dos es capaz de soportar más peso?

3. ¿Cómo es capaz la corteza terrestre de mantenerse equilibrada en el manto?

4. ¿De qué forma ilustra este experimento la isostasia?

5. **Por tu cuenta** Diseña un experimento para analizar la isostasia en el que se utilice barro para modelar el manto. ¿Cuáles crees que serían los resultados del experimento? Si te dan permiso lo puedes llevar a cabo y comprobar si tus predicciones eran ciertas.

Summarizing Key Concepts

1–1 Earth's Changing Surface

▲ As the rocks of the crust undergo stress, they slowly change shape and volume.

▲ The breaking, tilting, and folding of rocks is called deformation.

▲ Compression squeezes the rocks of the crust together.

▲ Tension pulls the rocks of the crust apart.

▲ Shearing pushes two parts of the crust in opposite directions, causing the rocks of the crust to twist or tear apart.

▲ A break or crack along which rocks move is called a fault. A break along which rocks do not move is a joint.

▲ The block of rock above a fault is called the hanging wall, and the block of rock below a fault is called the foot wall.

▲ Mountains formed by blocks of rock uplifted by normal faults are called fault-block mountains.

▲ Valleys formed when the block of land between two normal faults slides downward are called rift valleys.

▲ A bend in a rock is a fold. An upward fold is an anticline; a downward fold is a syncline.

▲ Rocks are more likely to fold than fault if they are hot, under pressure, ductile, and stressed gradually.

▲ A plateau is a large area of flat land that is raised high above sea level.

▲ Plateaus may be formed by flat-topped folds, vertical faulting, or lava flows.

▲ An uplifted area called a dome can be formed by magma that works its way toward the Earth's surface without actually erupting onto the surface and causes the rock layers above it to fold upward.

▲ Domes that have been worn away in places form many separate peaks, or dome mountains.

1–2 The Floating Crust

▲ The mantle is the layer of the Earth that extends from the core to the crust.

▲ The balancing of the downward force of the crust and the upward force of the mantle is known as isostasy.

Reviewing Key Terms

Define each term in a complete sentence.

1–1 Earth's Changing Surface
stress
crust
deformation
compression
tension
shearing
fracture
fault
hanging wall
foot wall

normal fault
reverse fault
thrust fault
lateral fault
fault-block mountain
rift valley
fold
anticline
syncline
plateau
dome

1–2 The Floating Crust
mantle
isostasy

Resumen de conceptos claves

1–1 Cambios de la superficie terrestre

▲ A medida que la tensión actúa sobre las rocas de la corteza, éstas lentamente cambian de forma y volumen.

▲ A la ruptura, inclinación y pliegue de las rocas se le llama deformación.

▲ La compresión junta las rocas de la corteza.

▲ La tracción separa las rocas de la corteza.

▲ La tensión de cizalla desliza dos partes de la corteza en direcciones opuestas, haciendo que las rocas de la corteza se tuerzan o se rompan.

▲ Una fractura a lo largo de la cual se mueven las rocas es una falla. Una fractura en la que no hay dislocamiento es una grieta.

▲ Al bloque de roca por encima de una falla se le llama labio elevado, al bloque por debajo de una falla se le llama labio hundido.

▲ A las montañas formadas por bloques de rocas que fueron levantadas por fallas normales se les llama montañas de bloques de fallas.

▲ Los valles que se han formado por hundimiento del terreno entre dos fallas normales son fosas de hundimiento.

▲ Un doblez en una roca es un pliegue. Si el pliegue es hacia arriba se llama anticlinal y si es hacia abajo se llama sinclinal.

▲ Las rocas tenderán a doblarse en vez de quebrarse si están calientes, sometidas a presión, si son dúctiles o si se les aplica tensión gradualmente.

▲ Una meseta es una extensión de terreno llano que se eleva sobre el nivel del mar.

▲ Las mesetas se pueden formar por pliegues superiores planos, por pliegues verticales o por los flujos de lava.

▲ Una elevación del terreno conocida como cima se puede formar cuando el magma empuja hacia arriba sin conseguir llegar a la superficie, haciendo que las capas de roca sobre ella se doblen hacia arriba.

▲ Las cimas a las que se les ha desgastado una parte forman picos separados o mogotes.

1–2 La corteza flotante

▲ El manto es la capa de la Tierra que se extiende desde el centro hasta la corteza.

▲ El equilibrio entre la fuerza descendente de la corteza y la fuerza ascendente del manto se llama isostasia.

Repaso de palabras claves

Define cada palabra o palabras con una oración completa.

1–1 Cambios de superficie terrestre
tensión
corteza
deformación
compresión
tracción
tensión de cizalla
fractura
falla
labio elevado
labio hundido

falla normal
falla inversa
falla de cobijadura
falla lateral
montaña de bloques
  de fallas
fosa de hundimiento
pliegue
pliegue anticlinal
pliegue sinclinal
meseta
cima

1–2 La corteza flotante
manto
isostasia

Chapter Review

Content Review

Multiple Choice

Choose the letter of the answer that best completes each statement.

1. The rocky outermost layer of the Earth is the
   a. core.
   b. crust.
   c. mantle.
   d. continental plate.

2. The form of stress that pulls apart rocks of the crust is
   a. tension.
   b. compression.
   c. contraction.
   d. compaction.

3. The block of rock above a fault is called the
   a. anticline.
   b. syncline.
   c. foot wall.
   d. hanging wall.

4. Older rock layers may slide up and over younger rock layers in a
   a. normal fault.
   b. lateral fault.
   c. thrust fault.
   d. anticline.

5. Rocks are more likely to fault than fold if they are
   a. ductile.
   b. extremely hot.
   c. under much pressure.
   d. brittle.

6. A downward fold in a rock is called a(an)
   a. syncline.
   b. anticline.
   c. plateau.
   d. dome.

7. A large flat area that is uplifted high above sea level and whose underlying layers of rock are flat is called a(an)
   a. plateau.
   b. syncline.
   c. dome.
   d. anticline.

8. Magma pushing on rock layers may cause them to fold sharply upward into a blisterlike structure called a
   a. syncline.
   b. dome.
   c. fault-block mountain.
   d. plateau.

9. Which of the following is formed when the block of land between two normal faults slides downward?
   a. rift valley
   b. anticline
   c. syncline
   d. horst

True or False

If the statement is true, write "true." If it is false, change the underlined word or words to make the statement true.

1. The breaking, tilting, and folding of rock is called <u>shearing</u>.
2. The blocks of rock move horizontally past one another in a <u>normal fault</u>.
3. The balancing of the force exerted by the crust and the force exerted by the mantle is called <u>isostasy</u>.
4. <u>Brittle</u> rocks are more likely to fold than fault.
5. <u>Fault-block mountains</u> are formed by blocks of rock uplifted by normal faults.
6. A downward, U-shaped fold in the rocks is known as a(an) <u>dome</u>.
7. When <u>shearing</u> acts on a fault, the foot wall slides up relative to the hanging wall.

Concept Mapping

Complete the following concept map for Section 1–1. Refer to pages J6–J7 to construct a concept map for the entire chapter.

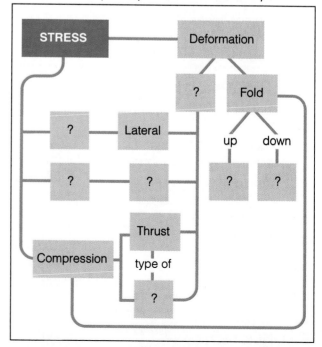

Repaso del capítulo

Repaso del contenido

Selección múltiple

Selecciona la letra de la respuesta que mejor complete cada frase.

1. La capa rocosa más exterior de la Tierra es
   a. el centro.
   b. la corteza.
   c. el manto.
   d. la placa continental.

2. La forma de tensión que separa las rocas de la corteza se llama
   a. tracción.
   b. compresión.
   c. contracción.
   d. compactación.

3. El bloque de roca por encima de la falla es
   a. anticlinal.
   b. sinclinal.
   c. el labio hundido.
   d. el labio elevado.

4. Las capas de roca más antigua pueden deslizarse sobre roca más joven en una
   a. falla normal.
   b. falla lateral.
   c. falla de cobijadura.
   d. anticlinal.

5. Las rocas tienen más tendencia a romperse que a doblarse si son/están
   a. dúctiles.
   b. muy calientes.
   c. sometidas a presión.
   d. quebradizas.

6. Un pliegue hacia abajo en una roca es un
   a. sinclinal.
   b. anticlinal.
   c. meseta.
   d. cima.

7. Una extensión plana de terreno más alta que el nivel del mar y cuyas capas de roca son planas se llama
   a. meseta.
   b. sinclinal.
   c. cima.
   d. anticlinal.

8. El magma puede hacer que las capas de roca se doblen abruptamente hacia arriba convirtiéndose en una estructura llamada
   a. sinclinal.
   b. cima.
   c. montaña de bloques de fallas.
   d. meseta.

9. ¿Qué se forma cuando un bloque de terreno se hunde entre dos fallas?
   a. fosa de hundimiento
   b. anticlinal
   c. sinclinal
   d. horte

Verdadero o falso

Si la afirmación es verdadera, escribe "verdad." Si es falsa, cambia las palabras subrayadas para que sea verdadera.

1. A la ruptura, inclinación y pliegue de las rocas se le llama <u>tensión de cizalla</u>.

2. Bloques de roca se mueven horizontalmente, adelantándose uno al otro, en una <u>falla normal</u>.

3. El equilibrio entre la fuerza ejercida por la corteza y el manto se llama <u>isostasia</u>.

4. Las rocas <u>quebradizas</u> tienden más a doblarse que a romperse.

5. Las <u>montañas de bloques de roca</u> son bloques de rocas levantados por fallas normales.

6. Un pliegue hacia abajo con forma de U es una <u>cima</u>.

7. Cuando <u>la tensión de cizalla</u> actúa en una falla, el muro labio hundido se desliza hacia arriba en relación al labio elevado.

Mapa de conceptos

Completa el siguiente mapa de conceptos para la sección 1–1. Para hacer un mapa de conceptos de todo el capítulo, consulta las páginas J6–J7.

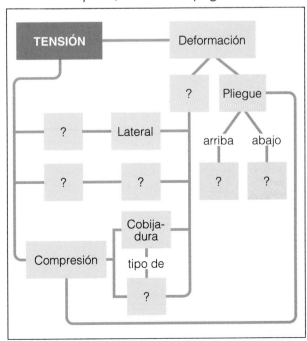

Concept Mastery

Discuss each of the following in a brief paragraph.

1. How can lava form a plateau?
2. What is the difference between a joint and a fault?
3. Compare magma and lava.
4. What is isostasy? How does isostasy affect the Earth's crust?
5. Draw a diagram that compares an anticline with a syncline.
6. How do faulting and folding result in deformation of the rocks of the crust?
7. How are compression, tension, and shearing similar? How are they different?

Critical Thinking and Problem Solving

Use the skills you have developed in this chapter to answer each of the following.

1. **Summarizing information** Prepare a table that summarizes what you have learned about the different kinds of faults. Your table should include the following information: type of fault; position of blocks; type of stress involved; sketch of fault.
2. **Making comparisons** Compare the rising and sinking of a floating ship to the floating crust.
3. **Relating concepts** Explain why a dome can be classified as an anticline. How does a dome differ from a more typical anticline?
4. **Interpreting data** Explain how the rock formation in the accompanying photograph was formed.

5. **Applying concepts** Geologists studying a rock formation have found that there are older rocks lying on top of younger rocks. How can you explain these findings in terms of faulting? In terms of folding? (*Hint:* Folds are not always symmetrical, or even on both sides.)
6. **Making inferences** Coal miners dig their tunnels along faults. The miners named the blocks above and below the faults. They called one block the hanging wall and the other block the foot wall. How do you think they came up with these names?
7. **Making generalizations** Rock salt is much less dense than surrounding rocks are. Under pressure, such as that caused by the weight of rock layers above it and around it, rock salt flows easily. Explain why and how rock salt, like magma, is able to form domes.
8. **Using the writing process** Imagine that you are an area of the Earth's crust. Write a brief autobiography describing the many changes due to stress that you have experienced over the millions of years of your existence. (*Hints:* What type of rock formation are you now? What were you in your "childhood"? Were the changes you experienced fun, scary, or exciting? How did they make you feel?)

Dominio de conceptos

Comenta cada uno de los puntos siguientes en un párrafo breve.

1. ¿Cómo forma la lava una meseta?
2. ¿Cuál es la diferencia entre grieta y falla?
3. Compara magma y lava.
4. ¿Qué es la isostasia? ¿Cómo afecta la isostasia a la corteza terrestre?
5. Construye un diagrama comparando un pliegue anticlinal con uno sinclinal.
6. ¿Cómo afecta la ruptura y el pliegue a la deformación de las rocas de la corteza?
7. ¿En qué se parecen la compresión, la tensión y la tensión de cizalla? ¿En qué se diferencian?

Pensamiento crítico y solución de problemas

Usa las destrezas que has desarrollado en este capítulo para resolver lo siguiente.

1. **Resumir información** Construye un diagrama resumiendo lo que has aprendido sobre los distintos tipos de fallas. Incluye lo siguiente: tipo de falla, posición de los bloques, tipo de tensión y boceto de una falla.
2. **Hacer comparaciones** Compara la elevación y el hundimiento de un barco con el de la corteza terrestre.
3. **Relacionar conceptos** Explica por qué una cima puede considerarse un plegamiento anticlinal. ¿En qué se diferencia una cima de un plegamiento anticlinal típico?
4. **Interpretar información** Explica la formación de la roca de la foto.

5. **Aplicar conceptos** Unos geólogos estudiando una roca descubren que hay capas de roca antigua sobre capas de roca joven. ¿Cómo explicas el descubrimiento en términos de ruptura? ¿Y en términos de pliegue? (*Pista:* Los pliegues no siempre son simétricos ni están en ambos lados.)
6. **Hacer inferencias** Los mineros excavan túneles a lo largo de las fallas y les ponen nombres a los bloques por encima y por debajo de la falla. A uno le llaman labio elevado y al otro labio hundido. ¿Cómo piensas que se les ocurrieron estos nombres?
7. **Hacer generalizaciones** La roca de sal es mucho menos densa que las rocas que la rodean. Sometida a presión, como la causada por el peso de las rocas que la rodean, la roca de sal fluye con facilidad. Explica por qué y cómo la roca de sal, como el magma, puede formar cimas.
8. **Usar el proceso de la escritura** Imagina que eres una zona de la corteza terrestre. Escribe una autobiografía describiendo los distintos cambios que has experimentado durante los millones de años de tu existencia a causa de la tensión. (*Pistas:* ¿Qué tipo de formación rocosa eres ahora? ¿Qué fuiste en tu "niñez"? ¿Cómo fueron los cambios, divertidos, espantosos, emocionantes? ¿Cómo te hicieron sentir?)

Earthquakes and *Volcanoes*

It was the World Series. People filled Candlestick Park in San Francisco to watch the Giants play the Oakland Athletics. But the game scheduled for October 17, 1989, was not to be played. The blimp, floating high above the stadium, was strategically positioned to capture the drama of the game. But instead, the blimp was dispatched to film another drama—the drama of buildings cracking and fires breaking out as underground gas mains exploded. Sportscasters became newscasters as the focus of the baseball championship changed dramatically to the streets of San Francisco. If you tuned in to watch this World Series game, you saw a major earthquake "live."

It was July 1991, and huge black clouds of smoke poured from a volcano in the Philippines. During the eruption, molten rocks, poisonous fumes, and dust-laden air poured from Mount Pinatubo. The toll in lives and property damage mounted as the volcano continued to erupt.

Volcanoes and earthquakes are dramatic examples—and not so gentle reminders—that the Earth's crust is continually moving. In this chapter, you will learn what causes some movements of the Earth's crust and how these movements are studied. You will also learn about two of the most sudden and violent movements: earthquakes and volcanic eruptions.

Journal *Activity*

You and Your World Have you ever experienced an earthquake or seen a volcano erupt? What do you think it would be like to live through an earthquake or the eruption of a volcano? Write your thoughts in your journal.

◀ *During the October 1989 earthquake, buildings in many sections of San Francisco suddenly collapsed.*

Terremotos y volcanes

Guía para la lectura

Después de leer las secciones siguientes, vas a poder

2–1 Terremotos
- Explicar qué pasa durante un terremoto.
- Describir cómo se detectan.

2–2 Formación de un volcán
- Comparar los distintos tipos de lava y las partículas volcánicas.
- Clasificar los tres tipos de volcanes.

2–3 Zonas de volcanes y terremotos
- Identificar la localización de las principales zonas volcánicas y sísmicas.

A causa de la Serie Mundial, el Candlestick Park de San Francisco se llenó para ver el partido de los Giants contra los Oakland Athletics. Sin embargo el partido del 17 de octubre de 1989 no se jugaría. El dirigible, colocado estratégicamente para captar la emoción del juego, fue enviado a captar un drama—el drama de edificios resquebrajándose y de incendios que se producían al explotar las tuberías del gas. Transmisiones deportivas se convirtieron en noticieros al pasar el foco del campeonato de béisbol a las calles de San Francisco. Aquellos que pensaban ver el partido por televisión vieron un terremoto "en directo."

En julio de 1991, un volcán en las Filipinas arrojaba enormes nubes negras de humo. Durante la erupción, el Monte Pinatubo arrojaba rocas fundidas, gases venenosos y aire cargado de polvo. El número de víctimas y de daños fue aumentando mientras duró la erupción del volcán.

Los volcanes y los terremotos son ejemplos bastante dramáticos de que la corteza de la Tierra está en constante movimiento. En este capítulo estudiarás las causas de algunos de los movimientos de la corteza terrestre y cómo se investigan. Estudiarás dos de los movimientos más repentinos y violentos: los terremotos y las erupciones volcánicas.

Diario *Actividad*

Tú y tu mundo ¿Alguna vez has sentido un terremoto o has visto un volcán en erupción? ¿Cómo explicarías las sensaciones de vivir un terremoto o la erupción de un volcán? Anota en tu diario las experiencias.

◀ *Durante el terremoto de octubre de 1989, muchos edificios de San Francisco se desplomaron.*

2–1 Earthquakes

The Earth seems so solid—its surface strong and stable. But the occurrence of enormous natural disturbances such as earthquakes and volcanoes indicates that perceptions about the Earth's stability often differ from reality. The surface of the Earth actually moves in ways most dramatic. One has only to see the effects of an **earthquake** to appreciate this fact.

An earthquake is the shaking and trembling that results from the sudden movement of part of the Earth's crust. A familiar example will help you to understand how an earthquake behaves. When you throw a pebble into a pond, waves move outward in all directions. In a similar manner, when rocks in the Earth's crust break, earthquake waves travel through the Earth in all directions. The ground shakes and trembles. During a severe earthquake, the ground can rise and fall like waves in an ocean. The motion of the ground causes buildings, trees, and telephone poles to sway and fall. Loud noises can sometimes be heard coming from the ground.

Scientists estimate that more than one million earthquakes occur every year. This is approximately one earthquake every thirty seconds. The vast majority of earthquakes are so small that the surface of the Earth barely moves. Several thousand earthquakes a year move the surface of the Earth, however, in ways significant enough to notice. Several hundred earthquakes make major changes in the Earth's surface features. And about twenty earthquakes a year cause severe changes in the Earth's surface. It is this last group of earthquakes that has the potential to cause serious damage to buildings and dramatic loss of life in populated areas.

The most common cause of earthquakes is faulting. As you learned in Chapter 1, a fault is a break in the Earth's crust. During faulting, parts of the Earth's crust are pushed together or pulled apart. Rocks break and slide past one another. Energy is released during this process. As the rocks move, they cause nearby rocks to move also. The rocks continue to move in this way until the energy is used up.

Figure 2–1 *The damage brought about by the 1985 earthquake in Mexico City shows the awesome power of earthquake waves.*

2–1 Terremotos

Aunque la Tierra parece muy sólida, con una superficie fuerte y estable, sucesos naturales, como los terremotos y los volcanes, demuestran que la percepción de estabilidad difiere de la realidad. Para darnos cuenta de que la superficie de la Tierra se mueve sólo tenemos que fijarnos en las consecuencias de un **terremoto**.

Un terremoto es la agitación y el temblor producido por el movimiento repentino de la corteza terrestre. Un terremoto se comporta como cuando tiras una piedra en un lago; las ondas se mueven en todas las direcciones. De igual forma, cuando las rocas de la corteza terrestre se rompen, las ondas sísmicas viajan a través de la tierra en todas las direcciones, haciendo que la tierra se agite y tiemble. Durante un terremoto intenso la tierra puede subir y bajar como lo hacen las olas en el mar. El movimiento de la tierra hace que los edificios, árboles y postes oscilen y se desplomen. A veces se pueden oír ruidos que proceden de la tierra.

Los científicos calculan que se producen más de un millón de terremotos al año, lo que significa que se produce uno cada treinta segundos. La mayoría de los terremotos son tan pequeños que la superficie de la Tierra prácticamente no se mueve. Miles de terremotos al año sin embargo, hacen que el movimiento de la corteza terrestre se note. Cientos de terremotos ocasionan cambios importantes en las características de la corteza terrestre y, unos veinte terremotos al año ocasionan graves cambios en la superficie de la Tierra. Los terremotos de este último grupo son los que potencialmente pueden causar graves daños en edificios e innumerables fatalidades en zonas habitadas.

Los terremotos, en su mayoría, se producen por fallas. Como hemos visto en el capítulo 1, una falla es una grieta en la corteza terrestre. Durante este proceso, unas rocas se agrupan y otras se separan. Las rocas se rompen y se deslizan emitiendo energía. Al moverse, unas rocas hacen que las de alrededor también se muevan produciendo un movimiento continuo hasta que se consume la energía.

Figura 2–1 *Los daños que se produjeron en la Ciudad de México durante el terremoto de 1985 muestran la poderosa fuerza de las ondas sísmicas.*

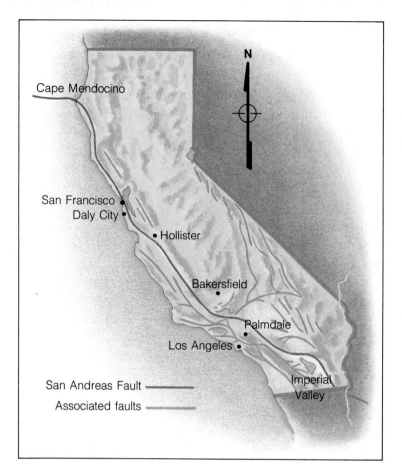

Figure 2–2 *The San Andreas Fault extends 960 kilometers along the western edge of California (left). Only a small portion of the fault is visible in the aerial photograph. However, you can see that movement along the fault has caused streams that run across the fault to become offset (top). Movement also causes rock formations to become buckled and twisted (bottom).*

The San Andreas Fault in California extends near the border with Mexico to the south through the city of San Francisco and continues on and off shore to the coast of northern California. The San Andreas Fault is about 960 kilometers long and 32 kilometers deep. The land to the west of the San Andreas Fault is slowly moving north. The land to the east of the fault is moving south. But the rocks along the fault do not all move at the same time. Earthquakes occur in one area and then in another. One of the worst of the disasters occurred in 1906, when movement along a small section of the San Andreas Fault caused the famous San Francisco earthquake.

Earthquakes also occur on the floor of the ocean. These earthquakes often produce giant sea waves called **tsunamis** (tsoo-NAH-meez). Tsunamis can travel at speeds of 700 to 800 kilometers per hour. As they approach the coast, tsunamis can reach heights of greater than 20 meters. To get a better idea of this

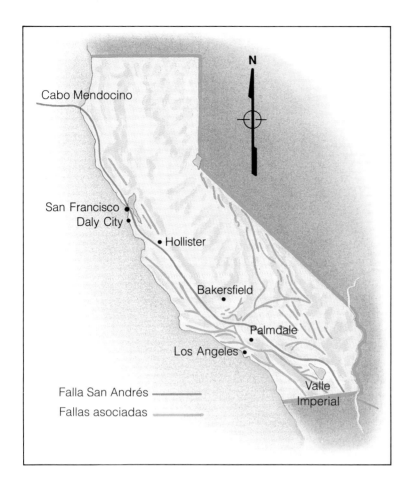

Figura 2–2 *La Falla San Andrés se extiende 960 kilómetros a lo largo de la frontera oeste de California (izquierda). En la fotografía aérea sólo se ve una pequeña parte. Sin embargo, se puede ver que el movimiento ha causado bifurcaciones en los arroyos que cruzan la falla (arriba). El movimiento también hace que las rocas se tuerzan y se doblen (abajo).*

La Falla San Andrés en California se extiende cerca de la frontera con México hacia el sur, atraviesa San Francisco y continúa por la costa norte de California. La Falla San Andrés tiene unos 960 kilómetros de largo y 32 de profundidad. El terreno al oeste de la falla se mueve lentamente hacia el norte mientras que el terreno al este se mueve hacia el sur. Sin embargo, las rocas a lo largo de la falla no se mueven todas al mismo tiempo, lo que hace que los terremotos se den en zonas distintas en momentos distintos. Uno de los peores desastres fue el de 1906, cuando el movimiento a lo largo de una pequeña zona de la Falla San Andrés ocasionó el famoso terremoto de San Francisco.

Los terremotos también se pueden producir en el fondo del océano. Estos terremotos producen olas gigantes llamadas **tsunamis**. Las olas tsunamis pueden alcanzar velocidades de 700 a 800 kilómetros por hora. Al acercarse a la costa, pueden superar los 20 metros. Para que te hagas una idea de la altura, piensa que un

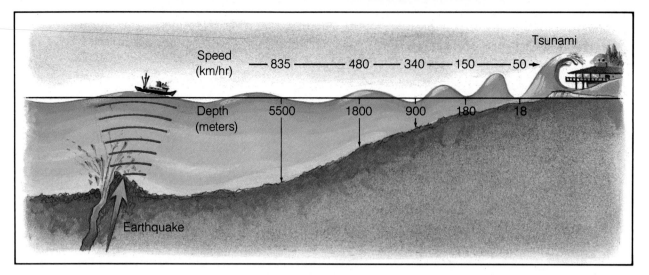

Speed (km/hr) — 835 — 480 — 340 — 150 — 50 →

Depth (meters)   5500   1800   900   180   18

Tsunami

Earthquake

Figure 2–3 *Giant sea waves called tsunamis are caused by earthquakes on the ocean floor. When tsunamis are out at sea, they are far apart, fast moving, and low. What happens to these waves near shore?*

ACTIVITY
READING

height, consider the following: A 6-story building is about 20 meters tall! When a tsunami strikes the coast, it can cause great damage.

Seismic Waves

Some faults are located deep inside the Earth. Others are close to or at the Earth's surface. Most faults occur between the surface and a depth of about 70 kilometers.

The point beneath the Earth's surface where the rocks break and move is called the **focus** (FOH-cuhs) of the earthquake. The focus is the underground point of origin of an earthquake. Directly above the focus, on the Earth's surface, is the **epicenter** (EHP-uh-sehn-tuhr). Earthquake waves reach the epicenter first. During an earthquake, the most violent shaking is found at the epicenter. See Figure 2–4.

Earthquake waves are known as **seismic** (SIGHZ-mihk) **waves.** Scientists have learned much about earthquakes and the interior of the Earth by studying seismic waves. There are three main types of seismic waves. Each type of wave has a characteristic speed and manner of travel.

PRIMARY WAVES Seismic waves that travel the fastest are called **primary waves,** or **P waves.** P waves arrive at a given point before any other type of seismic wave. P waves travel through solids, liquids, and

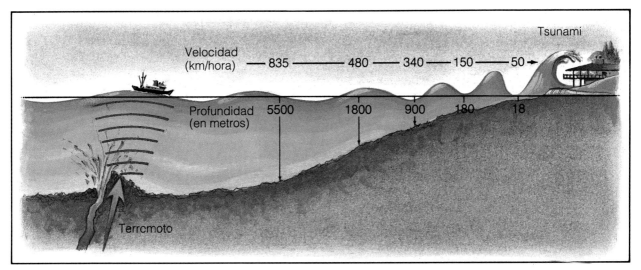

Figura 2–3 *Las olas gigantes llamadas tsunamis son originadas por terremotos en fondo del mar. Cuando están en alta mar, están separadas, se mueven de prisa y no son muy altas.*
¿Qué pasa con estas olas cuando se acercan a la orilla?

ACTIVIDAD

PARA LEER

New Madrid, Missouri

Si piensas que los terremotos en los Estados Unidos sólo ocurren a lo largo de la Falla San Andrés, estás equivocado. Durante los años 1811 y 1812 se produjeron una serie de fuertes terremotos a lo largo de la Falla New Madrid al sureste de Missouri y de Arkansas.

Puede que te interese leer algo sobre la Falla New Madrid. Comienza con el artículo escrito por Robert Hamilton titulado "Quakes Along the Mississippi," publicado en el número de agosto de 1980, de la revista *Natural History*. Otro artículo interesante es "The Rift, the River and the Earthquake," de Arch C. Johnston, que aparece en el número de enero de 1992 de la revista *Earth*.

edificio de 6 pisos mide 20 metros. Cuando una ola tsunami azota la costa puede causar enormes daños.

Ondas sísmicas

Algunas fallas estarán cerca de la superficie de la tierra, otras en su profundidad. La mayoría de las fallas se encuentran entre la superficie y el interior de la Tierra, a una distancia de unos 70 kilómetros.

El punto debajo de la superficie terrestre donde las rocas se rompen y se mueven originando un terremoto se llama **foco**. El punto de la corteza terrestre directamente sobre el foco se llama **epicentro**. Durante un terremoto la agitación más violenta se produce en el epicentro, ya que es el primer punto que alcanzan las ondas violentas. Mira la figura 2–4.

Estas ondas se conocen como **ondas sísmicas**. Mediante el estudio de las ondas sísmicas los científicos han aprendido mucho sobre los terremotos y el interior de la Tierra. Existen tres tipos de ondas sísmicas, cada una de ellas con distinta velocidad y diferente forma de recorrer distancias.

ONDAS PRIMARIAS Las ondas sísmicas que viajan a mayor velocidad se llaman **ondas primarias**, u **ondas P**. Las ondas P son las primeras en llegar a un punto determinado. Las ondas P atraviesan sólidos, líquidos

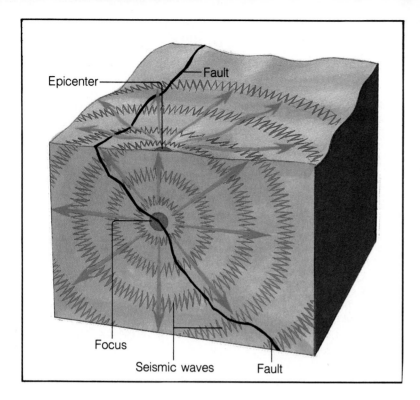

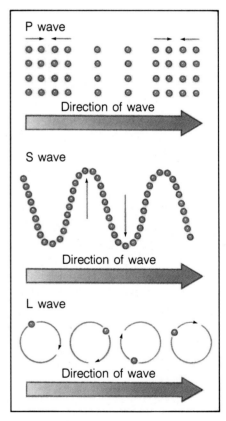

Figure 2–4 *This diagram shows the relationship between the epicenter and the focus of an earthquake. Where do the strongest seismic waves occur?*

gases. They move through the Earth at different speeds, depending on the density of the material through which they are moving. As they move deeper into the Earth, where material is more dense, they speed up.

P waves are push-pull waves. As P waves travel, they push rock particles into the particles ahead of them, thus compressing the particles. The rock particles then bounce back. They hit the particles behind them that are being pushed forward. The particles move back and forth in the direction the waves are moving. See Figure 2–5.

SECONDARY WAVES Seismic waves that do not travel through the Earth as fast as P waves do are called **secondary waves,** or **S waves.** S waves arrive at a given point after P waves do. S waves travel through solids but not through liquids and gases. Like P waves, S waves speed up when they pass through denser material.

Part of the Earth's interior is molten, or a hot liquid. Because S waves do not travel through liquids, they are not always recorded at all locations during an earthquake. What happens to S waves when they reach the liquid part of the Earth's interior?

Figure 2–5 *P waves push together and pull apart rock particles in the direction the waves are moving. S waves, which are slower than P waves, move rock particles from side to side at right angles to the direction the waves are moving. How do L waves move?*

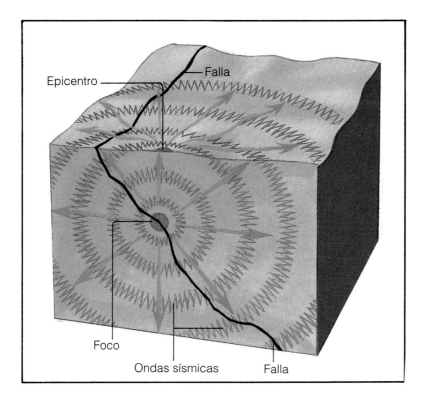

Figura 2–4 *Este diagrama muestra la relación entre el epicentro y el foco de un terremoto. ¿Dónde se produce la onda sísmica más fuerte?*

y gases. Se mueven a través de la Tierra a diferente velocidad, dependiendo de la densidad del material que atraviesan. A mayor densidad mayor velocidad.

Las ondas P empujan y tiran. Las ondas P al viajar empujan partículas de rocas hacia las partículas que están delante comprimiéndolas. Esto hace que las partículas retrocedan. Al retroceder golpean las partículas que están detrás y que, a su vez están siendo empujadas hacia delante. Como resultado las partículas avanzan y retroceden en la dirección en que se mueven las ondas. Mira la figura 2–5.

ONDAS SECUNDARIAS A las ondas sísmicas que no viajan tan rápido como las ondas P se lcs llama **ondas secundarias**, u **ondas S**. Las ondas S llegan a un determinado punto después de las P. Estas ondas pueden atravesar sólidos, pero no atraviesan ni líquidos ni gases. Las ondas S aumentan su velocidad al atravesar materiales más densos.

Parte del interior de la Tierra está derretida, o sea es líquida. Como las ondas S no atraviesan líquidos, no siempre se registran en todos los lugares durante un terremoto. ¿Qué pasa con las ondas S cuando llegan a la parte líquida del interior de la Tierra?

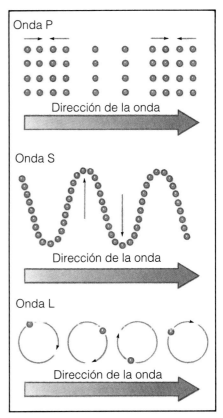

Onda P

Dirección de la onda

Onda S

Dirección de la onda

Onda L

Dirección de la onda

Figura 2–5 *Las ondas P empujan y tiran de las partículas de la roca en la dirección en que se mueven las ondas. Las ondas S, más lentas que las P, mueven las partículas de lado a lado en ángulo recto en la dirección en que se mueven las ondas. ¿Cómo se mueven las ondas L?*

ACTIVITY

CALCULATING

Graphing the Speed of a Tsunami

A tsunami far out to sea travels very quickly and carries a great deal of energy. Out at sea, however, tsunami waves are quite low. As a tsunami approaches shore, its speed decreases drastically, but it still carries the same amount of energy. What effect does the slowing down in speed have on the height of tsunami waves close to shore? Why are such waves so powerful?

Use the data from Figure 2–3 to make a graph plotting ocean depth against the speed of a tsunami. What general conclusions can you draw from your graph?

S waves cause rock particles to move from side to side. The rock particles move at right angles to the direction of the waves. See Figure 2–5.

SURFACE WAVES   The slowest-moving seismic waves are called **surface waves,** or **L waves.** L waves arrive at a given point after primary and secondary waves do. L waves originate on the Earth's surface at the epicenter. Then they move along the Earth's surface the way waves travel in the ocean. Just as the water's surface rises and falls with each passing wave, the Earth's surface moves up and down with each L wave that passes. L waves cause most of the damage during an earthquake because they bend and twist the Earth's surface.

The Seismograph

A **seismograph** (SIGHZ-muh-grahf) is an instrument that detects and measures seismic waves. Although crude seismographs were in use hundreds of years ago, the first practical seismograph was developed by John Milne in 1893. Milne's invention has remained relatively unchanged to this day.

A seismograph consists of a weight attached to a spring or wire. See Figure 2–7. Because the weight is not attached directly to the Earth, it remains nearly still even when the Earth moves. A pen attached to the weight records any movement of the Earth on a sheet of paper wound around a constantly rotating drum.

Figure 2–6 *Earthquakes can cause blocks of land to slip along a fault. How might such slippage affect railroad tracks, roads, and streams? How has slippage affected the straight rows of orange trees in the photograph?*

ACTIVIDAD

¿Qué velocidad tiene una ola Tsunami?

Una ola tsunami en alta mar viaja a gran velocidad, transportando mucha energía. Sin embargo son muy bajas. A medida que se acerca a la orilla su velocidad disminuye drásticamente, aunque transporta la misma cantidad de energía. ¿Qué efecto tiene la reducción de velocidad en la altura de las olas tsunami al acercarse a la orilla? ¿Por qué son tan poderosas?

Utilizando la información de la figura 2–3 dibuja un gráfico contrastando la profundidad del océano con la velocidad de una ola tsunami. ¿Qué conclusiones sacas del gráfico?

Las ondas S mueven las partículas de roca de lado a lado. Las partículas se mueven en ángulo recto en la dirección en que se mueven las ondas. Mira la figura 2–5.

ONDAS DE SUPERFICIE Las ondas sísmicas más lentas son las **ondas de superficie**, u **ondas L**. Llegan a un lugar determinado después que las ondas primarias y secundarias. Las ondas L se originan en el epicentro de la corteza terrestre. Se mueven a través de la corteza terrestre de la misma forma que las olas en el mar. La corteza de la Tierra sube y baja cada vez que pasa este tipo de onda. Las ondas L son las que causan mayores daños en los terremotos, ya que son las que hacen que la superficie se doble y se tuerza.

El sismógrafo

Un **sismógrafo** es un aparato que detecta y mide las ondas sísmicas. Aunque hace cientos de años ya se utilizaban sismógrafos muy rudimentarios, el primer sismógrafo práctico fue inventado por John Milne en 1893. Desde entonces el invento de Milne no ha sido cambiado mucho.

Un sismógrafo está formado por un peso sujeto a un muelle o a un cable. Mira la figura 2–7. Como el peso no está pegado a la Tierra, se mantiene prácticamente quieto incluso cuando la Tierra se mueve. Una pluma sujeta al peso registra cualquier movimiento de la Tierra en una hoja de papel alrededor de un cilindro que gira constantemente.

Figura 2–6 *Un terremoto puede hacer que los bloques de tierra se desprendan a lo largo de una falla. ¿Cómo puede afectar el desprendimiento a las vías del tren, carreteras y ríos? ¿De qué forma ha afectado el desprendimiento a las filas de naranjos de la foto?*

Because the pen is attached to the weight, it also remains nearly still when the Earth moves. But the drum moves with the Earth. When the Earth is still, the pen records a nearly straight line. When the Earth moves, the pen records a wavy line. What kind of line would be recorded during a violent earthquake?

Seismologists (sighz-MAHL-uh-jihstz), scientists who study earthquakes, can determine the strength of an earthquake by studying the height of the wavy lines recorded on the paper. The seismograph's record of waves is called a **seismogram** (SIGHZ-muh-gram). The higher the wavy lines on the seismogram are, the stronger the earthquake is.

The height of the tallest wavy lines on a seismogram is used to calculate the strength of an earthquake on the **Richter scale,** which was created by California seismologists Charles Richter and Beno Gutenberg in 1935. The Richter scale was an important development because it gave scientists a way to determine earthquake strength based on readings from scientific instruments (namely, the seismograph). Before that, scientists were limited to estimating an earthquake's strength based on observations of the destruction the earthquake caused and eyewitness reports—sources that are not always accurate, consistent, or reliable.

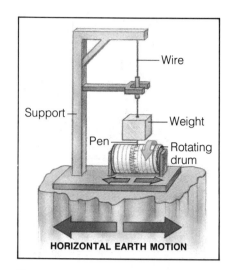

Figure 2–7 *In a seismograph, a heavy weight attached to a wire holds a pen motionless while a rotating drum moves with the Earth. What is a seismograph's record of seismic waves called?*

Figure 2–8 *In 1906, a devastating earthquake struck San Francisco. Fires that broke out after the earthquake destroyed part of the city (left). Buildings that normally stood straight and true were realigned by movements of the Earth (right).*

La pluma conectada al peso se mantiene prácticamente quieta aunque la Tierra se mueva, pero el cilindro se mueve con la Tierra. Cuando la Tierra está quieta, la pluma registra una línea prácticamente recta; cuando la Tierra se mueve, la pluma registra una línea ondulada. ¿Qué clase de línea se registraría durante un terremoto violento?

Los **sismólogos**, científicos que estudian los terremotos, determinan la fuerza de un terremoto estudiando la altura de las ondas registradas en el papel. Al registro sismográfico de las ondas se le llama **sismograma**. Cuanto más altas son las ondas más fuerte es el terremoto.

La altura de las ondas más altas en el sismógrafo se utiliza para medir la fuerza de los terremotos según la **escala de Richter**, que fue creada en 1935 por los sismólogos Charles Richter y Beno Gutenberg de California. La escala de Richter significó un descubrimiento muy importante, ya que proporcionó a los científicos una forma de determinar la fuerza del terremoto basándose en los datos de aparatos científicos. Hasta entonces los científicos se limitaban a estimar la fuerza del terremoto, basándose en los daños causados por los terremotos e informes de testigos, fuentes que no siempre resultaban precisas, fiables o consistentes.

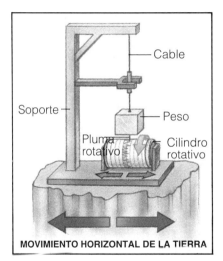

Figura 2–7 *En un sismógrafo, un peso colgado de un cable sujeta una pluma sin movimiento, mientras que un cilindro rotativo se mueve con la Tierra. ¿Cómo se llama el registro de las ondas sísmicas?*

Figura 2–8 *En 1906 un terremoto devastador sacudió a San Francisco. Incendios que brotaron después del temblor destruyeron parte de la ciudad (izquierda). Edificios sólidos que normalmente estaban derechos fueron desalineados por los movimientos de la Tierra (derecha).*

Shake It Up

1992 was a year for earthquakes. Large tremors shook California, Nevada, Utah, Nicaragua, and Egypt. Find out more about these earthquakes. Prepare a bar graph that shows the sizes of these earthquakes on the Richter scale. Share your graph in a presentation to your class that answers at least three of the following questions.

■ How do the 1992 quakes compare to the largest quakes on record? What number on the Richter scale corresponds to nearly total destruction? How exactly do scientists calculate the size of an earthquake on the Richter scale? What are foreshocks and aftershocks?

Figure 2–9 *By finding out how much time it takes for a laser beam from a laser field station to strike a reflector and bounce back, scientists can accurately measure the movements along a fault.*

Each number on the Richter scale represents an earthquake stronger than an earthquake represented by the preceding number. Any number above 6 indicates a very destructive earthquake. As you might imagine, an earthquake assigned the number 10 would be truly devastating!

The amount of damage caused by an earthquake depends on several different factors. The earthquake's strength, the kind of rock and soil that underlies an area, the population of the area affected, the kinds of buildings in the area, and the time at which the earthquake occurs all influence how damaging a particular earthquake is.

Predicting Earthquakes

In their study of earthquakes, scientists hope to improve the ability to accurately predict them. To be useful, earthquake prediction must be reliable and complete. The prediction must include where, when, and how strong the earthquake will be. If a strong earthquake is predicted, people can be moved from areas in danger. In 1975, Chinese scientists predicted with great accuracy that an earthquake would occur in their country. Most of the people in three areas of the country were evacuated before the earthquake struck. Many thousands of lives were saved.

If strong earthquakes could be predicted years in advance, people could better plan the growth of cities. Buildings could be reinforced to better withstand the shock waves produced by an earthquake. In some cities, attempts have already been made to construct earthquake-proof buildings. In what other ways might more accurate earthquake prediction save lives?

Seismologists have identified some warning signals that help to predict earthquakes with greater accuracy. Often changes occur in the speeds of P waves and S waves before a major earthquake strikes. Sometimes slight changes in the tilt of the Earth's surface can be detected. Land near a fault may rise or sink slightly. The water level in wells often goes up or down. And although it sounds a bit unscientific, some scientists in China believe that changes in the behavior of certain animals might help to predict earthquakes.

ACTIVIDAD

Temblores

El año de los terremotos fue 1992. Grandes temblores sacudieron California, Nevada, Utah, Nicaragua y Egipto. Investiga más sobre estos terremotos. Prepara un gráfico de barras que muestre la intensidad de estos terremotos según la escala de Richter. Comparte el gráfico con la clase. La información que presentes debe contestar tres de estas preguntas.

■ ¿Cómo comparas los terremotos de 1992 con los más fuertes de los ya registrados? ¿Cuál es el número en la escala de Richter que corresponde a la destrucción casi total? ¿Cómo calculan los científicos el tamaño de los terremotos en la escala de Richter? ¿Qué son las presacudidas y las postsacudidas?

Figura 2–9 *Los científicos pueden medir con exactitud los movimientos a lo largo de una falla, calculando cuánto tiempo le toma a un rayo laser caer a un reflector y rebotar la estación laser donde se originó.*

Cada número en la escala de Richter representa un terremoto más fuerte que el representado por el número anterior. Un número por encima de 6 indica que el terremoto es bastante destructivo. Como te puedes imaginar, un terremoto de fuerza 10 sería realmente devastador.

El daño causado por un terremoto depende de varios factores, como la fuerza del terremoto, el tipo de tierra y de roca de la zona, la población del área afectada, el tipo de edificios y la hora en que ocurra.

Predicción de terremotos

Los científicos esperan poder llegar a predecir los terremotos con exactitud a base de estudiarlos. Para que la predicción de los terremotos sea útil tiene que ser confiable y completa, incluyendo dónde, cuándo y cuán fuerte será el terremoto. Si se predice un terremoto fuerte, se puede sacar a la gente de la zona de peligro. En 1975, los científicos chinos predijeron con gran exactitud un terremoto en su país, lo que permitió evacuar a los habitantes de tres zonas del país, salvando miles de vidas.

Si los terremotos fuertes se pudieran predecir con años de antelación, se podría planear mejor el crecimiento de las ciudades, como por ejemplo reforzar ciertos edificios para que resistieran las ondas del terremoto. En algunas ciudades ya se han hecho intentos de construir edificios a prueba de terremotos. ¿De qué otra forma puede salvar vidas una predicción más exacta de un terremoto?

Los sismólogos han identificado algunas señales de advertencia que ayuda a predecir los terremotos con mayor precisión. A menudo se producen cambios en la velocidad de las ondas P o de las ondas S antes de la sacudida de un terremoto. Otras veces se puede detectar un leve cambio en la inclinación de la superficie de la Tierra. El terreno cercano a una falla puede elevarse o hundirse ligeramente. El nivel del agua en los pozos puede subir o bajar. Y, aunque pueda parecer poco científico, algunos científicos chinos creen que los cambios de comportamiento de algunos animales pueden ayudar a predecir los terremotos.

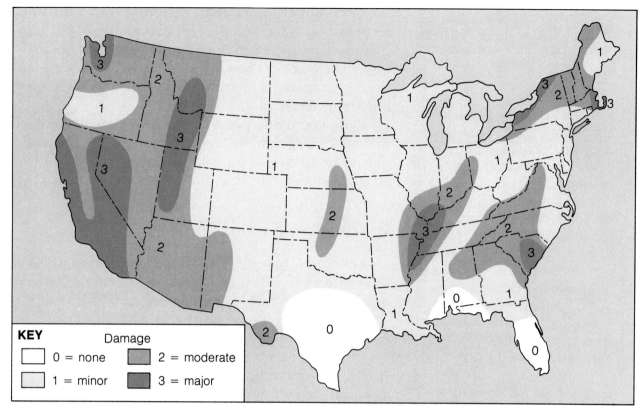

KEY Damage
[ ] 0 = none   ▓ 2 = moderate
[ ] 1 = minor   ▓ 3 = major

Figure 2–10 *This Seismic Risk Map shows areas of the United States (excluding Alaska and Hawaii) where earthquakes are likely to occur and the relative damage they are likely to cause. Where are damaging earthquakes least likely to occur? Most likely to occur?*

2–1 Section Review

1. What is an earthquake? What is the most common cause of an earthquake?
2. What is the focus of an earthquake? The epicenter?
3. Describe the three major types of seismic waves.
4. How does a seismograph work?
5. How is the strength of an earthquake measured?

Critical Thinking—*Applying Concepts*
6. Two different cities experience earthquakes of similar strength. In one city, relatively few people are injured. In the other city, there is a great loss of life. What are some possible reasons for the different effects? What kinds of plans could be developed to limit earthquake damage in the future?

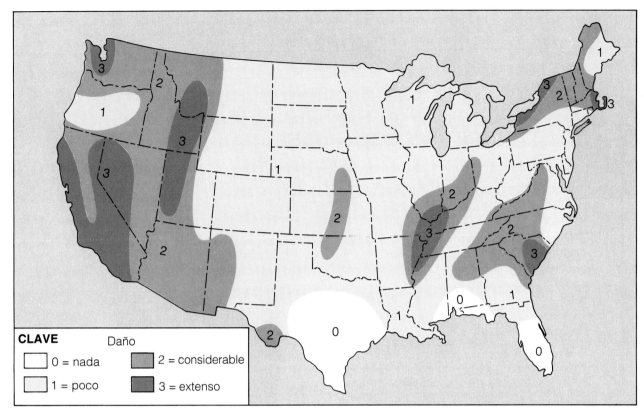

CLAVE Daño

☐ 0 = nada   ▨ 2 = considerable

☐ 1 = poco   ▨ 3 = extenso

Figura 2–10 *Este mapa de riesgo sísmico muestra las zonas de Estados Unidos (excluyendo Alaska y Hawai) donde hay más probabilidad de que se produzcan terremotos, y el daño que podrían causar. ¿Dónde quedan las zonas de menor probabilidad?¿Dónde quedan las de mayor probabilidad?*

2–1 Repaso de la sección

1. ¿Qué es un terremoto? ¿Cuál es la causa más frecuente de un terremoto?
2. ¿Qué es el foco de un terremoto? ¿Y el epicentro?
3. Describe los tres tipos más importantes de ondas sísmicas.
4. ¿Cómo funciona un sismógrafo?
5. ¿Cómo se mide la fuerza de un terremoto?

Pensamiento crítico—*Aplicar conceptos*

6. Dos ciudades diferentes experimentan terremotos de fuerza similar. En una ciudad muy poca gente resulta herida. En la otra, muere mucha gente. ¿Qué razones puede haber para que los efectos sean distintos? ¿Qué tipo de medidas se pueden tomar para limitar el daño de los futuros terremotos?

PROBLEM Solving

Shake, Quake, and Maybe Not Break

Cities built near fault zones in the crust face a serious problem. Their existence is threatened by the land upon which they are built. Architects and engineers constantly search for ways to construct buildings that will be better able to resist the movements of the Earth's crust that occur during an earthquake.

Relating Concepts

Pretend you are an architect or engineer planning an "earthquake-proof" building. What should your building look like? How should it be built? Where should it be built? What materials should you use? These are but a few of the questions to consider. Begin your project in the library, where you can find out about ideas of others who have tried to build earthquake-proof buildings. One student faced with this problem developed a plan for a building built on giant springs. What ideas can you and your classmates come up with?

Guide for Reading

Focus on this question as you read.

▶ *How are types of volcanoes related to types of volcanic eruptions?*

Activity Bank

It's a Blast, p. 171

2–2 Formation of a Volcano

Deep within the Earth, under tremendous pressure and at extreme temperatures, rock exists as a hot liquid called **magma**. This molten rock is found in pockets called magma chambers. Magma is constantly moving. In some places magma works its way toward the Earth's surface through cracks in solid rock. In other places, magma works its way toward the surface by melting the solid rock.

When magma reaches the Earth's surface, it is called **lava**. The place in the Earth's surface through which magma and other materials reach the surface (and the magma becomes lava) is called a **volcano.** You may have seen photographs of lava flowing down the sides of a volcano. A lava flow is so hot that it incinerates every burnable thing in its path. In some places, lava can build up to form a

PROBLEMA a resolver

Temblar y estremecerse pero sin romperse

Las ciudades construidas cerca de zonas de fallas se enfrentan con un problema serio. Su existencia se ve amenazada por el terreno sobre el cual están construidas. Los arquitectos y los ingenieros están investigando distintas formas de construcción para que los edificios sean más resistentes a los terremotos.

Relacionar conceptos

Imagínate que eres un(a) arquitecto o un ingeniero(a) que está planificando un edificio "a prueba de terremotos." ¿Qué aspecto debería tener el edificio? ¿Cómo se debería construirlo? ¿Dónde se debería construirlo? ¿Qué materiales se deberían usar? Éstas son sólo algunas de las cuestiones que tener en cuenta. Comienza tu trabajo en la biblioteca, donde puedes encontrar información sobre las ideas de otras personas que hayan intentado construir edificios a prueba de terremotos. Un estudiante, al que se le encargó el mismo trabajo, diseñó un edificio construido sobre unos muelles gigantes. ¿Qué ideas se les ocurren a ti y a tus compañeros de clase?

Guía para la lectura

Piensa en esta pregunta mientras lees.

▶ *¿Qué relación hay entre los tipos de volcanes y los tipos de erupciones volcánicas?*

Pozo de actividades

Ésta es una explosión, p. 171

2–2 Formación de un volcán

Dentro de la Tierra, sometida a gran presión y a temperaturas extremas, existe una roca líquida llamada **magma**. Esta roca fundida se encuentra dentro de unas bolsas llamadas cámaras de magma. El magma está en movimiento constante. En algunos sitios el magma sube a la superficie de la Tierra a través de grietas de roca sólida; en otros, el magma abre camino a la superficie, derritiendo la roca que le corta el paso.

Cuando el magma alcanza la superficie de la Tierra, se llama **lava**. El lugar de la superficie a través del cual el magma y otros materiales alcanzan la superficie (donde el magma se convierte en lava) se llama **volcán**. Quizás hayas visto fotografías de lava cayendo por los lados de un volcán. La lava, cuando fluye, está tan caliente que incinera cualquier cosa combustible que se encuentra en su camino. En algunos sitios la lava puede amontonarse, formando una montaña con

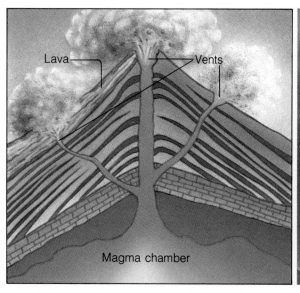

cone-shaped mountain. Such a landform, which is the result of an accumulation of volcanic material, is often referred to as a volcano as well.

The opening from which lava erupts is called a **vent.** Volcanoes often have more than one vent. If there is more than one vent, lava will sometimes pour from the sides of a volcano as well as from the top.

Volcanic Eruptions

All volcanic eruptions are not alike. Some eruptions are quiet, with lava slowly oozing from a vent. Other eruptions are very violent, with lava and other materials being hurled hundreds of meters into the air. Gases from within the Earth's interior mix with huge quantities of volcanic dust and ash and rise into the air as great dark clouds that can be seen from many kilometers away. A violent volcanic eruption is truly an awesome sight.

Although it seems to be a dangerous endeavor, many scientists spend their working lives studying volcanoes. For volcanoes are "windows" into the interior of the Earth. By analyzing the mineral makeup of lava, geologists can determine the chemical composition of the magma from which the lava formed. Such data provide information about the composition of the part of the Earth that remains unseen. There are four main types of lava.

One type of lava is dark-colored and contains a lot of water. This lava is rich in the elements iron

Figure 2–11 *If you had been able to look inside Mount Pinatubo as it erupted in July 1991, you would have seen magma moving through the vents toward the Earth's surface.*

Figure 2–12 *Although you might not wish to touch lava with a "ten-foot pole," this potentially hazardous activity is all in a day's work for a volcanologist (scientist who studies volcanoes). The long pole contains a special probe that can measure the temperature of the lava.*

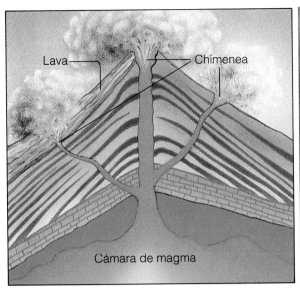

aspecto de cono. A dicha formación, que es el resultado de la acumulación de materiales volcánicos, comunmente se le llama volcán.

La abertura por la que sale la lava se llama **chimenea**. A veces los volcanes tienen más de una chimenea; en este caso, la lava saldrá tanto por los lados como por la cumbre.

Erupciones volcánicas

No todas las erupciones volcánicas son iguales. Algunas son tranquilas; la lava rebosa por la chimenea, fluyendo lentamente. Otras son muy violentas; la lava, junto con otros materiales, es lanzada a varios metros de altura. Los gases del interior de la Tierra se mezclan con polvo volcánico y con cenizas, formando enormes nubes de humo negro que se pueden ver a muchos kilómetros de distancia. Una erupción volcánica violenta es todo un espectáculo.

Aunque parece una tarea peligrosa, muchos científicos se pasan la vida estudiando los volcanes. Los volcanes son las "ventanas" del interior de la Tierra. Analizando el mineral del que está formada la lava, los geólogos pueden determinar la composición química del magma que forma la lava, y obtienen información de la parte de la Tierra que no se ve. Existen cuatro tipos de lava.

Uno es de color muy oscuro y contiene mucha agua. Esta lava es rica en hierro y magnesio. Cuando este

Figura 2–11 *Si hubieras podido ver el interior del volcán Pinatubo durante su erupción en julio de 1991, habrías podido ver el magma avanzar por las chimeneas hacia la superficie de la Tierra.*

Figura 2–12 *Aunque quizás no quieras tocar la lava con un "palo de 10 pies," esta peligrosa actividad está a la orden del día en el trabajo de un vulcanólogo (científico que estudia los volcanes.) El palo contiene una sonda especial para medir la temperatura de la lava.*

and magnesium. When this type of lava cools, igneous rocks such as basalt are formed. (You will learn more about rocks in Chapter 4.)

Another type of lava is light in color. This lava, which contains little water, is rich in the elements silicon and aluminum. Compounds of these elements account for its lighter color. When this type of lava cools, it forms the igneous rock rhyolite, which resembles granite.

The third type of lava has a chemical composition similar to that of both the dark-colored type and the light-colored type. Different varieties of igneous rocks in the Earth's crust, such as andesite, are formed from this type of lava.

The fourth type of lava contains large amounts of gases such as steam and carbon dioxide. When this lava hardens, it forms rocks with many holes in them. Like the holes trapped in the dough of a loaf of bread, the holes in this type of lava form as gas bubbles are trapped in the molten rock as it hardens. Pumice and scoria are igneous rocks formed from this type of lava. Do you know an unusual property of pumice?

Some dark-colored lava is thin and runny, and most tends to flow. The islands of Hawaii and Iceland were formed by many lava flows. But light-colored lava causes explosive eruptions. Because light-colored lava is rich in the element silicon, it tends to harden in the vents of a volcano. Explosive eruptions are caused when lava in the vents hardens into rocks. Steam and new lava build up under the rocks. When the pressure of the steam and new lava becomes great, a violent explosion occurs. As an example, if you place a cork in a bottle of seltzer water and shake the bottle, what do you think will happen? The cork will be pushed out of the bottle. The increased pressure exerted by the gas in the seltzer as a result of shaking the bottle causes the cork's ejection. This model illustrates what happens to a hardened lava plug in a vent as pressure builds up beneath it.

During volcanic eruptions, many rock fragments are blown into the air. The smallest particles are called **volcanic dust**. Particles of volcanic dust are very fine, less than 0.25 millimeter in diameter, or as tiny as grains of flour.

Figure 2–13 *There are two basic forms of dark-colored lava, both of which get their names from Hawaiian words. Hot, fast-flowing pahoehoe (pah-HOH-ay-hoh-ay) hardens into rounded swirls and ropy wrinkles (top). Cooler, slow-flowing aa (AH-ah) crumbles into large, jagged chunks as it oozes downhill. As a result, aa is rough and blocky (bottom). Can you explain why pahoehoe may change to aa as the lava moves away from the vent?*

tipo de lava se enfría, se forman rocas ígneas como el basalto. (Estas rocas las estudiaremos en el capítulo 4.)

Otro tipo de lava es de color claro y contiene muy poca agua. Es rica en silicio y aluminio, cuyos compuestos hacen que sea de color claro. Cuando se enfría forma la roca ígnea riolita que se parece al granito.

El tercer tipo de lava tiene una composición similar a la mezcla de las dos anteriores. Muchas de las rocas ígneas de la corteza terrestre, como la andesita, están formadas por este tipo de lava.

El cuarto tipo de lava contiene gran cantidad de gases, como vapor y bióxido de carbono. Cuando se enfría forma unas rocas con muchos agujeros. Como los agujeros que se forman en la masa del pan, los agujeros de la lava quedan atrapados en la roca derretida y se mantienen al endurecerse. La piedra pómez y la escoria son rocas ígneas formadas por este tipo de lava. ¿Conoces alguna característica poco corriente de la piedra pómez?

La lava de color oscuro es fina y fluye con facilidad. Las islas de Hawai e Islandia se formaron de flujos de lava. La lava de color claro ocasiona erupciones explosivas. Como la lava clara es rica en silicio, tiende a endurecerse en la chimenea de un volcán. La explosión se produce cuando la lava se endurece en la chimenea y se convierte en roca. Debajo de la roca se produce nueva lava y vapor. Cuando aumenta la presión del vapor y de la lava, se produce una explosión violenta. Por ejemplo, si pones un corcho en una botella de soda y la agitas, ¿qué pasaría? El tapón sería expulsado de la botella. El aumento de la presión del gas de la soda, al agitar la botella, dispara el tapón. Esto es lo que pasa cuando la lava endurecida se encaja en la chimenea y aumenta la presión por debajo de ella.

En las explosiones volcánicas muchos fragmentos de rocas salen disparados al aire. Las partículas más pequeñas se llaman **polvo volcánico**. Las partículas de polvo volcánico miden menos de 0.25 milímetros de diámetro. Así que son tan pequeñas como un grano de harina.

Figura 2–13 *Existen dos tipos de lava de color oscuro, ambos tienen nombres hawaianos. Pahoehoe es caliente y fluye rápidamente. Se endurece en forma de remolino y de arrugas partidas (arriba). Aa es más fría y de fluido más lento. A medida que se desliza se rompe en grandes trozos desiguales. ¿Puedes explicar por qué cuando la lava se aleja de la chimenea pahoehoe puede transformarse en aa?*

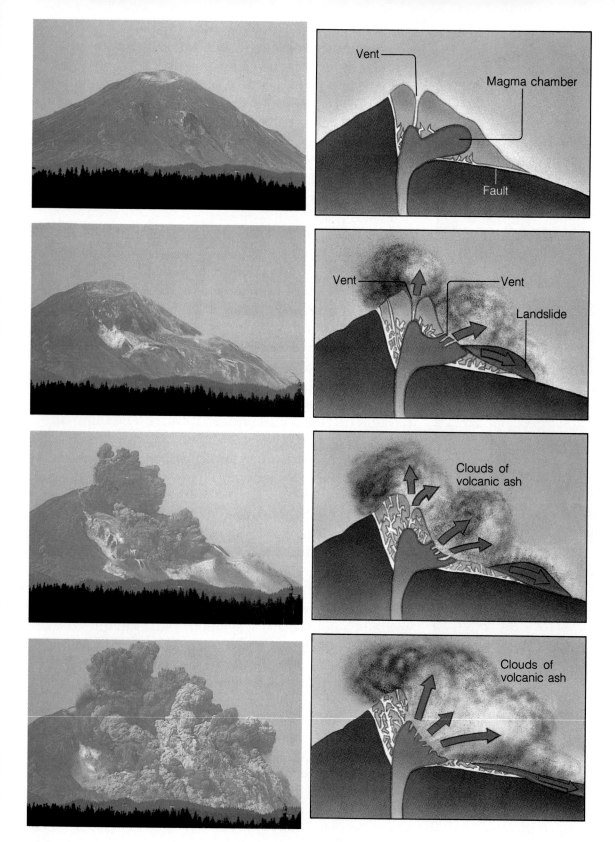

Figure 2–14 *In May 1980, Mount St. Helens in the state of Washington erupted explosively. These photographs and diagrams show the first few minutes of the eruption. What is the term for the openings from which lava erupts?*

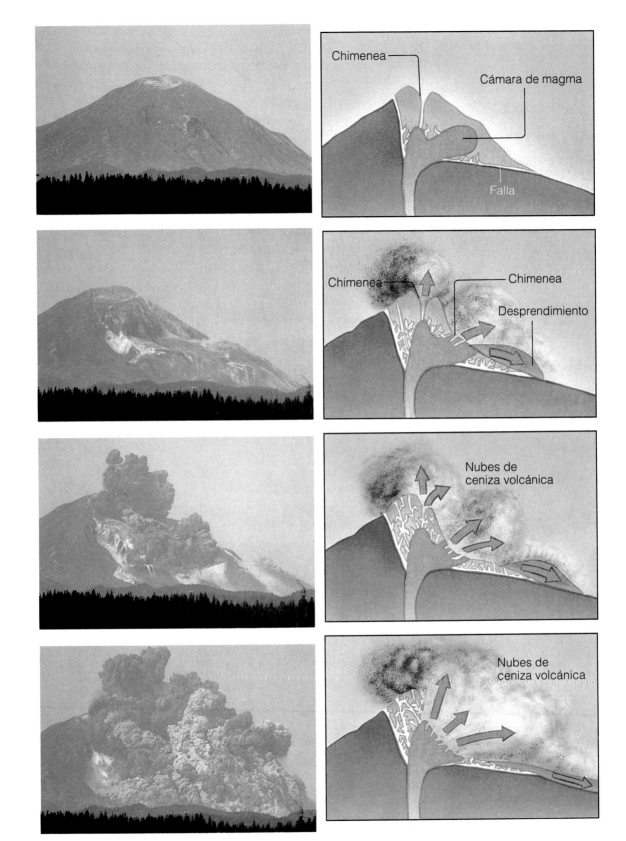

Figura 2–14 *En mayo de 1980 Monte St. Helens, en el estado de Washington, tuvo una erupción explosiva. Estas fotografías y diagramas muestran los primeros minutos de la erupción. ¿Cómo se llama la abertura por la que sale la lava?*

Figure 2–15 *This car is covered with volcanic dust spewed from Mount Pinatubo in the Philippines. The effects of this natural disaster prove an irresistible attraction!*

Rock particles more than 0.25 millimeter but less than 5 millimeters in diameter are called **volcanic ash**. Particles of volcanic ash are about the size of rice grains. Volcanic ash falls to the Earth's surface and eventually forms small rocks. Both volcanic dust and volcanic ash can be carried away from a volcano by the wind. In this manner, they can fall to the Earth near the volcano, or they can be carried completely around the world.

Larger rock particles are called **volcanic bombs**. Volcanic bombs are a few centimeters to several meters in diameter. Some bombs are the size of boulders and have masses of several metric tons. Small volcanic bombs about the size of golf balls are called **cinders**. When volcanic bombs are hurled out of a volcano, they are molten. They harden as they travel through the air.

Types of Volcanoes

Different types of volcanic eruptions form different types of volcanoes. Some volcanoes are built from quiet flows of thin, runny lava that spread over a broad area. Other volcanoes are formed from violent eruptions. Some volcanoes are formed from a combination of quiet flows of lava and violent eruptions.

CINDER CONES Volcanoes made mostly of cinders and other rock particles that have been blown into the air are called **cinder cones**. Cinder cones form from explosive eruptions. Because the material in cinder cones is loosely arranged, the cones are not high. But they have a narrow base and steep sides. Paricutin in Mexico is a cinder cone.

SHIELD VOLCANOES Volcanoes composed of quiet lava flows are called **shield volcanoes**. Because it is runny, the lava flows over a large area. After several quiet eruptions, a gently sloping, dome-shaped mountain is formed. The largest shield volcano is Mauna Loa in the Hawaiian Islands. Mauna Loa rises from the bottom of the Pacific Ocean to a height of 4 kilometers above sea level.

Figura 2–15 *Carro cubierto con el polvo volcánico expulsado por el Monte Pinatubo en las Filipinas. Los efectos de este desastre natural ocasionan una atracción irresistible.*

Las partículas de roca de más de 0.25 milímetros de diámetro pero menos de 5 milímetros se llaman **cenizas volcánicas**. Estas partículas son aproximadamente del tamaño de un grano de arroz. Las cenizas volcánicas caen sobre la superficie terrestre, formando pequeñas rocas. Tanto el polvo volcánico como las cenizas volcánicas pueden caer cerca del volcán o pueden ser transportados por el viento alrededor del mundo.

Las partículas de roca, que pueden medir de varios centímetros de diámetro a varios metros, se llaman **bombas volcánicas**. Algunas bombas son peñas de varias toneladas métricas. Las pequeñas bombas volcánicas del tamaño de una pelota de golf se llaman **cenizas**. Las bombas volcánicas son expulsadas del volcán derretidas y se enfrían en el aire.

Tipos de volcanes

Los diferentes tipos de erupciones volcánicas forman distintos tipos de volcanes. Algunos volcanes se forman de flujos de lava fina, que se escurre con facilidad y se esparce sobre una zona extensa. Otros se forman de erupciones violentas, y exiten volcanes que se forman de la combinación de flujos de lava fina con erupciones violentas.

CONO DE CENIZAS Los volcanes hechos de cenizas y partículas de roca que han sido lanzadas al aire se llaman **conos de cenizas**. Se forman como consecuencia de erupciones explosivas. Dado que el material está muy separado, los conos no son muy altos. Tienen la base estrecha y los lados empinados. El Paricutín en México es un cono de cenizas.

VOLCÁN DE ESCUDO Los volcanes compuestos de flujos de lava inactiva se llaman **volcanes de escudo**. La lava fluye extendiéndose sobre una superficie grande. Después de varias erupciones se forma una cima, una montaña con forma de domo y una ladera un poco inclinada. El volcán de escudo más grande es el Mauna Loa de las Islas de Hawai. Desde el fondo del Océano Pacífico el Mauna Loa se eleva 4 kilómetros sobre el nivel del mar.

| CINDER CONE | SHIELD VOLCANO | COMPOSITE VOLCANO |

Figure 2–16 *Izalco in El Salvador is a cinder cone (left). Kilauea in Hawaii is a shield volcano. The crater within the caldera is clearly visible (center). Mount Egmont in New Zealand is a composite volcano (right). How does a composite volcano form?*

COMPOSITE VOLCANOES Volcanoes built up of alternating layers of rock particles and lava are called **composite volcanoes**. During the formation of a composite volcano, a violent eruption first occurs, hurling volcanic bombs, cinders, and ash out of the vent. Then a quiet eruption occurs, producing a lava flow that covers the rock particles. After many alternating eruptions, a large cone-shaped mountain forms. The most famous composite volcanoes are Mount Vesuvius near Naples and Mount Etna in Sicily, both in Italy.

There is often a funnel-shaped pit or depression at the top of a volcanic cone. This pit is called a **crater.** If a crater becomes very large as a result of the collapse of its walls, it is called a **caldera.** A caldera may also form when the top of a volcano collapses or explodes. You may be familiar with the word caldron, a type of large cooking pot or kettle. The witches in *Macbeth,* a play written by William Shakespeare, stir their potions in a bubbling caldron. Both these words are derived from the Latin word *caldarius,* which pertains to warming. As you might guess, a volcano's caldera was at one time quite hot and contained bubbling lava.

ACTIVITY
DOING

Making a Model Volcano

1. Use the diagrams in Figure 2–16 to make a papier-mâché model of a cross section of one of the three types of volcanoes.

2. Label the structures of your volcano. You might like to team up with other students to make sure that a model of each type is constructed.

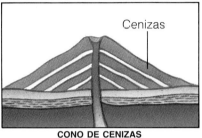

CONO DE CENIZAS

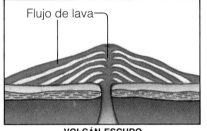

VOLCÁN ESCUDO

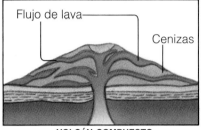

VOLCÁN COMPUESTO

Figura 2–16 *El Izalco en El Salvador es un cono de cenizas (izquierda). El Kilauea en Hawai es un volcán de escudo. El cráter de la caldera se ve claramente (centro). El Monte Egmont en Nueva Zelanda es un volcán compuesto (derecha). ¿Cómo se forma un volcán compuesto?*

VOLCÁN COMPUESTO Los volcanes constituidos por capas alternativas de partículas de roca y lava se llaman **volcanes compuestos**. Durante la formación de un volcán compuesto, primero se da una erupción violenta en la que la chimenea lanza bombas volcánicas y cenizas. Después se produce una erupción tranquila, haciendo que la lava cubra las partículas de roca. Después de una serie de erupciones alternadas, se forma una montaña con forma de cono. Los volcanes compuestos más famosos son el Vesubio cerca de Nápoles y el Etna en Sicilia, ambos en Italia.

A veces en la cumbre del cono volcánico hay un agujero en forma de embudo llamado **cráter.** Si el cráter se agranda como consecuencia del desprendimiento de los muros, se llama **caldera**. Ésta también se puede formar cuando la cumbre de un volcán se derrumba o explota. A lo mejor te resulta familiar la palabra caldero que es un tipo de cacharro para cocinar. Las brujas en *Macbeth*, obra de teatro escrita por William Shakespeare, utilizaban un caldero para preparar sus pócimas. Estas dos palabras se derivan de la palabra latina *caldarius*, relacionada con calentar. Como habrás adivinado, hay un momento en que la caldera de un volcán contiene lava hirviente y bullente.

ACTIVIDAD

PARA HACER

Cómo hacer un volcán

1. Usa los diagramas de la figura 2–16 para hacer un modelo de papel maché del corte transversal de uno de los tres tipos de volcanes.

2. Nombra las estructuras. Puedes formar equipo con otros compañeros y construir un volcán de cada tipo.

Figure 2–17 *Volcanic cones often have a depression known as a crater at their summit. Locate the craters of these two Indonesian volcanoes. Why is the crater of the volcano in the back considered to be quite unusual? In general, if a crater is more than three times wider than it is deep, it is called a caldera. Craters and calderas may fill with water to form lakes.*

Volcanic Activity

Volcanoes are rather unpredictable phenomena. Some volcanoes erupt fairly regularly; others have not erupted within modern history. In order to indicate the relative activity of volcanoes, scientists classify them as active, dormant, or extinct.

An active volcano is one that erupts either continually or periodically. There are several active volcanoes in the continental United States: Lassen Peak in Lassen Volcanic National Park (California), Mount St. Helens in the Cascade Range (Washington State), and Mount Katmai (Alaska).

A volcano that has been known to erupt within modern times but is now inactive is classified as a dormant, or "sleeping," volcano. Mount Ranier (Washington State), Mount Hood (Oregon), and Mount Shasta (California) are examples of dormant volcanoes in the continental United States.

A volcano not known to have erupted within modern history is classified as an extinct volcano. Volcanologists (scientists who study volcanoes) consider truly extinct volcanoes to be only those that have been worn away almost to the level of their magma chamber. But even so-called extinct volcanoes can prove unpredictable. Both Lassen Peak and Mount St. Helens suddenly erupted after long periods of inactivity.

ACTIVITY
DOING

Volcano in Motion

1. Using eight to ten unlined note cards, draw each successive step in the movement of magma up and out of a volcano. Use Figures 2–11 and 2–14 as guides and use your imagination.

2. Number each note card in sequence as you draw it.

3. Tape the cards together along the top.

Hold the cards at the taped end and flip from the first card to the last card.

Figura 2–17 *Los conos volcánicos a veces tienen en su cima una abertura conocida como cráter. Sitúa los cráteres de estos dos volcanes de Indonesia. ¿Por qué se considera raro el cráter del volcán de atrás? Si el cráter tiene un diámetro más de tres veces mayor que su profundidad, se llama caldera. Los cráteres y las calderas se pueden llenar de agua, formando lagos.*

Actividad volcánica

Los volcanes son un fenómeno bastante impredecible. Hay volcanes que hacen erupciones regularmente, mientras que otros no han hecho erupción durante la era moderna. Para indicar la actividad de los volcanes, los científicos los han clasificado como activos, inactivos o extinguidos.

Un volcán activo es el que hace erupciones continuamente o periódicamente. Existen varios volcanes activos en los Estados Unidos continental: Lassen Peak en Lassen Volcanic National Park (California), Mount St. Helens en Cascade Range (Washington State) y Mount Katmai (Alaska).

Un volcán que ha hecho erupción en la era moderna, pero que ahora está inactivo, se clasifica como inactivo. Monte Rainer (Washington State), Mount Hood (Oregón) y Mount Shasta (California) son ejemplos de volcanes inactivos en Estados Unidos continental.

Un volcán que no ha hecho erupción en la era moderna, se le clasifica como extinguido. Los vulcanólogos sólo consideran que un volcán está realmente extinguido cuando se ha consumido hasta el nivel de la cámara de magma. Se ha demostrado que incluso los llamados volcanes extinguidos son impredecibles. Tanto el Lassen Peak como Mount St. Helens hicieron erupción después de un largo período de inactividad.

ACTIVIDAD

PARA HACER

Un volcán en acción

1. Utilizando 8 ó 10 fichas blancas, dibuja todos los pasos del movimiento del magma hasta que sale del volcán. Utiliza las figuras 2–11 y 2–14 como guía, además de tu imaginación.

2. Numera cada ficha en el orden en que las dibujes.

3. Une las fichas por arriba con cinta adhesiva.

Sujeta las fichas por arriba para que se vea de la primera a la última.

2-2 Section Review

1. What is a volcano? What determines the type of volcano formed? Describe the three types of volcanoes.
2. What is the difference between magma and lava?
3. List in order of increasing size the different kinds of particles blown from a volcano.
4. How are volcanoes classified according to activity?

Connection—*Ecology*

5. How does a volcanic eruption alter the area around a volcano? What changes in plant and animal life do you think you would notice in the area around a volcano that has just erupted?

2-3 Volcano and Earthquake Zones

Guide for Reading

Focus on this question as you read.

▶ *Where are volcano and earthquake zones located?*

Have you ever wondered why California seems to have more than its share of earthquakes? Or why there are so many active volcanoes on islands in the Pacific Ocean? Volcanic eruptions and earthquakes often occur in the same areas of the world. Sometimes volcanic eruptions are accompanied by earthquakes. Although the two events need not occur together, there is a relationship between their occurrences. **Most major earthquakes and volcanic eruptions occur in three zones of the world. Scientists believe that there is a great deal of movement and activity in the Earth's crust in these zones**. You may want to look at a map of the world as you read about these zones. It is helpful to locate the places you read about on a map so that they become more "real" to you.

One major earthquake and volcano zone extends nearly all the way around the edge of the Pacific Ocean. This zone goes through New Zealand, the Philippines, Japan, Alaska, and along the western coasts of North and South America. The San Andreas Fault is part of this zone. This zone that circles the Pacific Ocean is called the **Ring of Fire**. Can you explain how it got its name?

2–2 Repaso de la sección

1. ¿Qué es un volcán? ¿Qué determina el tipo de volcán? Describe los tres tipos de volcanes.
2. ¿Cuál es la diferencia entre magma y lava?
3. Enumera las distintas clases de partículas que expulsa un volcán de mayor a menor.
4. ¿Cómo se clasifican los volcanes de acuerdo a su actividad?

Conexión—*Ecología*

5. ¿En qué forma altera un volcán en erupción la zona que le rodea? ¿Qué cambios notarías en la vida animal y vegetal en una zona alrededor de un volcán que acabara de hacer erupción?

2–3 Zonas de volcanes y terremotos

Guía para la lectura

Piensa en esta pregunta mientras lees.

▶ *¿Dónde se localizan las zonas de volcanes y terremotos?*

¿Alguna vez te has preguntado por qué California tiene tantos terremotos? ¿Por qué hay tantos volcanes activos en las islas del Pacífico? Las erupciones volcánicas y los terremotos se dan con frecuencia en las mismas zonas en todo el mundo. A veces las erupciones volcánicas van acompañadas de terremotos. Aunque no tienen que darse los dos fenómenos juntos, existe una relación entre ellos. **La mayoría de los terremotos y de las erupciones volcánicas se dan en tres zonas del mundo. Los científicos opinan que existe un gran movimiento y actividad en la corteza terrestre de esas zonas.** Mira un mapa del mundo mientras lees acerca de estas zonas. Si localizas los sitios de los que se habla en la lectura, te resultarán más reales.

Una de las mayores zonas volcánicas y sísmicas se extiende alrededor de la línea del Océano Pacífico. Esta zona abarca Nueva Zelanda, Filipinas, Japón, Alaska y la costa oeste de Norteamérica y Suramérica. La Falla San Andrés es parte de esta zona. Esta zona que rodea al océano Pacífico se llama **Anillo de Fuego**. ¿Podrías explicar de dónde le viene el nombre?

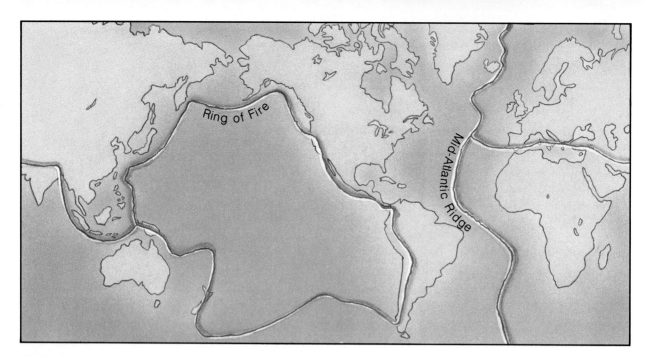

Figure 2–18 *This map shows the Ring of Fire, a zone of earthquake and volcanic activity that surrounds the Pacific Ocean. What is the name of the earthquake and volcano zone at the bottom of the Atlantic Ocean?*

A second major earthquake and volcano zone is located near the Mediterranean Sea. This zone, called the Mediterranean Zone, extends across Asia into India. Many countries in the zone, including Italy, Greece, and Turkey, have violent earthquakes. Many volcanic eruptions have also occurred in this zone.

The third major earthquake and volcano zone extends through Iceland to the middle of the Atlantic Ocean. There is under the ocean a long range of volcanic mountains called the Mid-Atlantic Ridge. Scientists believe that the volcano and earthquake activity in this area are due to the formation of new parts of the Earth's crust along the ridge. Volcanic islands in the Atlantic Ocean, such as Iceland, are part of the Mid-Atlantic Ridge.

2–3 Section Review

1. Why are earthquake and volcano activity zones located in certain areas?
2. What is the Ring of Fire?
3. What do scientists believe causes so many earthquakes in the middle of the Atlantic Ocean?

Critical Thinking—*Relating Concepts*
4. Would a volcanic eruption be likely to occur on the east coast of the United States? Explain.

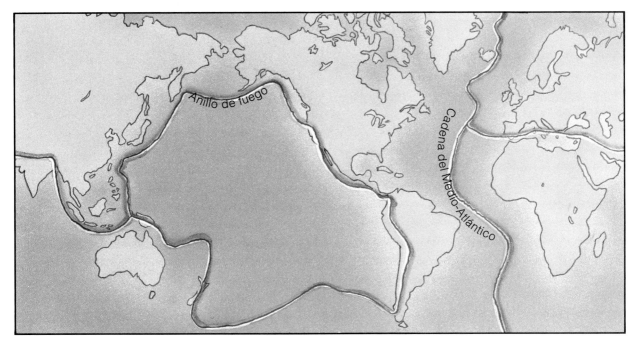

Figura 2–18 *Este mapa muestra el Anillo de Fuego, zona de actividad volcánica y de terremotos que rodea el Océano Pacífico. ¿Cómo se llama la zona de volcanes y terremotos que está en el fondo del Océano Atlántico?*

La segunda zona de mayor actividad es la zona localizada cerca del Mar Mediterráneo, llamada Zona Mediterránea. Se extiende a través de Asia hasta la India. Muchos países de la zona, incluyendo Italia, Grecia y Turquía, sufren terremotos violentos y erupciones volcánicas.

Por último, la tercera zona se extiende a través de Islandia hasta el medio-Atlántico. Existen una serie de montañas bajo el océano que se llama la Cadena del Medio-Atlántico. Los científicos atribuyen la actividad volcánica y de terremotos a la formación de nueva corteza terrestre a lo largo de la cadena. Islandia y otras islas volcánicas del Océano Atlántico, forman parte de esta cadena.

2–3 Repaso de la sección

1. ¿Por qué las zonas de actividad volcánica y de terremotos se localizan en ciertas áreas?
2. ¿Qué es el Anillo de Fuego?
3. ¿Cuál es la causa, según los científicos, para que se produzcan tantos terremotos en medio del Océano Atlántico?

Pensamiento crítico—*Aplicar conceptos*
4. ¿Sería posible que se produjera una erupción en la costa oriental de Estados Unidos? Explícalo.

CONNECTIONS

The Vault of the Earth

Naples is a large sun-filled city in southern Italy. But stand in many places in the city and you are immediately aware that a dark shadow looms overhead. Across the Bay of Naples, Mount Vesuvius, an active volcano, rises to a height of 1220 meters. By world standards, Mount Vesuvius is neither very large nor very old. But it played an important role in the history of the Mediterranean region.

On August 24, AD 79, life in two ancient cities, Pompeii and Herculaneum, abruptly came to an end with the eruption of Mount Vesuvius. Pompeii was covered with a layer of fine, hot ash—a layer that trapped people and animals and preserved ancient buildings and household furnishings. Herculaneum was covered by a river of mud that contained pumice spewed forth from the volcano. Not until the eighteenth and nineteenth centuries did *archaeologists,* scientists who study the remains of past civilizations, become aware of the treasures preserved by Vesuvius's anger.

The layer of ash that covered Pompeii made casts of people frantically trying to escape the eruption. Most people died when the hot ash in the air entered their lungs, choking off a fresh supply of oxygen. The people of Herculaneum were luckier. Although their city was destroyed, they were able to flee the slow-moving mud slides.

Thus the eruption of Vesuvius, while it destroyed two lively cities of the ancient world, preserved evidence of these civilizations for almost two thousand years. Scientists are now able to study a great historical treasure preserved in a vault made from materials spewed forth during a devastating volcanic eruption.

CONEXIONES

Una bóveda de cenizas

Nápoles es una ciudad soleada del sur de Italia. Cuando te paras en algunos sitios, en seguida te das cuenta de que arriba se ve una sombra amenazadora. Al otro lado de la Bahía de Nápoles el Vesubio, un volcán activo, se eleva a 1220 metros. Comparativamente, el Vesubio no es ni muy grande ni muy viejo, pero ha jugado un papel muy importante en la historia de la región mediterránea.

El 24 de agosto del año 79 d.C., desaparecieron dos ciudades, Pompeya y Herculaneo, debido a la erupción del Vesubio. Pompeya se cubrió de una capa de ceniza caliente y fina—una capa que atrapó personas y animales y preservó los antiguos edificios y sus muebles. Herculaneo se cubrió por un río de lodo que contenía piedra pómez. No fue hasta los siglos XVIII y XIX que los *arqueólogos,* científicos que estudian los restos de civilizaciones antiguas, descubrieron los tesoros que la ira del Vesubio había conservado.

La capa de ceniza que cubrió Pompeya dejó moldes de gente tratando de escapar desesperadamente. Muchas de las personas murieron ahogadas al respirar las cenizas calientes que había en el aire. Los habitantes de Herculaneo tuvieron más suerte. Aunque la ciudad se destruyó, pudieron huir de las capas de lodo que avanzaban lentamente.

De esta forma la erupción del Vesubio destruyó dos ciudades de una civilización antigua, pero al mismo tiempo conservó las huellas de estas civilizaciones durante más de dos siglos. Actualmente los científicos pueden estudiar verdaderos tesoros que se conservaron en una caja fuerte hecha de materiales arrojados durante una devastadora erupción volcánica.

Laboratory Investigation

Locating Patterns of Earthquake and Volcano Distribution

Problem

What is the worldwide pattern of earthquake and volcano distribution?

Materials *(per student)*

> world map showing longitude and latitude
> 4 pencils of different colors

Procedure

1. Use the information in the table to plot the location of each earthquake. Use one of the colored pencils to label on the world map each earthquake location with the letter E inside a circle.

2. Do the same thing for volcanoes. Use another colored pencil and the letter V inside a circle.

3. Use another pencil to lightly shade the areas in which earthquakes are found.

4. Use another pencil to lightly shade the areas in which volcanoes are found.

Observations

1. Are earthquakes scattered randomly over the surface of the Earth or are they concentrated in definite zones?

2. Are volcanoes scattered randomly or concentrated in definite zones?

3. Are most earthquakes and volcanoes located near the edges or near the center of continents?

4. Are there any active volcanoes near your home? Has an earthquake occurred near your home?

Analysis and Conclusions

1. Describe any patterns you observed in the distribution of earthquakes and volcanoes.

2. What relationship exists between the locations of earthquakes and of volcanoes?

3. **On Your Own** On a map of the United States, locate active volcanoes and areas of earthquake activity in the fifty states.

EARTHQUAKES		VOLCANOES	
Longitude	Latitude	Longitude	Latitude
120°W	40°N	150°W	60°N
110°E	5°S	70°W	35°S
77°W	4°S	120°W	45°N
88°E	23°N	61°W	15°N
121°E	14°S	105°W	20°N
34°E	7°N	75°W	0°
74°W	44°N	122°W	40°N
70°W	30°S	30°E	40°N
10°E	45°N	60°E	30°N
85°W	13°N	160°E	55°N
125°E	23°N	37°E	3°S
30°E	35°N	145°E	40°N
140°E	35°N	120°E	10°S
12°E	46°N	14°E	41°N
75°E	28°N	105°E	5°S
150°W	61°N	35°E	15°N
68°W	47°S	70°W	30°S

Investigación de laboratorio

Localizar los patrones de los terremotos y la distribución de los volcanes

Problema

¿Cuál es el patrón mundial de la distribución de terremotos y volcanes?

Materiales *(para cada estudiante)*

> mapa del mundo con la latitud y la longitud
> 4 lápices de distintos colores

Procedimiento

1. Utiliza la información de la tabla para situar la localización de cada terremoto. Usa uno de los lápices para marcar en el mapa su ubicación con una letra T dentro de un círculo.

2. Haz lo mismo con los volcanes. Utiliza otro color y márcalo con la letra V.

3. Con un color distinto sombrea las áreas en que se localizan los terremotos.

4. Utiliza el último color para sombrear las zonas de los volcanes.

Observaciones

1. ¿Se encuentran los terremotos al azar o se concentran en zonas determinadas de la Tierra?

2. ¿Se encuentran los volcanes dispersos al azar o concentrados en zonas definidas?

3. ¿Se localizan los terremotos y volcanes en las orillas o en el centro de los continentes?

4. ¿Hay algún volcán activo cerca de donde vives? ¿Ha ocurrido algún terremoto?

Análisis y conclusiones

1. Describe cualquier patrón que hayas observado en la distribución de los volcanes y los terremotos.

2. ¿Qué relación existe entre la localización de los volcanes y la de los terremotos?

3. **Por tu cuenta** En un mapa localiza las áreas de volcanes activos o de terremotos en los cincuenta estados de EUA.

TERREMOTOS		VOLCANES	
Longitud	**Latitud**	**Longitud**	**Latitud**
120°O	40°N	150°O	60°N
110°E	5°S	70°O	35°S
77°O	4°S	120°O	45°N
88°E	23°N	61°O	15°N
121°E	14°S	105°O	20°N
34°E	7°N	75°O	0°
74°O	44°N	122°O	40°N
70°O	30°S	30°E	40°N
10°E	45°N	60°E	30°N
85°O	13°N	160°E	55°N
125°E	23°N	37°E	3°S
30°E	35°N	145°E	40°N
140°E	35°N	120°E	10°S
12°E	46°N	14°E	41°N
75°E	28°N	105°E	5°S
150°O	61°N	35°E	15°N
68°O	47°S	70°O	30°S

Study Guide

Summarizing Key Concepts

2–1 Earthquakes

▲ An earthquake is the shaking and trembling that results from the sudden movement of part of the Earth's crust.

▲ The most common cause of earthquakes is faulting.

▲ Giant sea waves called tsunamis are caused by earthquakes on the ocean floor.

▲ The underground point of origin of an earthquake is called the focus.

▲ The epicenter is located on the Earth's surface directly above the focus.

▲ Earthquake waves are called seismic waves. There are three types of seismic waves: primary (P), secondary (S), and surface (L) waves.

▲ Seismic waves are detected and measured by a seismograph.

▲ The strength of an earthquake is measured on the Richter scale.

2–2 Formation of a Volcano

▲ Magma that reaches the Earth's surface is called lava.

▲ The place where magma reaches the Earth's surface is called a volcano.

▲ The opening from which lava erupts is called a vent.

▲ The mineral makeup of lava provides a clue to the chemical composition of magma inside the Earth.

▲ Many rock fragments of varying sizes are blown into the air during volcanic eruptions. They include volcanic dust, volcanic ash, volcanic bombs, and cinders.

▲ Different types of volcanic eruptions form different types of volcanoes. These include cinder cones, shield volcanoes, and composite volcanoes.

▲ The funnel-shaped pit, or depression, at the top of a volcano cone is called a crater. A caldera forms when the walls of a crater collapse.

2–3 Volcano and Earthquake Zones

▲ There are three major earthquake and volcano zones in the world where a great deal of movement in the Earth's crust occurs.

Reviewing Key Terms

Define each term in a complete sentence.

2–1 Earthquakes
earthquake
tsunami
focus
epicenter
seismic wave
primary wave, P wave
secondary wave, S
   wave
surface wave, L wave
seismograph

seismologist
seismogram
Richter scale

2–2 Formation of a Volcano
magma
lava
volcano
vent
volcanic dust
volcanic ash

volcanic bomb
cinder
cinder cone
shield volcano
composite volcano
crater
caldera

2–3 Volcano and Earthquake Zones
Ring of Fire

Resumen de conceptos claves

2–1 Terremotos

▲ Un terremoto es la agitación y temblor producido por el movimiento repentino de la corteza terrestre.

▲ La causa más común de un terremoto son las fallas.

▲ Las olas marinas gigantes producidas por un terremoto marino se llaman olas tsunamis.

▲ El punto debajo de la superficie terrestre donde se origina un terremoto se llama foco.

▲ El epicentro es el punto de la corteza terrestre directamente sobre el foco.

▲ Las ondas producidas por un terremoto se llaman ondas sísmicas. Hay tres tipos de ondas sísmicas: primarias (P), secundarias (S), y de superficie (L).

▲ El sismógrafo detecta y mide ondas sísmicas.

▲ La fuerza de un terremoto se mide en la escala de Richter.

2–2 Formación de un volcán

▲ El magma que alcanza la superficie terrestre se llama lava.

▲ El lugar donde el magma alcanza la superficie terrestre se llama volcán.

▲ La abertura por la que sale la lava en las erupciones se llama chimenea.

▲ El mineral del que está hecha la lava da una pista para determinar la composición química del magma dentro de la Tierra.

▲ Durante la erupción de un volcán se lanzan al aire fragmentos de roca de varios tamaños. Éstos incluyen polvo volcánico, cenizas volcánicas, bombas volcánicas y cenizas.

▲ Diferentes tipos de erupciones forman volcanes distintos. Éstos incluyen conos de cenizas, volcanes de escudo y volcanes compuestos.

▲ La abertura en forma de embudo en un cono volcánico se llama cráter. Una caldera se forma al derrumbarse los muros de un cráter.

2–3 Zonas de volcanes y terremotos

▲ En el mundo existen tres zonas volcánicas y sísmicas en las que existe gran movimiento de la corteza terrestre.

Repaso de palabras claves

Define cada palabra o palabras con una oración completa.

2–1 Terremotos
terremoto
ola tsunami
foco
epicentro
onda sísmica
onda primaria, onda P
onda secundaria, onda S
onda de superficie, onda L
sismógrafo
sismólogo
sismograma
escala de Ritcher

2–2 Formación de un volcán
magma
lava
volcán
chimenea
polvo volcánico
ceniza volcánica

bomba volcánica
cenizas
cono de cenizas
volcán de escudo
volcán compuesto
cráter
caldera

2–3 Zonas de volcanes y terremotos
Anillo de fuego

Chapter Review

Content Review

Multiple Choice

Choose the letter of the answer that best completes each statement.

1. The most common cause of earthquakes is
   a. tsunamis.
   b. faulting.
   c. seismic waves.
   d. magma.
2. Giant sea waves caused by earthquakes on the ocean floor are called
   a. volcanoes.
   b. faults.
   c. seismograms.
   d. tsunamis.
3. The underground point of origin of an earthquake is the
   a. focus.
   b. epicenter.
   c. magma.
   d. lava.
4. During an earthquake, the most violent shaking occurs at the
   a. Ring of Fire.
   b. epicenter.
   c. focus.
   d. vent.
5. The fastest seismic waves are
   a. S waves.
   b. L waves.
   c. V waves.
   d. P waves.
6. The seismic waves that cause most of the damage during an earthquake are
   a. S waves.
   b. L waves.
   c. V waves.
   d. P waves.
7. The instrument used to detect and measure earthquake waves is called the
   a. seismograph.
   b. seismogram.
   c. voltmeter.
   d. barometer.
8. The scale used to measure the strength of an earthquake is the
   a. focus scale.
   b. Milne scale.
   c. Richter scale.
   d. San Andreas scale.
9. Hot liquid rock that is found in the interior of the Earth is called
   a. lava.
   b. magma.
   c. ash.
   d. cinders.
10. The largest rock fragments blown into the air during a volcanic eruption are
    a. volcanic ash.
    b. volcanic dust.
    c. volcanic cinders.
    d. volcanic bombs.

True or False

If the statement is true, write "true." If it is false, change the underlined word or words to make the statement true.

1. A <u>caldera</u> forms when the walls of a volcano crater collapse.
2. The <u>Ring of Fire</u> is a zone of volcano activity that surrounds the Pacific Ocean.
3. <u>Secondary</u> waves travel through solids but not through liquids.
4. The opening from which lava erupts is called a <u>fault</u>.
5. Small volcanic bombs are called <u>craters</u>.
6. Volcanoes composed of quiet lava flows are called <u>shield volcanoes</u>.
7. A funnel-shaped pit at the top of a volcanic cone is called a <u>vent</u>.

Concept Mapping

Complete the following concept map for Section 2–1. Refer to pages J6–J7 to construct a concept map for the entire chapter.

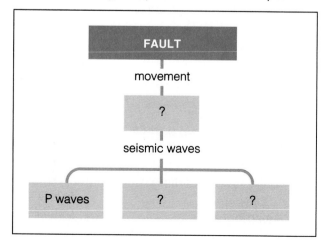

Repaso del capítulo

Repaso del contenido

Selección múltiple

Selecciona la letra de la respuesta que mejor complete cada frase.

1. La causa más frecuente de un terremoto es
   a. olas tsunamis.
   b. fallas.
   c. ondas sísmicas.
   d. magma.

2. Las olas marinas gigantes producidas por un terremoto son
   a. volcanes.
   b. fallas.
   c. sismogramas.
   d. tsunamis.

3. El punto subterráneo donde se origina un terremoto se llama
   a. foco.
   b. epicentro.
   c. magma.
   d. lava.

4. El temblor más violento durante un terremoto se produce en el
   a. Anillo de fuego.
   b. epicentro.
   c. foco.
   d. chimenea.

5. Las ondas sísmicas más rápidas son las
   a. ondas S.
   b. ondas L.
   c. ondas V.
   d. ondas P.

6. Las ondas sísmicas que producen más daño durante un terremoto son las
   a. ondas S.
   b. ondas L.
   c. ondas V.
   d. ondas P.

7. El instrumento para detectar y medir las ondas de un terremoto se llama
   a. sismógrafo.
   b. sismograma.
   c. voltímetro.
   d. barómetro.

8. La escala utilizada para medir la fuerza de un terremoto es la
   a. escala de foco.
   b. escala de Milne.
   c. escala de Richter.
   d. escala San Andrés.

9. La roca líquida que se encuentra en el interior de la Tierra se llama
   a. lava.
   b. magma.
   c. ceniza.
   d. conos.

10. Los fragmentos más grandes de roca que se expulsan durante una erupción son
   a. cenizas volcánicas.
   b. polvo volcánico.
   c. conos volcánicos.
   d. bombas volcánicas.

Verdadero o falso

Si la afirmación es verdadera, escribe "verdad." Si es falsa, cambia las palabras subrayadas para que sea verdadera.

1. Una caldera se forma cuando se derrumban los muros de un cráter.

2. El Anillo de Fuego es una zona de actividad volcánica que rodea al océano Pacífico.

3. Las ondas secundarias atraviesan sólidos pero no líquidos.

4. La abertura por la que sale la lava se llama falla.

5. Los cráteres son pequeñas bombas volcánicas.

6. Los volcanes de escudo están compuestos de flujos de lava inactiva.

7. Una chimenea es una abertura del cono volcánico con forma de embudo.

Mapa de conceptos

Completa el siguiente mapa de conceptos para la sección 2–1. Para hacer un mapa de conceptos de todo el capítulo, consulta las páginas J6–J7.

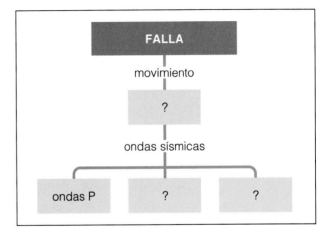

Concept Mastery

Discuss each of the following in a brief paragraph.

1. What is an earthquake? What is the most common cause of earthquakes?
2. Explain the difference between the focus of an earthquake and the epicenter of an earthquake.
3. What are seismic waves? Why are L waves more destructive than P or S waves?
4. What is the Richter scale? How is this scale used to compare earthquakes?
5. What is a volcano?
6. Describe the differences in the four kinds of lava.
7. Compare the shape and method of formation of cinder cones, shield volcanoes, and composite volcanoes.
8. Volcanoes are classified as active, dormant, or extinct. What do these classifications mean?

Critical Thinking and Problem Solving

Use the skills you have developed in this chapter to answer each of the following.

1. **Relating cause and effect** In 1883, the island of Krakatoa in the Pacific Ocean was destroyed by a tremendous volcanic explosion. Huge amounts of volcanic dust were hurled into the air. This dust remained in the air for several years before settling to the Earth. As far away as Europe scientists noted that temperatures dropped. Several years were referred to as "years without summers." Explain why this was so.

2. **Relating concepts** The Richter scale is used to rate the relative strength of earthquakes. How many times stronger than an earthquake rated 3 on the Richter scale is an earthquake rated 6? What are the advantages of using a single scale to rate the relative strengths of all earthquakes?

3. **Applying concepts** Earthquakes and volcanic eruptions occur naturally in certain zones. Does this mean that an earthquake or a volcanic eruption cannot occur outside one of these zones? What kinds of conditions would be necessary for an earthquake or volcanic eruption to occur outside these zones?

4. **Identifying relationships** In Section 2–2 you read about the formation of igneous rocks. The word igneous comes from a Latin word that means fire. What is the relationship between volcanoes and igneous rocks?

5. **Using the writing process** Pretend that you are a reporter for the *Daily Roman*, working in 79 AD. You are on assignment in Pompeii when Mount Vesuvius erupts. Write a dispatch for your newspaper describing your observations.

Dominio de conceptos

Comenta cada uno de los puntos siguientes en un párrafo breve.

1. ¿Qué es un terremoto? ¿Cuál es la causa más frecuente de un terremoto?
2. Explica cuál es la diferencia entre el foco y el epicentro de un terremoto.
3. ¿Qué son las ondas sísmicas? ¿Por qué las ondas L son más destructivas que las P o las S?
4. ¿Qué es la escala de Richter? ¿Cómo se usa para comparar los terremotos?
5. ¿Qué es un volcán?
6. Describe las diferencias de los cuatro tipos de lava.
7. Compara la forma y la formación de los conos de cenizas, volcanes de escudo y volcanes compuestos.
8. Los volcanes se clasifican en activos, inactivos y extinguidos. ¿Qué significa esta clasificación?

Pensamiento crítico y solución de problemas

Usa las destrezas que has desarrollado en este capítulo para resolver lo siguiente.

1. **Relacionar causa y efecto** En 1883 la isla Krakatoa, en el Océano Pacífico fue destruida por una explosión volcánica. Cantidades enormes de polvo volcánico fueron expulsadas. Este polvo pasó años en el aire antes de caer a la Tierra. El polvo llegó tan lejos que científicos en Europa notaron un descenso en las temperaturas. Se habló de ciertos años como de "años sin verano." Explica este suceso.

2. **Relacionar conceptos** La escala de Richter se utiliza para medir la fuerza de los terremotos. ¿Cuántas veces mayor es un terremoto clasificado 6, que uno clasificado 3? ¿Cuáles son las ventajas de utilizar una escala única para medir la intensidad relativa de los terremotos?
3. **Aplicar conceptos** Terremotos y erupciones volcánicas ocurren en ciertas zonas. ¿Significa esto que naturalmente no pueden ocurrir fuera de estas zonas? ¿Qué condiciones se tendrían que dar para que ocurriesen fuera de estas zonas?
4. **Identificar relaciones** En la sección 2–2 has leído acerca de las rocas ígneas. La palabra ígnea viene del latín y significa fuego. ¿Cuál es la relación entre los volcanes y las rocas ígneas?
5. **Usar el proceso de la escritura** Imagina que eres un(a) reportero(a) del *Diario de Roma,* en el año 79 d.C. Estás trabajando en Pompeya cuando el Vesubio entra en erupción. Escribe un artículo para tu periódico describiendo los sucesos.

Plate Tectonics

Have you ever looked at a globe or world map and noticed that the Earth's landmasses resemble pieces of a giant jigsaw puzzle? For example, the east coast of South America matches up with the west coast of Africa. The Arabian Peninsula and the northeast coast of Africa also seem to fit together.

Since the 1600s, people have wondered why the Earth's landmasses look like they would fit together. Were they connected at one time? If so, how were they moved apart?

In time, new discoveries caused other questions about the Earth to be asked. Why do places far from one another and with different climates have the remains of the same types of ancient organisms? Why do mountains and valleys form where they do? Why do earthquakes and volcanoes occur in the same areas over and over again?

For many years, no one came up with a theory that provided satisfactory answers. Then in 1915, a young German scientist published a radical, extremely controversial new theory. Read on, and discover more about the development of a theory that put the pieces of the puzzle together and revealed a better picture of the dynamic planet on which we live.

Journal *Activity*

You and Your World Have you ever been in a situation in which you knew you were right, but no one would listen to you? In your journal, describe the situation and how it made you feel.

◀ *This photograph taken from space shows that the Arabian Peninsula (top) and northeastern Africa (bottom) look as if they are two pieces of a giant puzzle.*

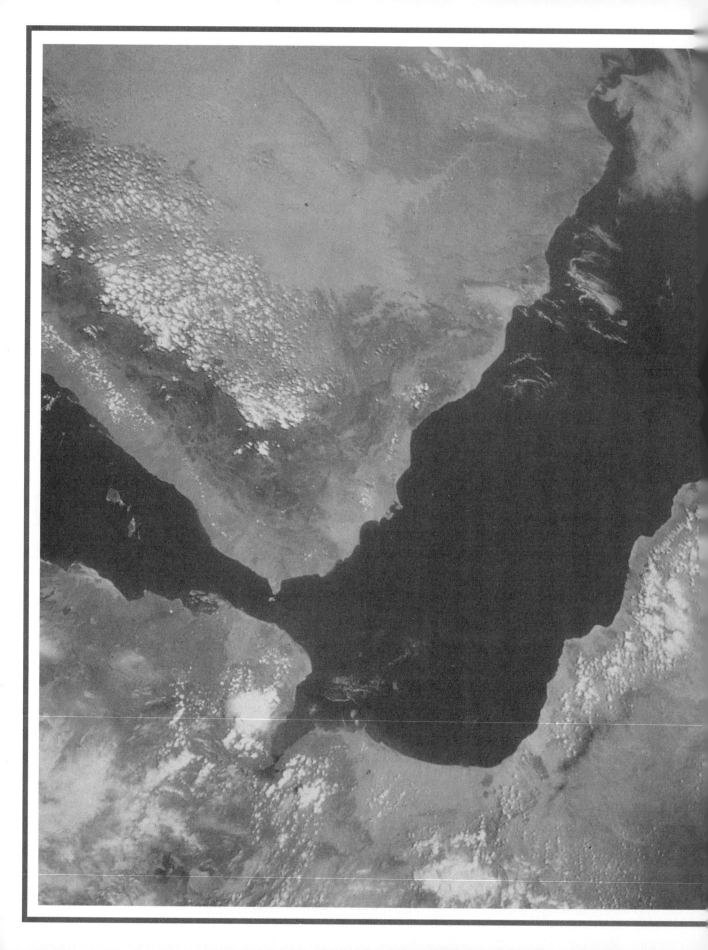

Placas tectónicas

Guía para el estudio

Después de leer las secciones siguientes, vas a poder

3–1 Continentes a la deriva

- Describir las pruebas que apoyan la teoría de la deriva continental.

3–2 La expansión del fondo oceánico

- Relacionar la expansión del fondo oceánico con la deriva de los continentes.

3–3 El movimiento de las placas terrestres

- Discutir la teoría de las placas tectónicas

¿Has notado, al mirar un globo terrestre, que las masas de la Tierra se parecen a las piezas de un rompecabezas gigante? La costa este de América del Sur empareja con la costa oeste de África y la Península Arábiga encaja con la costa noreste de África.

Desde el año 1600 la gente se pregunta por qué parece que las masas de la Tierra encajan unas con otras. ¿Estaban en algún momento unidas? ¿Cómo se separaron?

Con el tiempo surgieron nuevas preguntas acerca de la Tierra. ¿Por qué lugares separados entre sí y con distintos climas tienen restos del mismo tipo de organismos antiguos? ¿Por qué los valles y las montañas se han formado donde están? ¿Por qué los volcanes y los terremotos siempre se producen en las mismas zonas?

Durante muchos años nadie propuso una teoría que proporcionara respuestas satisfactorias. En 1915 un joven científico alemán publicó una teoría radical que provocó mucha controversia. Sigue leyendo y descubre el desarrollo de una teoría que une las piezas del rompecabezas y muestra una imagen más clara del planeta en que vivimos.

Diario *Actividad*

Tú y tu mundo ¿Te pasó alguna vez que, teniendo razón, nadie te hizo caso? Describe la situación en tu diario y explica cómo te sentiste.

◀ *Esta fotografía sacada desde el espacio muestra que la Península Arábiga (arriba) y el noreste de África (abajo) se parecen a las piezas de un rompecabezas.*

ACTIVITY

DISCOVERING

Putting the Pieces Together

1. Find one or two friends who also want to do this activity.

2. Obtain one sheet of newspaper per person. (Make sure you use a paper that everyone has finished reading!)

3. Tear a sheet of newspaper into a few large pieces.

4. Trade pieces with a friend.

5. Try to fit the pieces together. How do lines of print help to confirm that you have reassembled the pieces correctly?

▪ How does this activity relate to the development of the theory of continental drift?

3–1 Earth's Drifting Continents

Imagine that you are browsing in the library, looking for something interesting to read. A paper on prehistoric plants and animals catches your eye, and you start to look through it. But partway through, you put the paper down and start to think. The theory presented in the paper does not sound right to you.

This is the theory: A land bridge once stretched across the Atlantic Ocean and connected South America and Africa. Evidence for this land bridge is seen in the **fossils** of plants and animals that could not possibly have crossed an ocean but are found in both South America and Africa. Fossils are the preserved remains of ancient organisms.

The author of the paper states that the land bridge no longer exists because it sank to the bottom of the ocean. Knowing what you do about isostasy, you realize that continental crust cannot sink into denser oceanic crust. Why, then, are the fossils the same on both sides of the Atlantic Ocean?

Suddenly, you realize that South America and Africa must have been connected at one time—but not in the way the author of the paper envisioned. You remember noticing how well the coasts of the two continents fit together and wondering if they had once been a single landmass. At the time, you thought that idea was silly. Now it seems to be an idea worth considering.

You begin to search through the reference materials in the library, looking for evidence that will support or disprove your hypothesis. The more research you do, the more evidence you find in favor of your hypothesis: **The Earth once had a single landmass that broke up into large pieces, which have since drifted apart.** You name this giant landmass of the distant past **Pangaea** (pan-JEE-ah), which means all Earth.

This story is based on real events that happened in the first half of this century to the German scientist Alfred Wegener. Wegener was not the first person to suggest that the continents had once been

ACTIVIDAD

PARA AVERIGUAR

Juntar todas las piezas

1. Selecciona uno o dos amigos que quieran hacer la actividad.

2. Consigue una hoja de periódico por persona. (Asegúrate de que todos lo hayan leído.)

3. Rompe la hoja de periódico en unos cuantos trozos.

4. Intercambia los trozos con un amigo.

5. Trata de juntar los trozos. ¿De qué forma te ayudan las líneas de texto a confirmar que lo has reconstruido correctamente?

■ ¿En qué se parece esta actividad al desarrollo de la teoría de la deriva continental?

3-1 Continentes a la deriva

Imagínate que estás en la biblioteca buscando algo interesante para leer y te llama la atención un ensayo sobre plantas y animales prehistóricos. Empiezas a ojearlo, pero lo dejas a la mitad y te pones a pensar. Hay algo que no te convence.

La teoría es la siguiente: Un puente de tierra se extendió a través del Océano Atlántico uniendo América del Sur y África. La prueba está en los **fósiles** de plantas y animales que se encuentran tanto en América del Sur como en África. Fósiles son los restos o huellas conservados de un organismo de una era geológica pasada.

El autor del ensayo afirma que el puente ya no existe porque se hundió en el fondo del océano. Aplicando los conocimientos que tienes sobre la isostasia, te darás cuenta de que la corteza continental no puede hundirse en la corteza oceánica que es más densa. ¿Cómo se explica entonces la existencia de fósiles iguales a ambos lados del Océano Atlántico?

De pronto te das cuenta de que América del Sur y África estuvieron unidas pero no de la forma que lo expone el autor del ensayo. Te acuerdas de lo bien que encajan las costas de los dos continentes y de que llegaste a pensar que podía haber sido todo un continente. Vuelves a considerar la idea que entonces te pareció ridícula.

Empiezas a investigar buscando datos a favor o en contra de tu hipótesis. Mientras más investigas encuentras más evidencias que favorecen tu hipotesis: **La Tierra estaba formada por una enorme masa que se rompió en trozos, manteniéndose separados desde entonces.** Esta masa gigante de Tierra que existió en el pasado se llama **Pangaea**, que significa toda la Tierra.

Esta historia está basada en hechos que ocurrieron en la primera mitad de este siglo al científico alemán Alfred Wegener. Wegener no fue el primero en sugerir que los continentes estuvieron unidos en algún momento y,

joined together and had since moved apart. However, he was the first to build a detailed scientific case in support of the idea.

Wegener's **theory of continental drift** contradicted many of the existing, widely-accepted ideas about the evolution of the Earth. At that time, scientists thought that the crust could not move horizontally—continents were permanently fixed in the positions in which they had formed billions of years before. As you can imagine, most established scientists reacted unfavorably to being told many basic principles of geology were incorrect—especially by a young man who was not even a geologist! Wegener, you see, was a meteorologist, or weather scientist. Wegener's theory was met with great hostility and rejected by most of the world's scientists.

Despite the extremely negative response of most of the world's scientists, Wegener and his supporters continued to believe in the theory of continental drift. They kept on collecting evidence to support the theory. About thirty years after Wegener's death, enough evidence had been gathered to convince almost all scientists that continental drift was an acceptable, useful theory.

Evidence From Fossils

Evidence from fossils supports Wegener's theory of continental drift. As you read earlier, Wegener began to work seriously on the theory when he read that identical types of fossils had been found in Africa and South America. But as you can see in Figure 3–1, fossils reveal connections among other continents as well.

One organism whose fossils provide evidence for continental drift is *Glossopteris* (glahs-SAHP-teh-rihs), an extinct, or no longer living, plant.

Glossopteris fossils, which are located in rocks about 250 million years old, are found in South Africa, Australia, India, and Antarctica. *Glossopteris* seeds were too large to have been carried by wind and too fragile to have survived a trip by ocean waves. The seeds could not possibly have traveled the great distances that separate the continents today. This suggests that the places in which the plant's fossils are found must once have been closer together.

Figure 3–1 *The fossilized leaves of the extinct plant* Glossopteris *have been found in southern Africa, Australia, India, and Antarctica. Today, these places are widely separated and have different climates. What do the* Glossopteris *fossils indicate about the positions of the continents in the past?*

desde entonces se separaron. Sin embargo fue el primero en desarrollar una teoría científica al respecto, y demostrarla.

La **teoría de la deriva continental** de Wegener contradecía todas las existentes sobre la evolución de la Tierra. Hasta entonces, los científicos pensaban que la corteza no podía moverse horizontalmente. Los continentes estaban fijos en la posición en que se habían formado hace miles de millones de años. Como te puedes imaginar, muchos científicos reaccionaron desfavorablemente ante un joven que se oponía a muchos de los principios básicos de la geología. Y Wegener ni siquiera era geólogo, era meteorólogo. La teoría de Wegener fue acogida con mucha hostilidad y rechazada por la mayoría de los científicos de todo el mundo.

A pesar del rechazo, Wegener y sus seguidores creían en la teoría de la deriva continental y continuaron buscando pruebas que la apoyaran. Treinta años después de la muerte de Wegener, se habían conseguido suficientes pruebas para convencer a casi todos los científicos de que la teoría de la deriva continental era útil y aceptable.

Los fósiles aportan pruebas

Los fósiles aportan pruebas que apoyan la teoría de Wegener de la deriva continental. Wegener empezó a desarrollar esta teoría cuando leyó que se habían encontrado tipos idénticos de fósiles en África y América del Sur. Como puedes ver en la figura 3–1, existen fósiles que también demuestran conexión entre otros continentes.

Un organismo, cuyos fósiles prueban la deriva continental, es *Glossopteris,* una planta extinguida.

Se han encontrado fósiles de *Glossopteris,* situados en rocas con más de 250 millones de años, en Suráfrica, Australia, India y Antártida. Las semillas de *Glossopteris* son demasiado grandes para que las pueda transportar el viento, y muy frágiles para haber sobrevivido un viaje por el océano. Es imposible que las semillas hayan viajado la enorme distancia que separa los continentes hoy en día. Esto sugiere que los lugares en los que se han encontrado fósiles de las plantas debieron estar muy juntos.

Figura 3–1 *Se han encontrado hojas fosilizadas de la planta extinguida* Glossopteris *en Suráfrica, Australia, India y Antártida. En la actualidad estos lugares están muy separados y tienen climas diferentes. ¿Qué indican estos fósiles sobre la posición de los continentes en el pasado?*

Figure 3–2 *Continental drift helped to explain a biological mystery: why green sea turtles living near the coast of Brazil lay their eggs on a distant island in the middle of the Atlantic Ocean. Long ago, before Africa and South America moved further apart, this island was quite close to Brazil.*

ACTIVITY

DOING

Pangaea

1. Using a globe and paper, trace the shape of each continent and Madagascar. Also trace the shape of India and the Arabian Peninsula.

2. Cut out each piece, leaving Asia and Europe as one.

3. Disconnect India and the Arabian Peninsula from Asia.

4. Piece together the continents as they may have looked before the breakup of Pangaea. Use the directions of plate motion shown in Figure 3–8 as a guide.

5. Attach your reconstruction of Pangaea to a sheet of paper. Compare your version with those of your classmates.

The presence of *Glossopteris* fossils in the frozen wastelands of Antarctica indicates that Anarctica's climate millions of years ago was far different from the way it is today. Because the size and location of landmasses have a powerful effect on climate, this suggests that Antarctica and the other continents have changed position.

How did *Glossopteris* develop on such widely separated continents? Like Wegener, scientists today think that *Glossopteris* and many other organisms of the distant past lived on a single landmass—Pangaea. This landmass later split apart. The pieces of the broken landmass—today's continents—slowly drifted away from one another, carrying their fossils with them.

Evidence From Rocks

You have just read how fossils, which are located within rocks, provide support for the theory of continental drift. But fossils are not the only evidence for continental drift. The rocks themselves indicate that the continents have drifted.

One of the clearest sets of evidence is found in the rocks of Africa and South America. When the continents are "pieced" together, rock formations in Africa line up with matching ones in South America. An ancient folded mountain chain that stretches across South Africa links up with an equally ancient folded mountain chain in Argentina. Coal fields with distinctive layers in Brazil line up with coal fields with identical layers in Africa. And there are many other matches. Can you explain how these matching rock formations ended up on opposite sides of an ocean?

Rock deposits left behind by moving sheets of ice known as glaciers have also been used as evidence to support the theory of continental drift. Many glacial deposits are found in South America, Africa, India, Australia, and Antarctica. The similarity of these deposits indicates that they were left by the same ice sheets.

Many of these ancient glacial deposits have been found in areas with very warm climates. Because glaciers usually form close to the poles, scientists have concluded that these areas were once part of a giant landmass located near the South Pole.

Figura 3–2 *La deriva continental explica algunos misterios biológicos: por qué las tortugas marinas que viven cerca de la costa de Brasil ponen sus huevos en una isla en medio del Océano Atlántico. Mucho antes de que África y América del Sur se separaran, esta isla estaba muy cerca de Brasil.*

ACTIVIDAD

PARA HACER

Pangaeo

1. Utiliza un globo terráqueo y papel. Calca el contorno de cada continente, Madagascar, India y la Península Arábiga.

2. Recorta cada pieza dejando Asia y Europa como una sola.

3. Separa India y la Península Arábiga de Asia.

4. Une los continentes en la forma en que hubieran estado antes de que se produjera la ruptura de la Pangaea. Utiliza como guía las direcciones del movimiento de las placas de la figura 3–8.

5. Pega en una hoja de papel tu reconstrucción de la Pangaea. Compara tu versión con la de tus compañeros.

La presencia de fósiles de *Glossopteris* en las tierras congeladas de la Antártida indica que el clima ha cambiado. El tamaño y la localización de las masas de la Tierra tienen un fuerte efecto en el clima, lo que sugiere que la Antártida y otros continentes han cambiado su posición.

¿Cómo ha sido posible la formación de *Glossopteris* en continentes tan separados? Los científicos piensan, como lo pensó Wegener, que los *Glossopteris* y muchos otros organismos del pasado vivieron en una única masa—Pangaeo. Esta masa se rompió en diferentes trozos—los actuales continentes—que lentamente se fueron separando, llevándose los fósiles con ellos.

Las rocas aportan pruebas

Los fósiles no son los únicos en ayudar a probar la deriva continental. Las rocas también indican que los continentes se han separado.

Uno de los grupos más evidentes lo encontramos en las rocas de África y de América del Sur. Cuando los continentes se "juntan," las formaciones rocosas de África se alinean con unas iguales en América del Sur. Una cadena de montañas plegadas muy antiguas que se extiende a través de Suráfrica enlaza con una cadena montañosa de las mismas características en Argentina. Yacimientos de carbón con capas muy características en el Brasil, se alinean con yacimientos de carbón de capas idénticas en África. ¿Podrías explicar como han acabado estas formaciones rocosas en lados opuestos de un océano?

Depósitos de roca abandonados por planchas de hielo que se mueven, conocidas como glaciares, también se han utilizado para apoyar la teoría de la deriva continental. Se han encontrado muchos depósitos glaciares en América del Sur, África, India, Australia y Antártida. La similitud de los depósitos indican que fueron abandonados por los mismos glaciares.

Algunos de los depósitos glaciares se han encontrado en áreas de clima cálido. Debido a que los glaciares se suelen formar cerca de los polos, los científicos llegan a la conclusión de que estas áreas formaron parte de una única masa gigante situada cerca del Polo Sur.

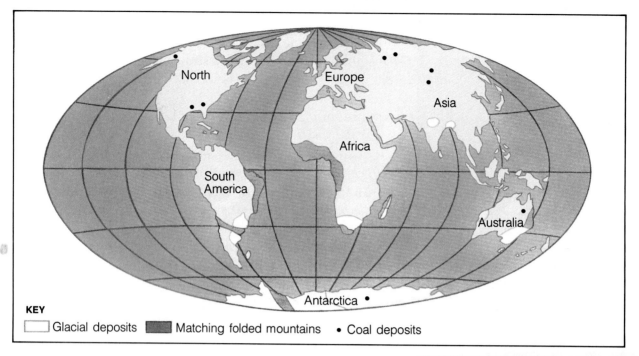

KEY
☐ Glacial deposits   ▨ Matching folded mountains   • Coal deposits

Other kinds of rock deposits—including salts, coal, and limestone derived from coral reefs—also provide evidence of changes in climate caused by continental drift. Today most salt deposits form in areas between 10° and 35° north and south of the equator. But salt deposits hundreds of millions of years old have been found as far north as Michigan. Coal forms in warm, swampy climates. Yet large coal deposits have been discovered in Antarctica. And limestone deposits from coral reefs, which form in tropical climates, have been found in western Texas, the northern central United States, and other places far from the equator.

3–1 Section Review

1. What is continental drift? Who first developed a scientific argument for continental drift?
2. How do scientists explain the existence of fossils of the same plants and animals on continents thousands of kilometers apart?

Critical Thinking—*Evaluating Theories*
3. "Wegener's lack of formal training in geology helped him to develop the theory of continental drift, but hurt him in getting his ideas accepted." What is the reasoning behind this statement? Do you agree? Why or why not?

Figure 3–3 *The map shows some of the matching rock formations, which indicate the continents were once joined together and have since moved apart. Red sandstone, which makes up this arch in Utah, is formed only in deserts near the equator. What does this imply about the location of Utah in the past?*

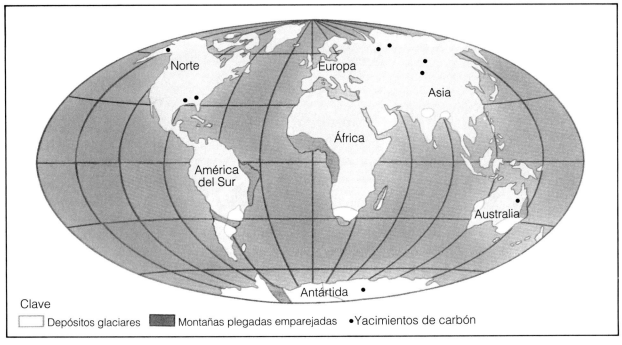

Clave

☐ Depósitos glaciares ▨ Montañas plegadas emparejadas • Yacimientos de carbón

Otros tipos de yacimientos, que incluyen la sal, el carbón y la caliza, son también una prueba evidente de los cambios de clima ocasionados por la deriva continental. Actualmente la mayoría de los yacimientos de sal se forman en áreas entre 10° y 35° al norte y al sur del ecuador. Pero yacimientos de sal de cientos de millones de años de antiguedad se encontraron tan al norte como Michigan. A pesar de que el carbón se da en climas cálidos y pantanosos, se han descubierto yacimientos de carbón en la Antártida. Y yacimientos de caliza que provienen de arrecifes de coral, que se forman en climas tropicales, se han encontrado al oeste de Texas, al norte del centro de Estados Unidos y en otros lugares alejados del ecuador.

Figura 3–3 *El mapa muestra algunas de las formaciones rocosas emparejadas, que indican que los continentes estuvieron unidos, separándose más tarde. La arenisca roja que forma este arco en Utah, sólo se forma en desiertos cerca del Ecuador. ¿Qué implica esto sobre la situación de Utah en el pasado?*

3–1 Repaso de la sección

1. ¿Qué es la deriva continental? ¿Quién fue el primero en desarrollar una teoría científica?
2. ¿Cómo explican los científicos la existencia de fósiles de los mismos organismos en continentes muy separados unos de otros?

Pensamiento crítico—*Evaluación de teorías*
3. "La falta de formación como geólogo favoreció a Wegener para desarrollar la teoría de la deriva continental, pero le perjudicó para que aceptaran sus ideas." ¿Cuál es la lógica de esta afirmación? ¿Estás de acuerdo? ¿Por qué sí o por qué no?

3–2 Earth's Spreading Ocean Floor

In spite of all the evidence from fossils and rocks, many scientists still refused to accept the theory of continental drift. They were waiting for the answer to a very important question: How could the continents plow through hard, solid ocean floor?

Until recently, there was no acceptable answer to this question. Then, during the 1950s and 1960s, new techniques and instruments enabled scientists to make better observations of the ocean floor. These observations revealed that the continents do not plow through the ocean floor like ships in an icy sea. How the continents actually move is far stranger.

New mapping techniques gave scientists a much clearer picture of the ocean floor. They discovered a large system of underwater mountains that have a deep crack, called a rift valley, running through their center. These underwater mountains are known as **midocean ridges.** What do you think is the name of the ridge in the Atlantic Ocean?

Figure 3–4 *As the ocean floor moves away from the midocean ridge, lava flows out of the rift and hardens to form new ocean floor. The island of Iceland was formed when part of the Mid-Atlantic Ridge rose above the surface of the ocean. Why does this big crack run through the center of Iceland? Why does Iceland have a lot of volcanic activity?*

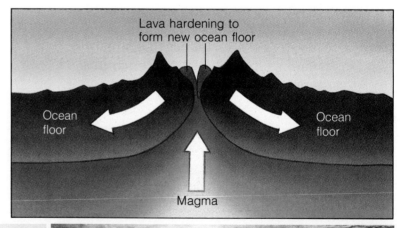

3–2 La expansión del fondo oceánico

A pesar de las pruebas, todavía había científicos que se resistían a aceptar la teoría de la deriva continental. Esperaban contestación a la siguiente pregunta: ¿Cómo se abrían paso los continentes a través del sólido fondo oceánico?

Hasta finales de los años 50, principios de los 60, en que nuevos aparatos y nuevas técnicas permitieron a los científicos observar mejor el fondo oceánico, no se tuvo una respuesta aceptable. Estas observaciones revelaron que los continentes no atravesaron el fondo oceánico como barcos en un océano helado. La forma en que lo hicieron resulta un poco más complicada.

Nuevas técnicas en la confección de mapas permitieron a los científicos descubrir un sistema de montañas submarinas con una grieta profunda, llamada fosa de hundimiento, que bajaba hacia el centro. Estas montañas submarinas se conocen como **crestas midoceánicas**. ¿Cómo se llamará la cresta del Océano Atlántico?

J ■ 60

Figura 3–4 *A medida que el fondo marino se aparta de la cresta midoceánica, la lava fluye y se endurece formando un nuevo fondo marino. La isla de Islandia se formó cuando parte de la cresta midoceánica del Atlántico sobrepasó la superficie del océano. ¿Por qué atraviesa esta grieta el centro de Islandia? ¿Por qué tiene Islandia mucha actividad volcánica?*

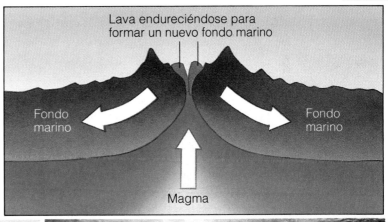

Lava endureciéndose para formar un nuevo fondo marino

Fondo marino

Fondo marino

Magma

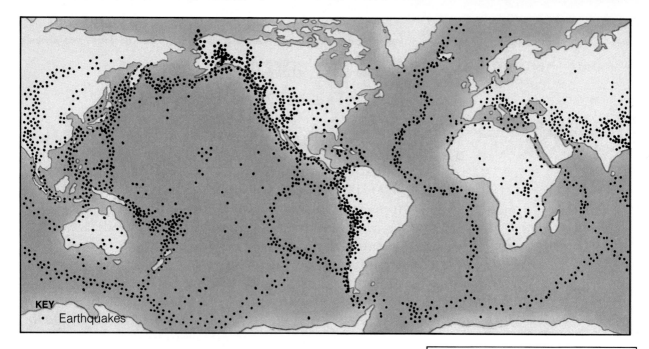

The midocean ridges form the single largest mountain chain in the world. The chain is approximately 80,000 kilometers long—roughly twenty times the distance from Los Angeles to New York City—and 3 kilometers high.

A great deal of volcanic activity occurs at the midocean ridges. Lava erupts from the rift valley that runs the length of a ridge. As the ocean floor moves away on either side of the ridge lava wells up and hardens. The hardened lava forms new ocean floor. This process is called **ocean-floor spreading.** So the ocean floor that scientists once thought was solid and immovable actually can move! **Ocean-floor spreading helps to explain how continents drift.** As a piece of the ocean floor moves, it takes its continent (if it has one) with it.

Although individual sections of midocean ridges are perfectly straight, the ridges as a whole curve. This is because the straight ridge sections are offset by thin cracks known as **transform faults.** Recall from Chapter 1 that a fault is a break or crack in the Earth's crust along which movement occurs. Look at Figure 3–5. Can you explain why a lot of earthquakes take place at the midocean ridges?

New deep-sea drilling machines also provided evidence to support the idea of ocean-floor spreading. Rock samples from the ocean floor indicate that rocks next to a midocean ridge are younger than rocks farther away. The youngest rocks are in the

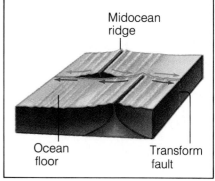

Figure 3–5 *The diagram shows how sections of ocean floor move along a transform fault. The map shows where earthquakes took place over a seven-year period. Why were scientists able to locate midocean ridges by looking for areas with lots of earthquakes?*

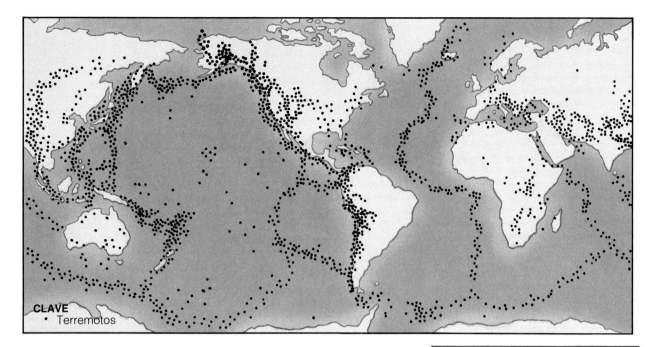

CLAVE
• Terremotos

La cresta midoceánica es la cadena montañosa más larga del mundo. Mide unos 80,000 kilómetros de largo, (unas veinte veces la distancia entre Nueva York y Los Ángeles) por 3 kilómetros de alto.

En la cresta midoceánica se da mucha actividad volcánica. La lava que hace erupción por la fosa central de la cresta marina se extiende a lo largo de toda la cresta. A medida que el fondo marino se separa de cualquiera de los lados de la cresta la lava se acumula y se endurece formando un nuevo fondo marino. Este proceso se conoce como **expansión del fondo marino**. El fondo marino, que los científicos pensaban que era inamovible, se puede mover. **La expansión del fondo marino ayuda a explicar cómo se separan los continentes**. Cuando un trozo de fondo marino se mueve, se lleva su continente (si es que lo tiene) con él.

Aunque las secciones de la cresta midoceánica son rectas, las crestas en su totalidad se curvan. Esto se debe a que las secciones rectas están desplazadas por grietas muy finas llamadas **fallas transformantes**. Recuerda del capítulo 1 que una falla es una grieta a lo largo de la cual se produce movimiento. Mira la figura 3–5. ¿Podrías explicar por qué se producen tantos terremotos en la cresta midoceánica?

Modernas taladradoras que llegan al fondo del mar proporcionan pruebas que apoyan la idea de la expansión del fondo marino. Muestras sacadas del fondo indican que las rocas próximas a la cresta midoceánica son más jóvenes que las que están más alejadas. Las rocas más jóvenes están en el centro de la

Figura 3–5 *El diagrama muestra cómo se mueven las secciones del fondo marino a lo largo de la falla transformada. El mapa muestra los lugares en los que ha habido terremotos durante siete años. ¿Cómo son capaces los científicos de localizar crestas midoceánicas buscando zonas de terremotos?*

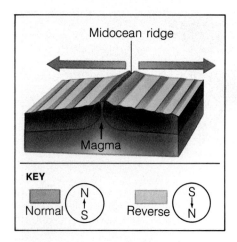

KEY

Normal (N S)   Reverse (S N)

Figure 3–6 *Reversals of the Earth's magnetic poles are recorded in the rocks of the ocean floor. Because the periods of normal and reverse poles are not equal in length, the magnetic stripes in the rocks vary in width. The pattern of stripes is identical on both sides of a midocean ridge. How are these matching stripes evidence of ocean-floor spreading?*

ACTIVITY

DISCOVERING

Opposites Attract

Which way does the Earth's magnetic field lie now? Find out by securely tying one end of a piece of string about 30 cm long to the center of a bar magnet that has its north and south poles marked. Tie the other end of the string to a horizontal support, such as a shower-curtain rod, so that the magnet is suspended and can move freely. Leave the magnet alone for a few minutes. What happens?

■ What does this tell you about the Earth's magnetic field?

center of the ridge. As the ocean floor spreads, the older rocks move farther away from the ridge.

Magnetic stripes in ocean-floor rocks further convinced scientists of ocean-floor spreading. Scientists know that some minerals have magnetic properties and are affected by the Earth's magnetism. In molten rock, the magnetic mineral particles line up in the direction of the Earth's magnetic poles. When the molten rock hardens, a permanent record of the Earth's magnetism remains in the rocks. Scientists discovered that the history of the Earth's magnetism is recorded in magnetic stripes in the rocks. Although these stripes cannot be seen, they can be detected by special instruments. What, scientists wondered, caused these stripes to form?

When scientists studied the magnetic stripes, they made a surprising discovery. The Earth's magnetic poles reverse themselves from time to time. In other words, the magnetic north and south poles change places. Studies show that during the past 3.5 million years, the magnetic poles have reversed themselves nine times.

But the scientists were in for an even bigger surprise. As you can see in Figure 3–6, the pattern of magnetic stripes is identical on both sides of a midocean ridge. In other words, the pattern of magnetic stripes on one side of a ridge matches the pattern on the other side. The obvious conclusion was that as magma hardens into rock at a midocean ridge, half the rock moves in one direction and the other half moves in the other direction. The pattern of magnetic stripes provides clear evidence of ocean-floor spreading.

You might think that as a result of ocean-floor spreading, the Earth's surface is getting larger. But this is definitely not the case. Just what is going on, then? Here's some information that might help you answer this question. The oldest rocks on land are almost 4 billion years old. But the oldest rocks on the ocean floor are only 200 million years old.

Because the Earth's surface remains the same size, the ocean floor is being destroyed as fast as it is being formed by ocean-floor spreading. This would explain why the rocks on the ocean floor are so young—all the old ocean floor has been destroyed. But how does this destruction occur?

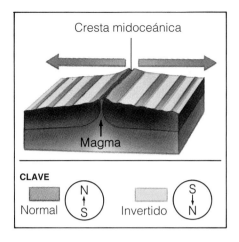

Figura 3–6 *Las inversiones de los polos magnéticos de la Tierra se registran en las rocas del fondo marino. Los períodos normales e invertidos no son iguales, por lo que las franjas magnéticas varían en tamaño. Las franjas a ambos lados de la cresta son idénticas. ¿Cómo demuestra la igualdad de las franjas la expansión del fondo marino?*

ACTIVIDAD

PARA AVERIGUAR

Los opuestos se atraen

¿En qué posición se encuentran los campos magnéticos de la Tierra ahora? Averígualo atando fuerte el extremo de un cordón de unos 30 cm al centro de un imán que tenga marcados los polos. Ata el otro extremo a un soporte horizontal, como la barra de la cortina de la ducha, de forma que el imán quede suspendido y se pueda mover libremente. Déjalo durante unos minutos. ¿Qué pasa?

■ ¿Qué te dice acerca del campo magnético de la Tierra?

cresta. A medida que el fondo marino se desplaza, las rocas más antiguas se alejan de la cresta.

Franjas magnéticas en las rocas del fondo marino acabaron de convencer a los científicos de la expansión del fondo marino. A algunos minerales con propiedades magnéticas les afecta el magnetismo de la Tierra. En las rocas derretidas las partículas magnéticas del mineral se alínean en dirección de los polos magnéticos de la Tierra. Cuando la roca se endurece, un registro permanente del magnetismo de la Tierra queda en la roca. De esta forma los científicos descubrieron que la historia del magnetismo de la Tierra se registra en la roca en franjas magnéticas. Aunque las franjas no se ven, se pueden detectar con aparatos especiales. ¿Cuáles son las causas, se preguntaron los científicos, de la formación de las franjas?

Cuando estudiaron las franjas magnéticas, descubrieron, con sorpresa, que los polos magnéticos de la Tierra de vez en cuando se invertían. En otras palabras, que los polos magnéticos norte y sur se cambiaban de sitio. Durante los últimos 3.5 millones de años los polos se han invertido nueve veces.

Los científicos se llevaron una sorpresa mayor todavía. Como se observa en la figura 3–6, el patrón de la franja magnética es idéntica en ambos lados de la cresta midoceánica. La conclusión obvia es que a medida que el magma se enfría en la cresta midoceánica, la mitad de la roca se mueve en una dirección y la otra mitad en dirección contraria. El patrón de las franjas magnéticas demuestra claramente la expansión del fondo marino.

A lo mejor piensas que al expandirse el fondo marino la superficie de la Tierra aumenta, pero no es así. Las rocas más antiguas de la Tierra tienen cerca de 4 mil millones de años y las del fondo marino sólo 200 millones.

Aunque la superficie de la Tierra se mantiene del mismo tamaño, el fondo marino se va destruyendo con la misma velocidad con que se forma. Esto explicaría por qué las rocas del fondo marino son tan jóvenes, porque todo el fondo viejo ha sido destruido. ¿Pero cómo ocurre esta destrucción?

The answer involves deep, V-shaped valleys called **trenches** that lie along the bottom of the oceans. The trenches are the deepest parts of the oceans. They are found close to some continents or near strings of islands such as Alaska's Aleutian Islands. The Pacific Ocean has many trenches around its edges. Can you explain why the location of these trenches is significant? (*Hint:* Look back at Section 2–3.)

As you learned earlier, older ocean floor moves away from the midocean ridges as new ocean floor is formed. Eventually, the older ocean floor moves down deep into the Earth along the trenches. The process in which crust plunges back into the Earth is called **subduction** (suhb-DUHK-shuhn).

When the rocks are pushed deep enough, they are melted by the heat of the Earth. Some of the molten rock will rise up through the crust and produce volcanoes. But most of the molten rock will become part of the mantle. (Recall from Chapter 1 that the mantle is the layer of the Earth that extends from the bottom of the crust downward to the core.) So as new rocks are formed along the midocean ridges, older rocks are subducted into the trenches. One process balances the other. The Earth's crust remains the same size.

Activity Bank

Going Their Separate Ways, p. 172

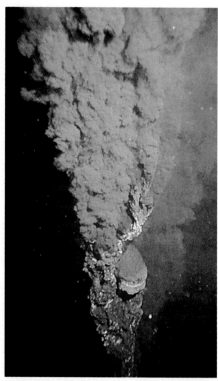

Figure 3–7 *The diagram shows how ocean floor is created and destroyed during ocean-floor spreading. What happens to the ocean floor at a midocean ridge? At a trench? The photograph shows water, cloudy with dissolved chemicals and heated by underlying magma, rising from a vent on a ridge in the eastern Pacific Ocean.*

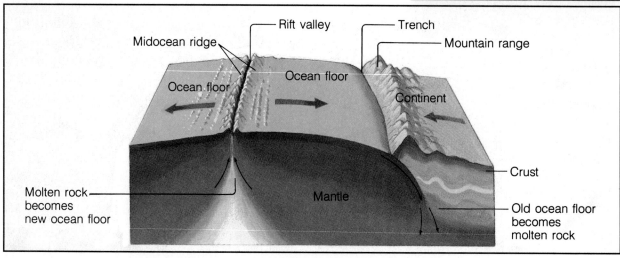

La respuesta implica valles submarinos con forma de V, llamados **fosas submarinas**, que ocupan la parte más profunda del océano. Se encuentran cerca de los continentes o de una serie de islas como las Islas Aleutianas de Alaska. El Océano Pacífico tiene muchas fosas alrededor de sus bordes. ¿Podrías explicar por qué es significativa la situación de estas fosas? (*Pista*: Ojea la sección 2–3.)

Como ya hemos visto, el fondo marino antiguo se retira de las crestas midoceánicas cuando se forma un nuevo fondo marino. Con el tiempo el fondo antiguo se hunde a través de las fosas submarinas. El proceso en el que la corteza penetra en el interior de la Tierra se llama **subducción**.

Cuando las rocas están a bastante profundidad, se derriten por el calor de la Tierra. Algunas de las rocas fundidas se elevan a través de la corteza y forman volcanes, pero la mayoría pasarán a formar parte del manto. (Recuerda del capítulo 1 que el manto es la capa de la Tierra que se extiende desde la base de la corteza hasta el núcleo.) De esta forma, a medida que se forman nuevas rocas a lo largo de las crestas, las antiguas se hunden en las fosas. Un proceso equilibra el otro por lo que el tamaño de la corteza de la Tierra no varía.

Pozo de actividades

Cada uno por su lado, p.172

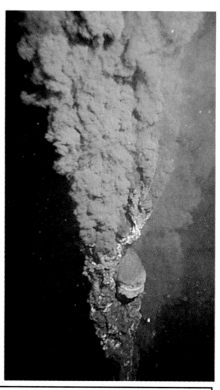

Figura 3–7 *El diagrama muestra cómo se forma y se destruye el fondo oceánico durante la expansión del fondo marino. ¿Qué pasa en la cresta del fondo marino? ¿Qué ocurre en la fosa? La fotografía muestra agua, enturbiada por sustancias químicas y calentada por el magma, saliendo por una chimenea de una cresta del este del Océano Pacífico.*

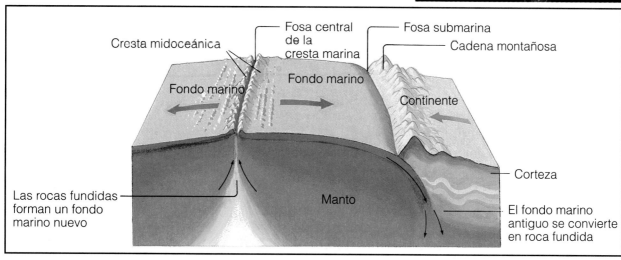

Guide for Reading

Focus on these questions as you read.

▶ What is the theory of plate tectonics?

▶ How do plate movements relate to various features of the Earth?

ACTIVITY

READING

Worlds Apart

What will the Earth look like in the future? How will the continuing evolution of Earth's surface affect the evolution of Earth's living things? For one person's vision of the Earth of the distant future, read *After Man* by Dougal Dixon.

3–3 Earth's Moving Plates

By the 1960s, it had become clear that the Earth was far more dynamic than people had once believed. The overwhelming evidence for continental drift and ocean-floor spreading caused many of the old theories about the Earth to be discarded. A new theory about the evolution of the Earth began to develop. In time, this new theory was named the **theory of plate tectonics** (tehk-TAHN-ihks). The word **plate** refers to the moving, irregularly-shaped slabs that fit together like paving stones to form the surface layer of the Earth. The plates carry the continents and are edged by trenches and ridges. The word **tectonics** refers to the branch of geology that deals with the movements that shape the Earth's crust. **The theory of plate tectonics, which links together the ideas of continental drift and ocean-floor spreading, explains how the Earth has evolved over time. It helps to explain the formation, movements, collisions, and destruction of the Earth's crust.**

The theory of plate tectonics provides a framework for understanding mountains, volcanoes, earthquakes, and other landforms and processes of the physical Earth. It also gives scientists insight into how and why life on Earth has evolved. Like all good scientific theories, the theory of plate tectonics helps people to understand the past and to predict the future.

1. ¿Cuál es el proceso que explica la expansión de los continentes?
2. ¿Dónde se encuentran las rocas más jóvenes del fondo marino?

Pensamiento crítico—*Relacionar conceptos*
3. ¿Cómo se puede utilizar la orientación magnética de las rocas para seguir el movimiento de un continente? (*Pista*: existen técnicas que calculan la edad de las rocas.)

Guía para la lectura

Piensa en estas preguntas mientras lees.

▶ *¿Cuál es la teoría de las placas tectónicas?*

▶ *¿Qué relación existe entre el movimiento de las placas tectónicas y las diversas características de la Tierra?*

ACTIVIDAD

PARA LEER

Mundos aparte

¿Cómo será la Tierra en el futuro? ¿En qué medida afectará la evolución de la corteza de la Tierra a la evolución de los seres vivos? Si te interesa la visión futurística de otra persona, puedes leer *After Man* de Dougal Dixon.

3–3 El movimiento de las placas terrestres

En los años sesenta ya quedó claro que la Tierra era más dinámica de lo que se pensaba. La prueba contundente de la deriva continental y de la expansión del fondo oceánico hizo que se descartaran el resto de las teorías. Se empezó a desarrollar una nueva teoría sobre la evolución de la Tierra que, con el tiempo, sería la **teoría de las placas tectónicas**. La palabra **placa** se refiere a fragmentos de la corteza de forma irregular, en movimiento, que se juntan como en mosaico para formar la superficie de la tierra. Los continentes descansan sobre estas placas bordeadas de fosas y crestas. La palabra **tectónica** se refiere a los movimientos que forman la corteza terrestre. **La teoría de las placas tectónicas combina las ideas de la deriva continental y la expansión del fondo marino para explicar cómo cambió la Tierra con el tiempo. Esto explica la formación, los movimientos, las colisiones y la destrucción de la corteza terrestre**.

Esta teoría facilita el entendimiento de los cambios y procesos físicos de la Tierra (montañas, volcanes, terremotos y otras formas terrestres), lo que proporciona a los científicos una visión más completa de cómo y por qué ha evolucionado la vida en la Tierra. Como todas las buenas teorías, la teoría de las placas tectónicas ayuda a entender el pasado y a predecir el futuro.

Lithospheric Plates

According to the theory of plate tectonics, the topmost solid part of the Earth, called the **lithosphere** (LIHTH-oh-sfeer), is made of a number of plates. The plates contain a thin layer of crust above a thick layer of relatively cool, rigid mantle rock. Plates usually contain both oceanic and continental crust.

There are seven major lithospheric plates, each of which is named after its surface features. The Pacific plate, which covers one-fifth of the Earth's surface, is the largest plate. The other major plates are the North American, South American, Eurasian, African, Indo-Australian, and Antarctic plates. Can you locate the seven major plates in Figure 3–8?

There are also many smaller plates. Some of these, such as the Caribbean and Arabian plates, are fairly large. Others are so small that they are not included in maps that show the entire Earth.

Plates move at different speeds and in different directions. Some small plates that lack landmasses move as much as several centimeters per year. Large plates that are weighted down with continents move only a few millimeters per year.

In a few cases, the edges of the continents are the boundaries of plates. However, most plate

ACTIVITY
CALCULATING

Traveling Cities

Los Angeles, on the Pacific plate, is slowly moving north-west. San Francisco, on the North American plate, is slow-ly moving southeast. These two cities are moving toward each other at a rate of about 5 centimeters per year. About 11 million years from now, the two cities will be next to each other. How many meters does each city have to travel before they meet?

Figure 3–8 *This map shows the Earth's most important lithospheric plates. Which plate is most of the United States on? How do the boundaries of the plates relate to the earthquake zones shown in Figure 3–5 on page 61?*

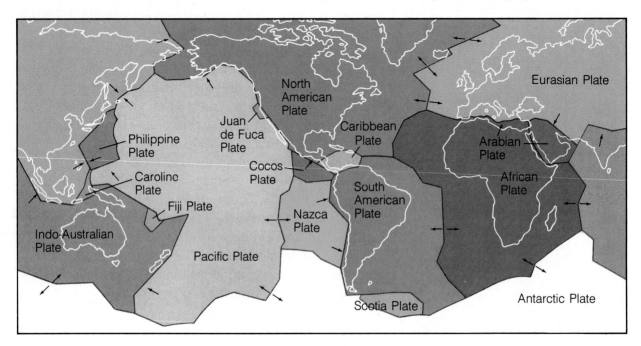

Las placas litosféricas

De acuerdo con la teoría de las placas tectónicas, la **litosfera**, o parte sólida más externa de la Tierra, está compuesta por capas que contienen una capa fina de corteza y una gruesa de manto. Las placas, normalmente, contienen tanto corteza oceánica como continental.

Existen siete placas litosféricas importantes. La placa del Pacífico, que cubre una quinta parte de la superficie de la Tierra, es la mayor. Las otras placas son: la Norteamericana, la Sudamericana, la Euroasiática, la Africana, la Indo-Australiana y la Antártica. ¿Podrías localizar las siete placas más importantes en el mapa de la figura 3–8?

Existen otras que, aunque más pequeñas, son de tamaño considerable, como la placa Caribeña y la Arábiga. Otras son tan pequeñas que no aparecen en los mapas del mundo.

Las placas se mueven a diferente velocidad y en distintas direcciones. Las placas pequeñas que carecen de masa terrestre pueden moverse varios centímetros al año, mientras que las grandes, contenidas por el peso de los continentes, sólo se mueven unos cuantos milímetros.

Existen muy pocos casos en los que los bordes de los continentes constituyan los límites de las placas. La mayoría de los límites de las placas se encuentran en el

ACTIVIDAD

PARA CALCULAR

Ciudades viajeras

Los Ángeles, en la placa del Pacífico, se mueve lentamente hacia el noroeste. San Francisco, en la placa Norteamericana, se mueve lentamente hacia el sureste. Estas dos ciudades se acercan a una velocidad de 5 centímetros por año. Dentro de 11 millones de años estarán juntas. ¿Cuántos metros tiene que moverse cada una hasta encontrarse?

Figura 3–8 *Este mapa muestra las placas litosféricas más importantes. ¿Qué placa ocupa casi todo Estados Unidos? ¿Qué relación existe entre los límites de las placas y las zonas de terremotos de la figura 3–5 de la página 61?*

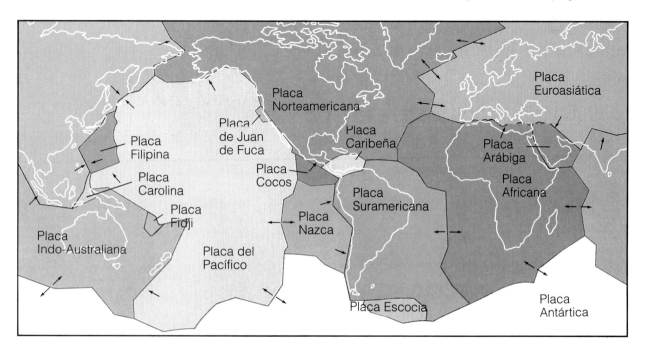

Figure 3–9 *The red areas on this map indicate major volcanic and earthquake sites. These sites also outline the Earth's midocean ridges and trenches. Locate the Ring of Fire on the map.*

boundaries are on the ocean floor. Which two major plates have boundaries at the edges of continents? Where is the boundary between the South American and African plates? What is this boundary called?

Plate Boundaries

There are three types of plate boundaries. The first type occurs at midocean ridges. Because the plates move apart (diverge) at midocean ridges, the ridges are called **divergent** (digh-VER-jehnt) **boundaries.** These boundaries are also called constructive boundaries. Why is this an appropriate name?

The second type of plate boundary has trenches. Because the plates come together (converge) at the trenches, the trenches are called **convergent** (kuhn-VER-jehnt) **boundaries.** Why are trenches also called destructive boundaries?

The collision of plates at convergent boundaries causes tremendous pressure and friction. Severe earthquakes often result. As plate material melts in the Earth's mantle, some of it surges upward to produce volcanoes. This explains why the Ring of Fire, a line of volcanoes circling the edge of the Pacific plate, follows the major ocean trenches in that area.

The third type of plate boundary is formed by a lateral fault. Boundaries formed by lateral

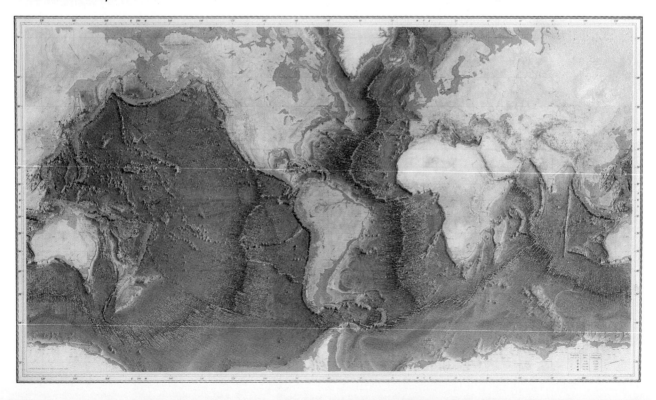

Dale la vuelta

1. Llena una cacerola con agua y ponla al fuego. Añade unas cuantas gotas de colorante al agua. ¿Qué pasa?

2. Coloca unos bloques de madera balsa en el centro del agua caliente. ¿Qué les pasa a los bloques?

■ ¿Qué relación observas con la teoría de las placas tectónicas?

fondo marino. ¿Qué dos placas tienen sus límites en el borde de continentes? ¿Cuál es el límite que separa la placa Suramericana de la placa Africana? ¿Cómo se llama este límite?

Los límites de las placas

Existen tres tipos de límites de las placas. El primero se da en las crestas midoceánicas, y como las placas se separan (divergen) en las crestas, las crestas se llaman **límites divergentes**. A estos límites también se les llama límites constructivos. ¿Por qué es éste un término apropiado?

El segundo tipo de límite tiene fosas submarinas, y como las placas se juntan (convergen) en las fosas, las fosas se llaman **límites convergentes**. ¿Por qué se les llama también límites destructivos?

La colisión de las placas en los límites convergentes origina presión y fricción que a veces causa terremotos. Al fundirse parte del material de las placas en el manto, una parte se eleva originando un volcán. Esto explica por qué el Anillo de fuego, una serie de volcanes que rodea el borde de la placa del Pacífico, sigue las mayores fosas submarinas del área.

Figura 3–9 *Las áreas en rojo en el mapa indican las zonas de más volcanes y terremotos. Estas zonas también rodean las crestas midoceánicas y las fosas submarinas. Localiza en el mapa el Anillo de fuego.*

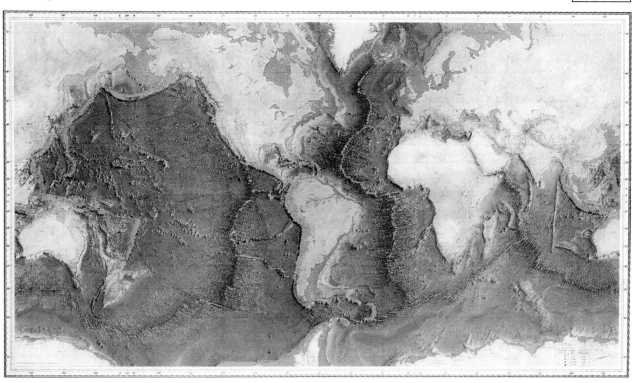

faults are called **strike-slip boundaries.** At a strike-slip boundary, two plates grind together and slip past each other horizontally. No new plate material is made, and no plate material is destroyed. Why do you think a strike-slip boundary is also known as a conservative boundary?

Earthquakes often occur along strike-slip boundaries. An example of a strike-slip boundary is the San Andreas Fault in California. The Pacific plate, on the west, is grinding slowly northwest, while the North American plate is sliding southeast. Today San Francisco is farther north than Los Angeles. But someday Los Angeles, which is on the northward-moving Pacific plate, will be farther north than San Francisco, which is on the North American plate. In about 150 million years, the sliver of California containing Los Angeles will become part of Alaska!

Plate Motion

Scientists are not sure exactly what makes the plates move. They have searched a long time to find the source of the forces that can move continents. One hypothesis is that large **convection currents** within the Earth move the plates.

A convection current is the movement of material caused by differences in temperature. Convection currents move air in the atmosphere and water in the oceans. And they may move the plates of the lithosphere as well. Here's how. Mantle material close to the Earth's core is very hot. Mantle material farther from the core is cooler and denser. The cooler material sinks down toward the Earth's core. The hot material is then pushed up to replace the cooler material. As the cooler material nears the core, it becomes hot and rises once again. The rising and sinking cycle repeats over and over. This type of circular motion carries the plates of the lithosphere along with it, thus causing the continents to move.

Have you ever ridden in a bumper car at an amusement park? If so, you know that it is almost impossible to move without colliding into another bumper car. Like bumper cars, the continents collide with one another as they move. The collision between two continents, however, is far more complex than that between two bumper cars. What happens when continents collide?

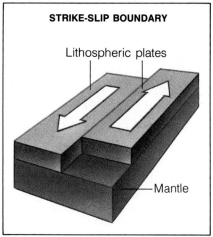

STRIKE-SLIP BOUNDARY

Lithospheric plates

Mantle

Figure 3–10 *At a strike-slip boundary, two plates move past one another horizontally. The San Andreas fault in California is an example of a strike-slip boundary.*

El tercer tipo de límite se forma por una falla lateral y estos límites se llaman **límites conformes**. En los límites conformes dos placas se cruzan al deslizarse horizontalmente. Ni se crea ni se destruye material. ¿Por qué se le conoce también como límite conservador?

A veces los terremotos ocurren a lo largo de los límites conformes. Un ejemplo es la Falla San Andrés en California. La placa del Pacífico, al oeste, se mueve lentamente hacia el noroeste, mientras que la placa Norteamericana se desliza lentamente hacia el sureste. San Francisco se encuentra a bastante distancia al norte de Los Ángeles. Llegará el día en que Los Ángeles, que está en la placa del Pacífico que se mueve hacia el norte, estará mucho más al norte que San Francisco, que está en la placa Norteamericana. Dentro de unos 150 millones de años, el trozo de California donde se encuentra Los Ángeles será parte de Alaska.

El movimiento de las placas

Los científicos no están muy seguros de por qué se mueven las placas. Una de las hipótesis es que las grandes **corrientes de convección** dentro de la Tierra mueven las placas.

La corriente de convección es el movimiento de un material debido a diferencias de temperatura. La corriente de convección mueve el aire de la atmósfera, el agua de los océanos y puede que también mueva las placas de la litosfera. El movimiento se produciría de la siguiente manera. El manto, cuando está cerca del núcleo está muy caliente, pero cuando se aleja se enfría y se hace más denso. El material más frío se hunde hacia el centro empujando al más caliente, que lo reemplaza. Cuando el material más frío se acerca al núcleo, se calienta y vuelve a subir. Este ciclo se repite. Este movimiento circular arrastra las placas de la litosfera haciendo que los continentes se muevan.

¿Alguna vez te has subido en los cochecitos chocadores en un parque de atracciones? Si lo has hecho, te habrás dado cuenta de que es prácticamente imposible moverse sin chocar con algún coche. De la misma forma los continentes colisionan unos con otros al moverse. Sin embargo, la colisión entre dos continentes es bastante más complicada. ¿Qué ocurre cuando dos continentes chocan?

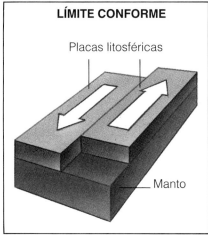

Figura 3–10 *En un límite conforme dos placas se pasan una a la otra y deslizan horizontalmente. Un ejemplo de un límite conforme es la Falla de San Andrés en California.*

Figure 3–11 *According to one hypothesis, the movement of the lithospheric plates is caused by convection currents. Some supporters of this hypothesis think that the currents run through the entire mantle; others think that only the uppermost part of the mantle is involved.*

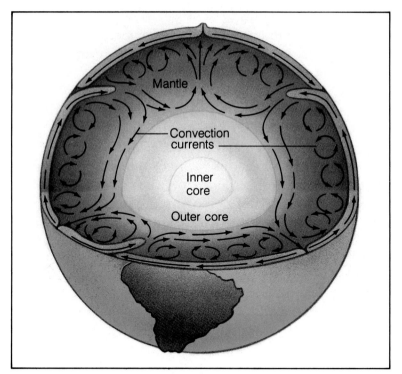

ACTIVITY

DISCOVERING

Slipping Away

Some scientists hypothesize that gravity, and not convection currents, is responsible for the movement of the Earth's plates. According to this hypothesis, the plates are tipped upward at their back edge by lava welling up at the midocean rifts, and slide slowly and gradually downward into the trench at their front edge.

You can get an idea of how this process works by floating a dry washcloth in a sink (or bathtub) of water. Watch the edges of the washcloth carefully. What happens when a washcloth starts to sink? What caused it to start sinking? How does sinking relate to density? What changed the density of the washcloth? What changes the density of a plate?

■ How do your observations relate to the theory of plate tectonics?

When plates converge at trenches, one plate is subducted, or pushed down into the interior of the Earth. How can it be determined which plate will be subducted at a convergent boundary? The answer has to do with the density of the colliding plate edges. The denser plate edge is subducted, and the other plate edge "floats" over it.

When discussing collisions, plates are often described as oceanic plates or continental plates. An oceanic plate has a colliding edge that consists of dense oceanic crust. A continental plate has a colliding edge that contains large amounts of relatively light continental crust. As you read the following descriptions of plate collisions, remember that all plates contain oceanic crust and most plates contain continental crust. Also keep in mind that a lithospheric plate may act as a continental plate in one collision and as an oceanic plate in another.

As you can see in Figure 3–12 on page 70, when an oceanic plate collides with a continental plate, the continental plate rides over the edge of the oceanic plate because the continental plate is less dense. The oceanic plate is subducted into the trench that forms the convergent plate boundary. The subduction of the oceanic plate pushes up and

Figura 3–11 *Una de las hipótesis sobre el movimiento de las placas litosféricas es la de las corrientes de convección. Algunos de sus seguidores piensan que las corrientes atraviesan todo el manto; otros opinan que es sólo la parte superior.*

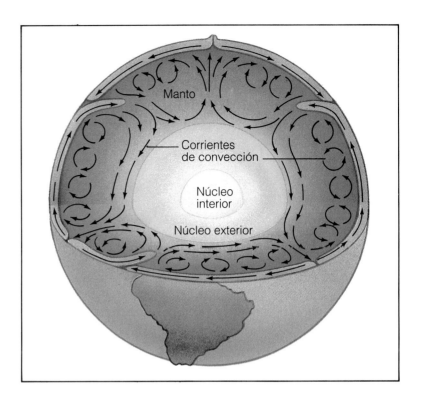

Manto

Corrientes de convección

Núcleo interior

Núcleo exterior

ACTIVIDAD

PARA AVERIGUAR

¿Cómo se hunden?

Algunos científicos defienden la hipótesis de que es la fuerza de la gravedad, y no la corriente de convección, la responsable del movimiento de las placas. Según esta hipótesis, los bordes posteriores de las placas se levantan hacia la cresta midoceánica y los bordes frontales descienden gradualmente hacia la fosa submarina.

Para que te hagas una idea, deja flotar un trapo seco en una olla con agua. Fíjate en los bordes del trapo. ¿Qué pasa cuando el trapo empieza a hundirse? ¿Por qué se hunde? ¿Qué relación existe entre el hundimiento y la densidad? ¿Qué hace cambiar la densidad del trapo? ¿Qué hace cambiar la densidad de una placa?

■ ¿Qué relación tiene este experimento con la teoría de las placas tectónicas?

Cuando las placas convergen en las fosas submarinas o una de las placas es empujada sumida hacia el interior de la Tierra. ¿Cómo se sabe cuál de las placas se hundirá en un límite convergente? La respuesta tiene que ver con la densidad de los bordes de la placa con la que colisiona. La placa más densa se deslizará hacia abajo y la otra "flotará" por encima.

Al referirse a la colisión, se habla de las placas oceánicas y de las continentales. El borde de colisión de una placa oceánica está formado por corteza oceánica densa, mientras que el borde de colisión de una placa continental está formado por corteza continental relativamente ligera. Recuerda mientras lees que todas las placas contienen corteza oceánica y casi todas contienen corteza continental, así como que las placas litosféricas pueden actuar como placa continental en una colisión y como placa oceánica en otra.

Como puedes ver en la figura 3–12 de la página 70, cuando una placa oceánica colisiona con una continental, la continental, que es menos densa, se desliza sobre la oceánica. La placa oceánica se hunde en la fosa submarina, que forma el límite convergente. El hundimiento de la placa oceánica empuja y pliega la corteza continental del borde de la placa continental. Esto hace que se

folds the continental crust on the edge of the continental plate. This forms mountain ranges such as the Andes of South America and the northern Cascades of North America. Melting rocks from the oceanic plate rise upward and create volcanoes. Can you explain why there are many active volcanoes along the western edge of South America?

When two oceanic plates collide, the older oceanic plate is subducted under the younger. (Plates grow denser as they cool, and older plates have had longer to cool. Thus older plates are denser.) The plate being subducted melts. Molten rock then rises up and breaks through the surface. As a result, a string of volcanoes erupts on the ocean floor along the trench. In time, this string of undersea volcanoes may rise above the ocean's surface as a string of islands. Because the islands usually appear in a curved line, they are called island arcs. Japan, Indonesia, and the Aleutian Islands are all island arcs.

When two continental plates collide, the edges of the continents fold upward to form large mountain ranges. The Appalachian Mountains of the eastern United States, for example, resulted when Africa collided with North America during the formation of Pangaea. Initially, some of the oceanic crust that lies beneath the continental crust on one of the plates may be subducted. Because continental crust is too light to sink into the Earth, it is scraped off the oceanic crust and piles up at the boundary. But the continental crust cannot pile up forever. Eventually, the boundary jams up and disappears.

In some collisions of continental plates, the plates have approximately the same density. In such collisions, neither plate is subducted, and the edges of the continents thicken greatly and push upward as they are forced together. The Himalayan Mountains formed from such a collision between the Indo-Australian plate and the Eurasian plate. Although the Himalayan Mountains are still being pushed upward, the downward pull of gravity balances their growth and keeps them from getting much higher.

Because Earth's lithospheric plates fit together so closely, any change in one plate or boundary affects all the other plates and boundaries. And there are many changes that can occur in plates and their

CAREERS

Geophysicist

Scientists who study the processes that change and shape the Earth are called **geophysicists.** Geophysicists study the Earth's surface, interior, oceans, and atmosphere.

People who work in this field attend college and study geology, physics, chemistry, mathematics, and engineering. To learn more about this field, write to the American Geophysical Union, 2000 Florida Ave., NW, Washington, DC 20009.

formen cadenas montañosas como los Andes en América del Sur o las Cascades en América del Norte. Las rocas fundidas de la placa oceánica se elevan, formando volcanes. ¿Podrías explicar por qué hay tantos volcanes activos en el oeste de América del Sur?

Cuando dos placas oceánicas chocan, la más antigua se hunde bajo la más joven. (Las placas antiguas son más densas porque han tenido más tiempo para enfriarse.) La placa que se ha hundido se funde. La roca fundida sube y atraviesa la corteza. Como resultado, una serie de volcanes hacen erupción a lo largo de la fosa. Con el tiempo, estos volcanes submarinos pueden emerger formando islas. Estas islas normalmente aparecen en una línea curva por lo que reciben el nombre de arco de islas. Japón, Indonesia y las Aleutianas son ejemplos de este tipo de islas.

Cuando entran en colisión dos placas continentales, los bordes de los continentes se pliegan hacia arriba formando cadenas montañosas. Por ejemplo, la cadena de los Apalaches, al este de los Estados Unidos, se formó cuando África y Estados Unidos colisionaron durante la formación de la Pangaeo. En un principio, parte de la corteza oceánica que está por debajo de la corteza continental en una de las placas puede hundirse. Debido a que la corteza continental es muy ligera para hundirse, se retira de la corteza oceánica acumulándose en el límite. Como no se puede acumular para siempre, el límite se atasca y desaparece.

En algunas de las colisiones las placas continentales tienen ambas la misma densidad. En este caso ninguna se hunde. Los bordes de los continentes se hacen más gruesos y empujan hacia arriba. Los Himalayas se formaron como consecuencia de una colisión de este tipo entre la placa Indo-Australiana y la Euroasiática. Aunque los Himalayas todavía están siendo empujados hacia arriba, la fuerza de la gravedad equilibra el empuje, evitando que se hagan más altos.

Debido a que las placas litosféricas de la Tierra están muy unidas unas a otras, cualquier cambio que afecte a una de ellas afectará a todas las demás. Las placas continentales se pueden fusionar. Una fosa marina

CARRERAS

Geofísico(a)

Los científicos que estudian los procesos que cambian y dan forma a la Tierra se llaman **geofísicos**. Los geofísicos estudian el interior y exterior de la Tierra, los océanos y la atmósfera.

La gente que trabaja en este campo va a la universidad y estudia geología, física, química, matemáticas e ingeniería. Si te interesa tener más información, escribe a: American Geophysical Union, 2000 Florida Ave., NW, Washington, DC 20009.

Figure 3–12 *When an oceanic and a continental plate collide, the oceanic plate is subducted. Some of the material from the melting oceanic plate rises upward and erupts as volcanoes on the continent (top). When two continental plates collide, the continental crust is pushed together and upward to form large mountain ranges (center). When two oceanic plates collide, the denser plate is subducted. Some of the material from the melting plate rises upward and erupts on the ocean floor, forming an island arc (bottom).*

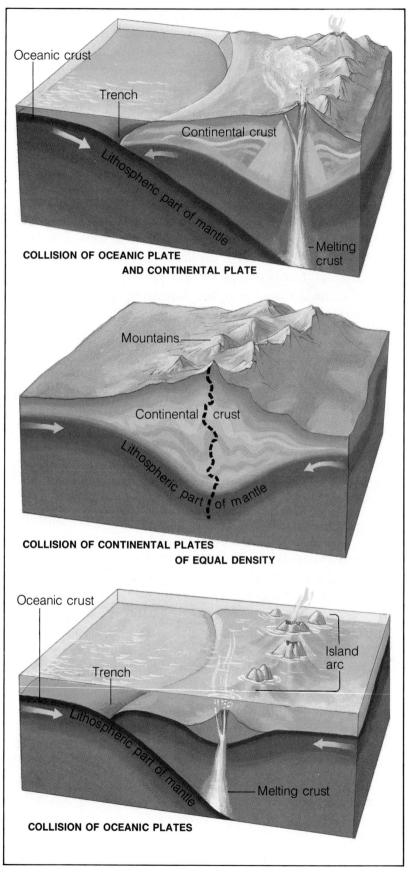

Oceanic crust

Trench

Continental crust

Lithospheric part of mantle

Melting crust

**COLLISION OF OCEANIC PLATE
AND CONTINENTAL PLATE**

Mountains

Continental crust

Lithospheric part of mantle

**COLLISION OF CONTINENTAL PLATES
OF EQUAL DENSITY**

Oceanic crust

Trench

Island arc

Lithospheric part of mantle

Melting crust

COLLISION OF OCEANIC PLATES

ACTIVITY

THINKING

Prefixes

Knowing the meaning of a prefix can often help you remember the meaning of a word. Using a dictionary, find the meaning of the prefixes *con-, di-, pan-, sub-,* and *trans-*. Relate what you have learned about the prefixes to the definition of the following vocabulary words:

convection current
constructive boundary
Pangaea
divergent boundary
subduction
transform fault

Figura 3–12 *Al chocar una placa oceánica y una continental, la oceánica se hunde. Parte del material fundido de la placa oceánica es empujado hacia arriba formando volcanes en el continente (arriba). Cuando colisionan dos placas continentales la corteza continental de ambas se junta formando cadenas montañosas (centro). Cuando colisionan dos placas oceánicas, la más densa se hunde. Parte del material de la placa fundida sale al exterior del océano formando un arco de islas (abajo).*

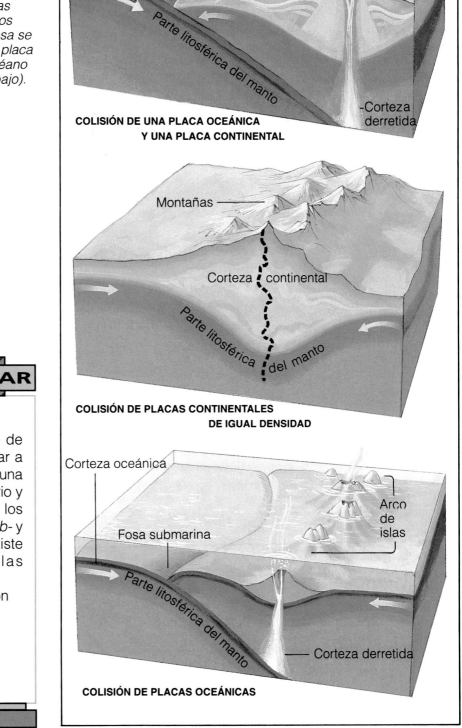

Corteza oceánica

Fosa submarina

Corteza continental

Parte litosférica del manto

-Corteza derretida

COLISIÓN DE UNA PLACA OCEÁNICA Y UNA PLACA CONTINENTAL

Montañas

Corteza continental

Parte litosférica del manto

COLISIÓN DE PLACAS CONTINENTALES DE IGUAL DENSIDAD

Corteza oceánica

Fosa submarina

Arco de islas

Parte litosférica del manto

Corteza derretida

COLISIÓN DE PLACAS OCEÁNICAS

Actividad

PARA PENSAR

Prefijos

Conocer el significado de un prefijo te puede ayudar a recordar el significado de una palabra. Usa un diccionario y busca el significado de los prefijos *con-, di-, pan-, sub-* y *trans-.* ¿Qué relación existe entre los prefijos y las siguientes palabras?

corriente de convección
límite constructivo
Pangaea
límite divergente
subducción
falla transformante

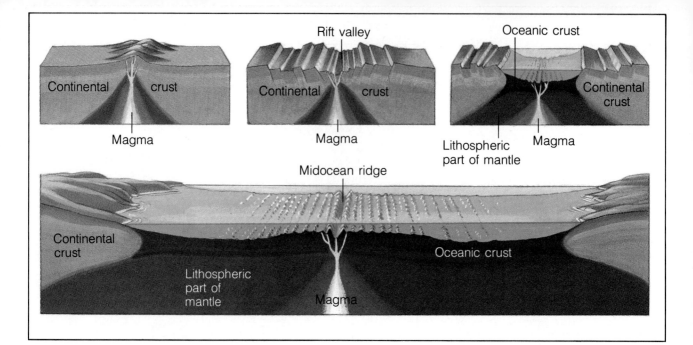

Rift valley

Continental crust

Magma

Oceanic crust

Continental crust

Lithospheric part of mantle

Magma

Midocean ridge

Continental crust

Lithospheric part of mantle

Magma

Oceanic crust

boundaries. Continental plates may fuse together. A trench may "switch direction" and begin to subduct a formerly overriding plate. New divergent boundaries may form in the center of continents. And plates may be completely subducted and disappear!

The theory of plate tectonics, like Wegener's theory of continental drift, explains how the Earth's surface has changed over time and predicts how it will change in the future. The diagrams in Figure 3–14 on page 72 illustrate what scientists think the Earth has looked like and what it will look like.

Figure 3–13 *New divergent boundaries may form in the center of continents. The formation of the new boundary begins when rising magma heats and weakens an area of a continental plate (top left). The area cracks and sections slip down to form a rift valley (top center). Eventually, ocean water fills in the widening gap between the newly-formed continents. Lava erupting from the rift forms new ocean floor (top right). After millions of years, there is a mature ocean where there was once dry land (bottom).*

3–3 Section Review

1. What is the theory of plate tectonics? How does it relate to continental drift?
2. Describe the three different kinds of plate boundaries.
3. How might convection currents account for the movement of the plates?
4. Explain the origins of volcanoes, earthquakes, and mountains as they relate to plate tectonics.

Connection—*Language Arts*

5. The ocean that surrounded Pangaea is called Panthalassa. The Greek word *thalassa* means sea. Why is the term Panthalassa appropriate? (*Hint:* Look at Figure 3–14.)

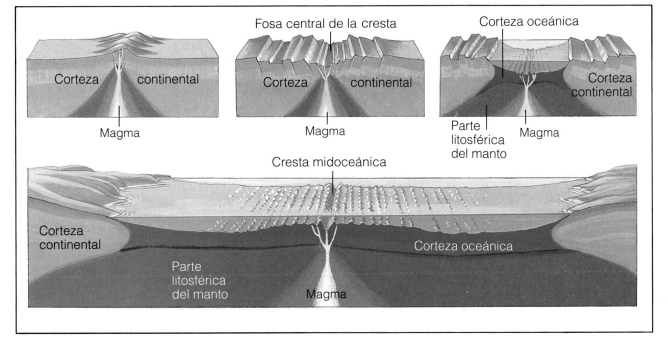

Cresta midoceánica

Corteza continental

Parte litostérica del manto

Magma

Corteza oceánica

puede "cambiar de dirección" y comenzar a hundir una placa que estaba anteriormente arriba. Se pueden formar límites divergentes en el centro de continentes. Las placas pueden hundirse y desaparecer.

La teoría de las placas tectónicas y la de Wegener de la deriva continental explican los cambios en la superficie terrestre y predicen sus cambios futuros. Los diagramas en la figura 3–14 de la página 72 ilustran cómo era la Tierra y como será.

Figura 3–13 *En el centro de los continentes se pueden formar nuevos límites divergentes. La formación de un límite comienza cuando el magma al subir se calienta y debilita una zona de la placa continental (arriba izquierda). La zona se parte derrumbando secciones que forman una fosa (arriba centro). Con el tiempo, el agua rellena el hueco entre los continentes. La lava que sale en erupción por la cresta forma un nuevo fondo marino (arriba derecha).Después de millones de años se forma un océano en lo que fue terreno seco (abajo).*

3–3 Repaso de la sección

1. ¿Qué es la teoría de las placas tectónicas? ¿Qué relación tiene con la de la deriva continental?
2. Describe los tres tipos de límites de las placas.
3. ¿De qué forma afecta la corriente de convección al movimiento de las placas.
4. Explica los orígenes de los volcanes, terremotos y montañas y su relación con las placas tectónicas.

Conexión—*Artes del lenguaje*

5. El océano que rodeaba la Pangaea se llama Pantalasa, palabra procedente del griego *thalassa* que significa mar. ¿Por qué resulta apropiado este término? (*Pista:* Mira la figura 3–14.)

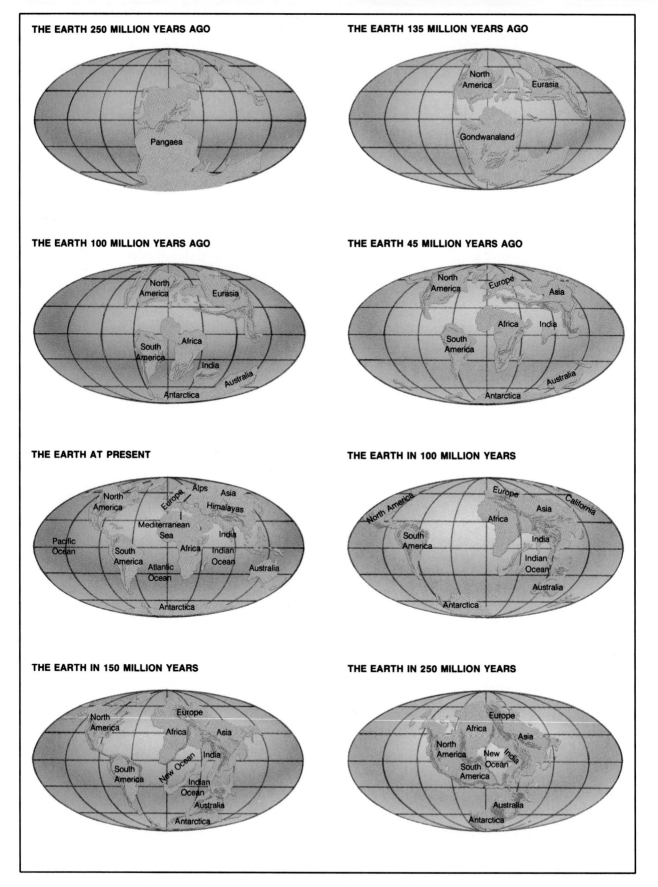

THE EARTH 250 MILLION YEARS AGO

Pangaea

THE EARTH 135 MILLION YEARS AGO

North America
Eurasia
Gondwanaland

THE EARTH 100 MILLION YEARS AGO

North America
Eurasia
South America
Africa
India
Australia
Antarctica

THE EARTH 45 MILLION YEARS AGO

North America
Europe
Asia
Africa
India
South America
Australia
Antarctica

THE EARTH AT PRESENT

North America
Europe
Alps
Asia
Himalayas
Mediterranean Sea
India
Pacific Ocean
Africa
Indian Ocean
South America
Atlantic Ocean
Australia
Antarctica

THE EARTH IN 100 MILLION YEARS

North America
Europe
California
Africa
Asia
South America
India
Indian Ocean
Australia
Antarctica

THE EARTH IN 150 MILLION YEARS

North America
Europe
Africa
Asia
India
South America
New Ocean
Indian Ocean
Australia
Antarctica

THE EARTH IN 250 MILLION YEARS

Europe
Africa
Asia
North America
New Ocean
India
South America
Australia
Antarctica

Figure 3–14 *The shapes and positions of Earth's continents have changed greatly.*

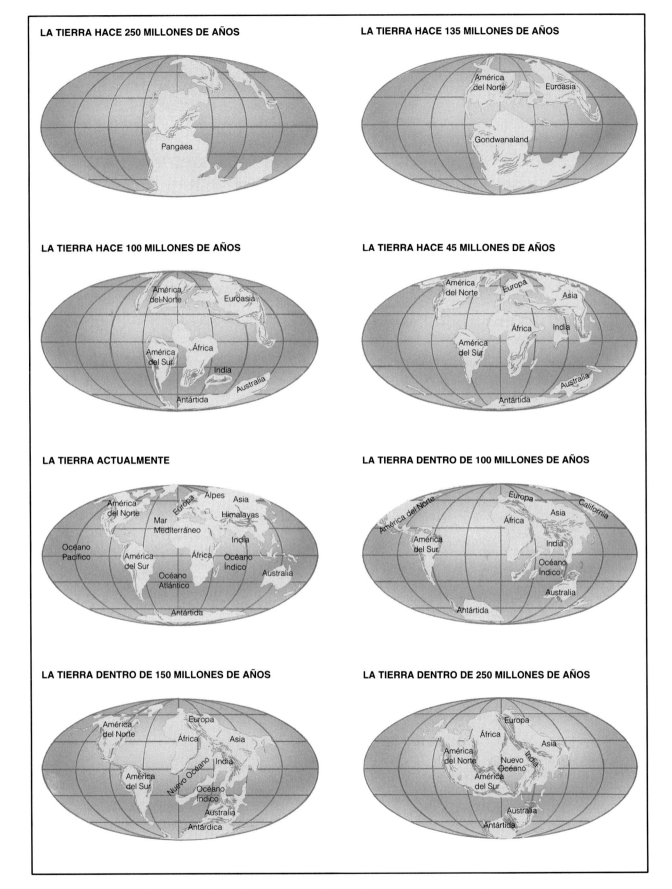

Figura 3–14 *La forma y posición de los continentes en la Tierra han cambiado mucho.*

CONNECTIONS

Plate Tectonics and Life on Earth

The *evolution of Earth's living things* is strongly linked to the movements of the lithospheric plates. Why? Because living things evolve in response to changes in their environment. And the movement of the plates causes changes in climate, in geographic features such as mountains, and in the types of living things with which a species (specific type of living thing) interacts.

When the history of the Earth and its living things is studied, some basic patterns occur over and over again. One pattern is that when landmasses join together, diversity decreases. For example, fossils indicate that there were once 29 families of mammals in South America and 27 entirely different families of mammals in North America. (A family is a scientific group containing many related kinds of animals. The cat family, for example, includes lions, tigers, and house cats.) Soon after the continents joined together—about 3 million years ago—there were only 22 families left. Only the families that competed the most successfully survived; the rest died out.

Yet another pattern is that when landmasses split apart, the diversity of land animals increases. On a big landmass, animals can easily move to suitable places and avoid the more challenging environments. On a small landmass, animals are stuck where they are and thus must adapt to local conditions. At the same time, the animals are cut off from competitors and natural enemies on other landmasses. This combination of conditions results in the development of an enormous number of new species.

The world's monkeys and apes are one example of diversity caused by the breakup of a landmass. The splitting up of South America and Africa roughly 45 million years ago resulted in monkeys evolving into two distinct groups. New World monkeys are primarily tree-dwellers that have long tails used for grasping and for balance. Although Old World monkeys include tree-dwellers as well as ground-dwellers, none has a grasping tail.

CONEXIONES

Las placas tectónicas y la vida en la Tierra

La *evolución de los seres vivos de la Tierra* está ligada a los movimientos de las placas litosféricas. ¿Por qué? Porque los seres vivos evolucionan en respuesta a los cambios de su entorno. El movimiento de las placas ocasiona cambios en el clima, en las características geográficas como montañas, y en los tipos de seres vivos con las que una especie (tipo específico de seres vivos) interactúa.

En la historia de la Tierra hay ciertos patrones que se repiten periódicamente. Uno de ellos es que cuando se unen las masas de terreno, la diversidad disminuye. Por ejemplo, hay fósiles que indican que existieron 29 familias de mamíferos en América del Sur y 27 totalmente diferentes en América del Norte. (Una familia es un grupo de individuos que tiene alguna condición común. Los felinos, por ejemplo, incluyen leones, tigres, gatos domésticos, etc.) Al unirse los continentes, hace unos 3 millones de años, sólo quedaron 22 familias. Sólo sobrevivieron las familias más competitivas.

Otro de los patrones es que cuando las masas de terreno se separan, la diversidad aumenta. Los animales, al tener mucho espacio, se instalan en las zonas más convenientes, evitando medios hostiles, mientras que en espacios pequeños, se tienen que adaptar a las condiciones locales. Al mismo tiempo, los animales están alejados de competidores o enemigos naturales en otras masas de terreno. Esto da como resultado el desarrollo de nuevas especies.

Los monos y los chimpancés son un ejemplo de la diversidad de especies. La separación de América del Sur y África, hace unos 45 millones de años, hizo que los monos evolucionaran en dos tipos distintos. Los del nuevo continente viven en árboles y tienen una cola larga que utilizan para agarrarse y balancearse. De los que se quedaron en el continente antiguo unos viven en árboles y otros en la Tierra pero ninguno tiene el tipo de cola necesaria para agarrarse.

Laboratory Investigation

Mapping Lithospheric Plates

Problem

How are the locations of the Earth's volcanoes, earthquakes, and mountain ranges related to the locations of the lithospheric plates?

Materials *(per student)*

colored pencils (black, red, brown, green)
paper   chapter maps

Procedure

1. With the black pencil, trace the outline of the world map onto the paper.

2. Draw with a red pencil the Ring of Fire on the world map. Also draw the other earthquake and volcano zones.

3. Shade in the general boundaries of the world's mountain ranges with a brown pencil. Be sure to include the Himalayas, Alps, Andes, and Rockies.

4. Draw in with a green pencil the boundaries of the seven lithospheric plates as well as the boundaries of the Arabian and Caribbean plates. Label each plate.

Observations

1. What is the relationship of the Ring of Fire to the Pacific plate?

2. Where are the most earthquakes, volcanoes, and mountains located in relation to the lithospheric plates?

Analysis and Conclusions

1. From the map you have made and the information in this chapter, how can you explain the apparent relationships between the lithospheric plates and the occurrence of earthquakes, volcanoes, and mountain ranges?

2. **On Your Own** Some volcanic activity is due to "hot spots." Using references from the library, find out what hot spots are and where the major hot spots are located. Using a blue pencil, mark the locations of the major hot spots on your map. Explain how hot spots provide evidence for plate movement.

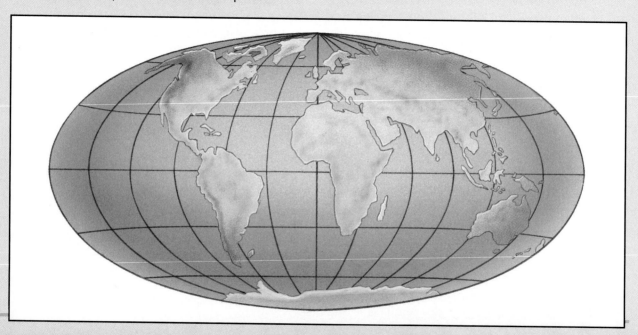

Investigación de laboratorio

Dibujar las placas litosféricas

Problema

¿Qué relación existe entre la locación de los volcanes, terremotos y cadenas montañosas y la situación de las placas litosféricas?

Materiales *(por estudiante)*

lápices de colores (negro, rojo, marrón y verde)
papel   mapas del capítulo

Procedimiento

1. Con el lápiz negro, calca en un papel el contorno del mapa del mundo.

2. Con el lápiz rojo dibuja en el mapa el Anillo de fuego así como las zonas volcánicas y sísmicas.

3. Con el lápiz marrón sombrea los límites de las cadenas montañosas, incluyendo los Himalayas, Los Alpes, Los Andes y Las Rocosas.

4. Con el lápiz verde dibuja los límites de las siete placas litosféricas así como los límites de la placa Arábiga y la Caribeña. Nombra cada una.

Observaciones

1. ¿Qué relación existe entre el Anillo de fuego y la placa del Pacífico?

2. ¿Qué relación existe entre la localización de la mayoría de los volcanes, terremotos y cadenas montañosas y las placas litosféricas?

Análisis y conclusiones

1. Con la información de este capítulo y el mapa, ¿cómo explicarías la relación entre las placas litosféricas y la producción de volcanes, terremotos y cadenas montañosas?

2. **Por tu cuenta** Parte de la actividad volcánica se debe a "puntos calientes." Busca material en la biblioteca y averigua qué son los puntos calientes y dónde se localizan. Con el lápiz azul márcalos en el mapa. Explica por qué los puntos calientes sirven de prueba para el movimiento de las placas.

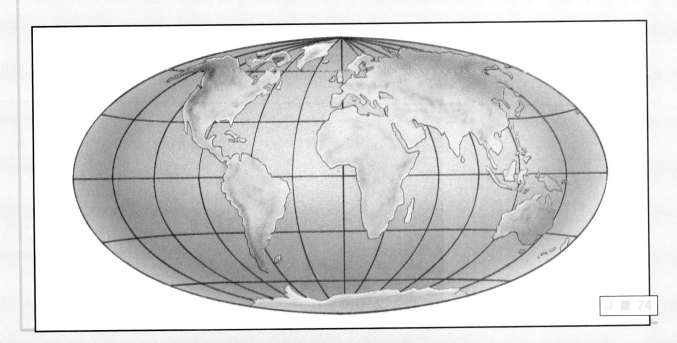

Study Guide

Summarizing Key Concepts

3–1 Earth's Drifting Continents

▲ The theory of continental drift, formulated by Alfred Wegener, states that all the continents were once part of one giant landmass, Pangaea. Pangaea split apart, and the continents slowly moved to their present positions.

▲ Wegener's theory is based on evidence from fossils and rock formations.

▲ The location of the Earth's landmasses affects their climate.

3–2 Earth's Spreading Ocean Floor

▲ Ocean-floor spreading occurs as parts of the ocean floor move away from a rift valley in the center of a midocean ridge. New ocean floor forms as molten rock rises through the rift and hardens.

▲ Ocean floor is destroyed when it is subducted into trenches and melted inside the mantle.

▲ The ocean floor is made of pieces that move from rifts to trenches. Many of these moving pieces have continents on top of them.

▲ Both the ages of the ocean-floor rocks and the magnetic stripes on the ocean floor are evidence of ocean-floor spreading.

3–3 Earth's Moving Plates

▲ The theory of plate tectonics, which links together the ideas of continental drift and ocean-floor spreading, explains how the Earth has evolved over time. It helps to explain the formation and destruction of the Earth's crust and its movements and collisions.

▲ The lithosphere, which consists of the crust and a thick layer of relatively cool, rigid mantle rock, is made of a number of plates.

▲ Plates usually contain both oceanic and continental crust.

▲ Divergent plate boundaries are formed by the midocean ridges.

▲ Convergent plate boundaries are formed by the trenches.

▲ Strike-slip boundaries are formed by lateral faults at which two plates slide horizontally past each other.

▲ Some scientists hypothesize that plate movement is caused by convection currents within the mantle.

▲ Understanding how the plates have moved in the past makes it possible to predict their future movement.

Reviewing Key Terms

Define each term in a complete sentence.

3–1 Earth's Drifting Continents
fossil
Pangaea
theory of continental drift

3–2 Earth's Spreading Ocean Floor
midocean ridge
ocean-floor spreading
transform fault
trench
subduction

3–3 Earth's Moving Plates
theory of plate tectonics
plate
tectonics
lithosphere
divergent boundary
convergent boundary
strike-slip boundary
convection current

Resumen de conceptos claves

3–1 Continentes a la deriva

▲ Según la teoría de la deriva continental, formulada por Alfred Wegener, los continentes formaban una gran masa de terreno llamada Pangaea. Ésta se separó y los continentes se fueron moviendo hasta ocupar su posición actual.

▲ La teoría de Wegener se basa en la prueba de los fósiles y la formación de rocas.

▲ La localización de las masas de terreno repercuten en el clima.

3–2 La expansión del fondo oceánico

▲ La expansión del fondo marino se produce cuando parte del fondo se separa de la fosa central en el centro de la cresta midoceánica. La roca fundida que asciende a través de la fosa se endurece y forma nuevo fondo marino.

▲ El fondo marino se destruye al hundirse en las fosas submarinas y fundirse con el manto.

▲ El fondo marino se compone de piezas que pasan de la fosa de la cresta a la fosa submarina. Hay continentes sobre muchas de estas piezas.

▲ Tanto la edad como las franjas magnéticas de las rocas del fondo oceánico son pruebas que demuestran la expansión del fondo oceánico.

3–3 El movimiento de las placas terrestres

▲ La teoría de las placas tectónicas, que enlaza las ideas de la teoría de la deriva continental con las de la expansión del fondo marino, explica la evolución de la Tierra, y ayuda a explicar la formación y destrucción de la corteza terrestre, sus movimientos y sus colisiones.

▲ La litosfera, parte sólida más externa de la Tierra, compuesta por corteza y algo de manto, está formada por placas.

▲ Las placas contienen corteza oceánica y corteza continental.

▲ Los límites divergentes de las placas están formados por las crestas midoceánicas.

▲ Los límites convergentes de las placas están formados por las fosas submarinas.

▲ Los límites conformes están formados por fallas laterales que se deslizan horizontalmente, cruzándose.

▲ Algunos científicos opinan que el movimiento de las placas se debe a corrientes de convección dentro del manto.

▲ El entender el movimiento de las placas en el pasado permite predecir sus movimientos en el futuro.

Repaso de palabras claves

Define cada palabra o palabras con una oración completa.

3–1 Continentes a la deriva
fósil
Pangaea
teoría de la deriva continental

3–2 La expansión del fondo oceánico
cresta midoceánica
expansión del fondo marino
falla transformante
fosa submarina
subducción

3–3 El movimiento de las placas terrestres
teoría de las placas tectónicas
placa
tectónica
litosfera
límite divergente
límite convergente
límite conforme
corriente de convección

Chapter Review

Content Review

Multiple Choice

Choose the letter of the answer that best completes each statement.

1. Alfred Wegener is most closely associated with the theory of
   a. the contracting Earth.
   b. continental drift.
   c. plate tectonics.
   d. ocean-floor spreading.
2. A deep crack that runs through the center of a midocean ridge is called a
   a. trench.   c. lithosphere.
   b. rift valley.   d. transform fault.
3. The collision of two oceanic plates creates
   a. mountain belts.   c. rift valleys.
   b. convection currents. d. island arcs.
4. Evidence that supports the theory of continental drift has been provided by
   a. coal fields.   c. fossils.
   b. glacial deposits.   d. all of these.

5. The movement of the ocean floor on either side of a midocean ridge is best known as
   a. rifting.   c. ocean-floor spreading.
   b. glaciation.   d. subduction.
6. Plates containing crust and upper mantle form the Earth's
   a. lithosphere.   c. core.
   b. hydrosphere.   d. atmosphere.
7. The process in which the ocean floor plunges into the Earth's interior is called
   a. construction.   c. rifting.
   b. subduction.   d. convection.
8. Two plates grind past each other at a
   a. constructive boundary.
   b. divergent boundary.
   c. convergent boundary.
   d. strike-slip boundary.

True or False

If the statement is true, write "true." If it is false, change the underlined word or words to make the statement true.

1. The largest lithospheric plate is the <u>Pacific</u>.
2. Wegener proposed that all the continents were once part of one large landmass called <u>Gondwanaland</u>.
3. Ocean floor is subducted at <u>transform boundaries</u>.
4. <u>Conduction currents</u> may be the cause of plate movement.
5. <u>Midocean rifts</u> are also known as convergent, or destructive, boundaries.
6. Magnetic stripes on the ocean floor indicate that the Earth's magnetic poles <u>reverse themselves from time to time</u>.

Concept Mapping

Complete the following concept map for Section 3–1. Refer to pages J6–J7 to construct a concept map for the entire chapter.

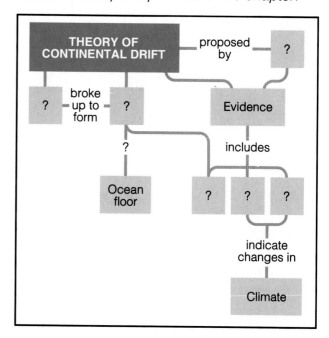

Repaso del contenido

Selección múltiple

Selecciona la letra de la respuesta que mejor complete cada frase.

1. A Alfred Wegener se le asocia con la teoría de la
   a. contracción de la Tierra.
   b. deriva continental.
   c. placas tectónicas.
   d. expansión del fondo oceánico.

2. El corte profundo que llega hasta el centro de la cresta midoceánica se llama
   a. fosa submarina.
   b. fosa central de la cresta.
   c. litosfera.
   d. falla transformante.

3. La colisión de dos placas oceánicas crea un
   a. cinturón montañoso.
   b. corriente de convección.
   c. fosa central de la cresta.
   d. arco de islas.

4. Las pruebas que apoyan la teoría de la deriva continental las demuestran los
   a. yacimientos de carbón.
   b. depósitos glaciales.
   c. fósiles.
   d. todos ellos.

5. El movimiento del fondo marino en ambos lados de la cresta se conoce como
   a. agrietamiento.
   b. glaciación.
   c. expansión del fondo marino.
   d. subducción.

6. Las placas que contienen corteza y manto de la Tierra se llaman
   a. litosfera.
   b. hidrosfera.
   c. núcleo.
   d. atmósfera.

7. El proceso por el que el fondo oceánico se hunde en el interior de la Tierra es
   a. construcción.
   b. subducción.
   c. agrietamiento.
   d. convección.

8. Dos placas se deslizan cruzándose en el
   a. límite constructivo.
   b. límite divergente.
   c. límite convergente.
   d. límite conforme.

Verdadero o falso

Si la afirmación es verdadera, escribe "verdad." Si es falsa, cambia las palabras subrayadas para que sea verdadera.

1. La placa litosférica más grande es la del <u>Pacífico</u>.
2. Wegener propuso que todos los continentes formaron parte de una gran masa llamada <u>Gondwanaland</u>.
3. El fondo oceánico se hunde en <u>los límites transformantes</u>.
4. <u>La corriente de conducción</u> puede causar el movimiento de las placas.
5. <u>Las fosas midoceánicas</u> se conocen también como límites convergentes o destructivos.
6. Las franjas magnéticas del fondo del océano indican que los polos magnéticos de la Tierra <u>se invierten a sí mismos de tanto en tanto</u>.

Mapa de conceptos

Completa el siguiente mapa de conceptos para la sección 3–1. Para hacer un mapa de conceptos de todo el capítulo, consulta las páginas J6–J7.

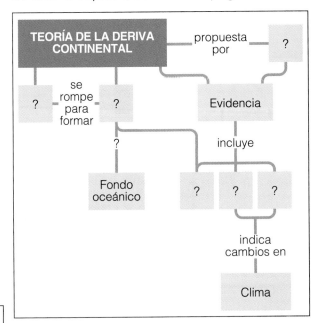

Concept Mastery

Discuss each of the following in a brief paragraph.

1. How do plate movements relate to volcanoes and earthquakes?
2. What kinds of evidence are used to support the theory of continental drift?
3. Describe what happens in the three different kinds of plate collisions.
4. What is a lithospheric plate?
5. How might convection currents account for the movement of the continents?
6. What is ocean-floor spreading? How does it relate to the theories of continental drift and plate tectonics?
7. How are the magnetic stripes on the ocean floor formed? Why are these stripes significant?
8. How does plate tectonics explain the formation of mountains?

Critical Thinking and Problem Solving

Use the skills you have developed in this chapter to answer each of the following.

1. **Making comparisons** How are the theories of continental drift and plate tectonics similar? How are they different?
2. **Developing a hypothesis** Studies have shown that continents appear to consist of small pieces that come from many different parts of the Earth. Using what you know about plate tectonics and isostasy, develop a hypothesis to explain how Earth's "crazy quilt" continents were formed.
3. **Analyzing data** The two imaginary continents in the accompanying figure each have three rock sections. The arrows show the magnetic field direction that existed when each section formed. The rocks' ages are shown in billions of years. Reptile fossils are found in sections A, B, and Z; fish fossils in sections C and X.

   On a piece of paper, trace all the information given in the figure. Cut out both continents. Then follow the instructions and answer the questions.
   a. Try to fit the two continents together. Do they fit more than one way? Choose the better fit. Explain what evidence you used to make your choice.
   b. What is your best estimate of the age of the rocks in section Z?
4. **Evaluating theories** Mountains almost always appear as long, narrow, curving ranges located at the edges of continents. Mountain ranges vary greatly in age. Most scientists once thought that mountains formed because the Earth was contracting. This caused the surface to wrinkle up like a raisin. If the contraction hypothesis were correct, what would you expect to be true about the age and distribution of mountains? Explain why the theory of continental drift better accounts for the age and distribution of mountains.
5. **Using the writing process** Write a humorous, but accurate, skit in which Alfred Wegener and one of his opponents appear on a major daytime talk show.

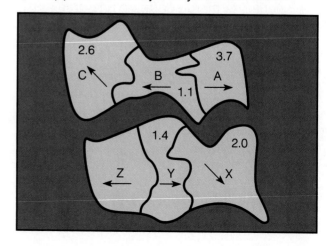

Dominio de conceptos

Comenta cada uno de los puntos siguientes en un párrafo breve.

1. ¿Qué relación existe entre el movimiento de las placas y los volcanes y terremotos?
2. ¿Qué pruebas se utilizan para apoyar la teoría de la deriva continental?
3. Explica lo que ocurre en los tres tipos distintos de colisión de las placas.
4. ¿Qué es una placa litosférica?
5. ¿Que influencia tiene la corriente de convección en el movimiento de los continentes?

6. ¿Qué es la expansión del fondo oceánico? ¿Qué relación tiene con las teorías de la deriva continental y de las placas tectónicas?
7. ¿Cómo se forman las franjas magnéticas del fondo oceánico? ¿Por qué son importantes?
8. ¿Cómo explican las placas tectónicas la formación de las montañas?

Pensamiento crítico y solución de problemas

Usa las destrezas que has desarrollado en este capítulo para resolver lo siguiente.

1. **Hacer comparaciones** ¿En qué se parecen y diferencian las teorías de la deriva continental de las placas tectónicas?

2. **Desarrollar una hipótesis**
   Investigaciones prueban que los continentes se han formado de trozos pequeños procedentes de distintas zonas de la Tierra. Utiliza lo que sabes sobre placas tectónicas e isostasia y desarrolla una hipótesis explicando la formación "mosaico alocado" de los continentes.

3. **Analizar información** En la figura de ésta página hay dos continentes imaginarios divididos en tres secciones. Las flechas muestran la dirección magnética que existía al formarse cada sección. La edad de las rocas está dada en billones de años. En las secciones A, B y Z se encuentran fósiles de reptiles, y en las secciones C y X fósiles de peces.
   Calca en un papel la información que se da en la figura. Recorta los dos continentes. Contesta a las preguntas siguiendo las instrucciones.
   a. Trata de encajar los dos continentes. ¿Encajan de varias formas? Escoge la que te parezca más adecuada, explicando el por qué de tu elección.
   b. ¿Qué edades les calculas a las rocas de la sección Z?

4. **Evaluar teorías** Las montañas siempre se presentan en cadenas estrechas y curvas, en los bordes de los continentes. Las cadenas montañosas varían en edad. Los científicos pensaron que las montañas se habían formado debido a la contracción de la Tierra, haciendo que la superficie se arrugara y se elevara. Si la teoría de la contracción fuera correcta, cómo explicarías la distribución y edad de las montañas. Explica por qué la teoría de la deriva continental responde mejor a la distribución y edad de las montañas.

5. **Usar el proceso de la escritura** Escribe una parodia humorística, en la que Alfred Wegener y uno de sus seguidores aparezcan en un programa de charlas de televisión.

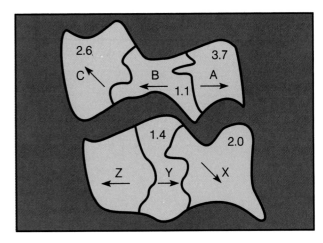

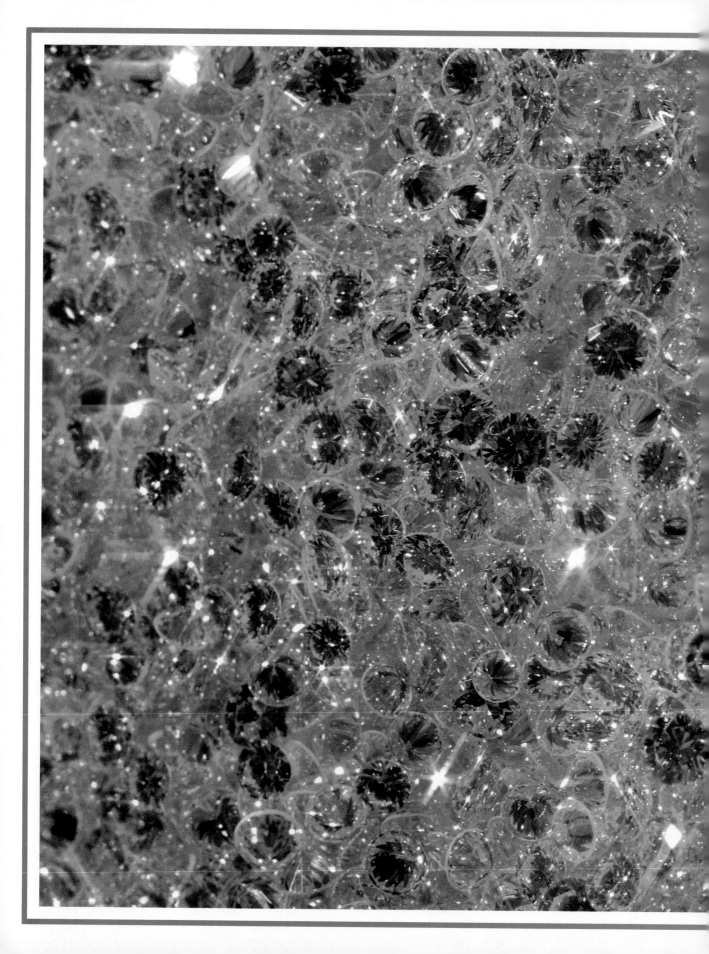

Rocks and Minerals

Guide for Reading

After you read the following sections, you will be able to

4–1 What Is a Mineral?
- Define the term mineral.

4–2 Uses of Minerals
- Differentiate among metals, nonmetals, ores, and gemstones.

4–3 What Is a Rock?
- Describe the rock cycle.

4–4 Fluid and Fire: Igneous Rocks
- Explain how igneous rocks are classified.

4–5 Slowly Built Layers: Sedimentary Rocks
- Identify the main categories of sedimentary rocks.

4–6 Changes in Form: Metamorphic Rocks
- Describe the forces that change existing rocks into metamorphic rocks.

For hundreds of years, diamonds have been prized as a symbol of great wealth and power. Many of the world's largest diamonds adorn the scepters and crowns of kings and queens and decorate the jewelry of the extremely wealthy.

Some of the largest and most precious diamonds have dramatic histories. For example, the large, dark-blue gem now known as the Hope diamond is said to have once been an eye in the statue of an Indian goddess. When the diamond was stolen, the goddess is said to have cursed the stone and decreed that it would bring bad luck to all those who wore it. The diamond was owned and worn by King Louis XVI of France and his queen, both of whom were later beheaded during the French Revolution. Soon after the revolution, the diamond disappeared. When it reappeared nearly forty years later, it continued to be linked with murders, tragic accidents, and other misfortunes as it passed from owner to owner in Europe and the United States. The Hope diamond now rests in a display case at the Smithsonian Institution in Washington, DC.

Diamonds and other gemstones—rubies, emeralds, and sapphires, to name a few—are types of minerals. Minerals are the building blocks of rocks, and rocks are the building blocks of the solid Earth. Read on, and learn more about rocks and minerals.

Journal *Activity*

You and Your World You can probably think of many ways in which rocks have affected your life. In your journal, describe an incident in your life in which a rock played an important part.

◀ *Diamond is one of the most beautiful and precious of Earth's minerals.*

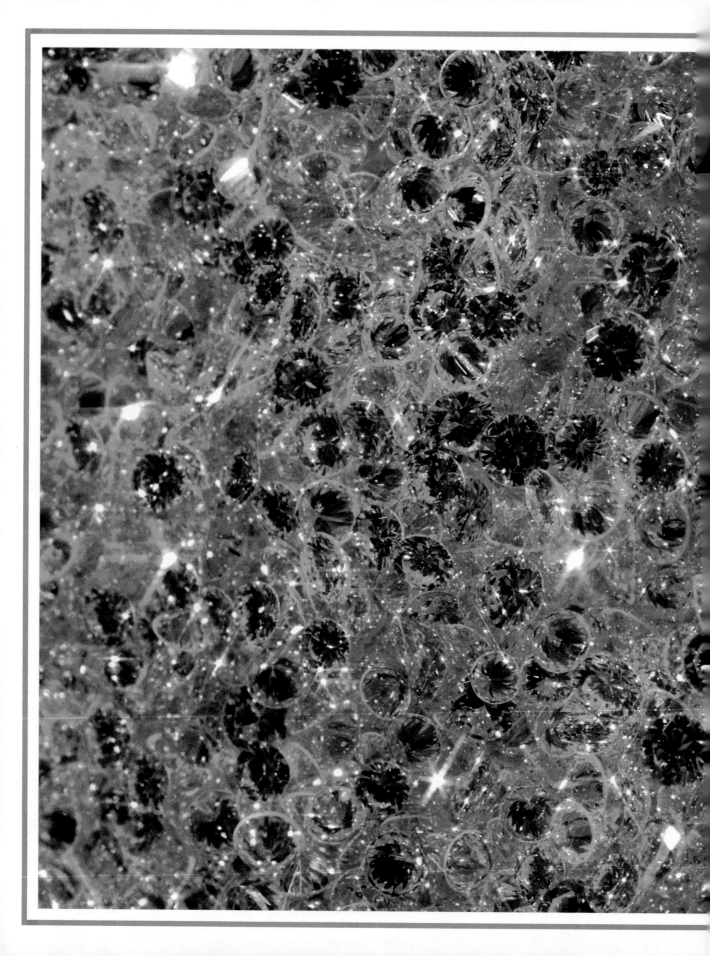

Rocas y minerales

Durante cientos de años, los diamantes han sido valorados como símbolo de gran riqueza y poder. Los grandes diamantes del mundo adornan los cetros y las coronas de reinas y reyes, y decoran las joyas de la gente muy adinerada.

Algunos de los diamantes más grandes y preciados tienen historias dramáticas. Por ejemplo, se dice que la gema enorme azul oscura conocida como diamante Hope fue un ojo de la estatua de una diosa india. Cuando el diamante fue robado, dicen que la diosa maldijo la piedra y prometió que le traería mala suerte a quien la llevara. El diamante perteneció y fue usado por el rey Luis XVI de Francia y su reina, y ambos fueron decapitados durante la Revolución francesa. Apenas terminada la revolución, el diamante desapareció. Cuando reapareció, después de casi cuarenta años, seguía asociándoselo con asesinatos, accidentes trágicos y desgracias, mientras cambiaba de dueño en Europa y los Estados Unidos. El diamante Hope se exhibe ahora en el Smithsonian Institution en Washington, D.C.

Los diamantes y otras gemas, entre ellas rubíes, esmeraldas y zafiros, son tipos de minerales. Los minerales son la base de las rocas, y las rocas son la base de la Tierra sólida. Sigue leyendo y aprenderás más sobre rocas y minerales.

Diario *Actividad*

Tú y tu mundo Piensa en cómo influyeron en tu vida las rocas. Describe en tu diario un hecho en el cual una roca haya jugado un papel importante.

El diamante es uno de los minerales más bellos y preciados de la Tierra.

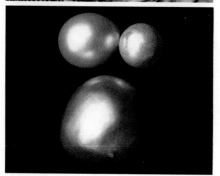

4–1 What Is a Mineral?

Animal, vegetable, or mineral?

If you have ever played the guessing game Twenty Questions, this phrase should be familiar to you. In the game, the word **mineral** refers to anything that is not living. In science, however, the word mineral has a more specific meaning. **A mineral is a naturally occurring, inorganic solid that has a definite chemical composition and crystal structure.** In order for a substance to be called a mineral, it must have all five of the characteristics described in this definition. Let's look at each characteristic more closely.

A mineral must occur naturally in the Earth. Silver, asbestos, and talc (the main ingredient of talcum powder), which all occur naturally, are minerals. Steel and cement, which are manufactured substances, are not minerals.

A mineral must be **inorganic,** or not formed from living things or the remains of living things. Quartz, which makes up about 11 percent of the Earth's crust, is a mineral. Coal and oil, although found in naturally occurring underground deposits, are not minerals because they are formed from the remains of living things that existed long ago.

A mineral is always a solid. Like all solids, a mineral has a definite volume and shape. Can you explain why oxygen, which occurs naturally and is inorganic, is not a mineral?

A mineral has a definite chemical composition. A mineral may be made of a single pure substance, or element, such as gold, copper, or sulfur. The minerals diamond and graphite (the main ingredient in pencil lead) are both made of the element carbon. Most minerals, however, are made of two or more elements chemically combined to form a compound.

A mineral's atoms are arranged in a definite pattern repeated over and over again. Atoms are the building blocks of matter. If not confined, the repeating pattern of a mineral's atoms forms a solid called a **crystal.** A crystal has flat sides that meet in

Figure 4–1 *The calcite crystals, fossil-bearing limestone, and pearls are all made of the compound calcium carbonate. Yet only the calcite is considered to be a mineral. Why?*

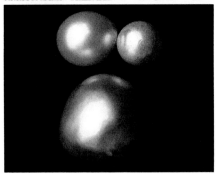

Guía para la lectura

*Piensa en estas preguntas
mientras lees.*

▶ *¿Qué es un mineral?*

▶ *¿Cómo se identifican a los
minerales?*

4–1 ¿Qué es un mineral?

¿Animal, vegetal o mineral?

Si alguna vez participaste del juego de adivinanzas "Veinte preguntas," reconocerás esa frase. En el juego, la palabra **mineral** representa todo lo no vivo. Pero en las ciencias la palabra mineral tiene un significado más específico. **Un mineral es un sólido inorgánico natural que tiene una composición química definida y estructura cristalina.** Para que una sustancia sea un mineral, debe tener las cinco características descritas en esta definición. Analicemos cada una de las características.

Un mineral aparece naturalmente en la Tierra. La plata, el asbesto y el talco (ingrediente principal del talco en polvo) que surgen naturalmente, son minerales. El acero y el cemento, que son substancias manufacturadas, no son minerales.

Un mineral debe ser **inorgánico**, o no provenir de cosas vivas o restos de cosas vivas. El cuarzo, que forma un 11 por ciento de la corteza terrestre, es un mineral. El carbón y el aceite, aunque se hallan en depósitos subterráneos naturales, no son minerales porque se forman de los restos de las cosas vivas que existieron hace mucho tiempo.

Un mineral es siempre un sólido. Como todos los sólidos, un mineral tiene su volumen y su forma. ¿Sabes por qué el oxígeno, que ocurre naturalmente y es inorgánico, no es un mineral?

Un mineral tiene una composición química definida. Un mineral puede hacerse de una sola substancia pura, o elemento, como el oro, el cobre o el sulfuro. Los minerales diamante y grafito (ingrediente principal de la mina del lápiz) provienen del elemento carbono. Casi todos los minerales están hechos de dos o más elementos que se combinan químicamente para formar un compuesto.

Los átomos de un mineral están dispuestos en un patrón que se repite una y otra vez. Los átomos son la base de la materia. Si no se los contiene, el patrón repetido de los átomos del mineral forma un sólido llamado **cristal**. Un cristal tiene caras planas con bordes

Figura 4–1 *Los cristales de calcita, la caliza con fósiles y las perlas están hechas con el compuesto carbonato de calcio. Sólo la calcita es un mineral. ¿Por qué?*

Figure 4–2 *Minerals have a definite chemical composition. Some, such as copper (left) and sulfur (bottom right), contain only one kind of element. Others are made up of compounds. Covellite (top right) is made up of a compound that contains copper and sulfur atoms.*

sharp edges and corners. All minerals have a characteristic crystal structure. In some mineral specimens, this structure is obvious from the specimen's appearance. In other specimens, this structure is apparent only on the microscopic level.

There are about 2500 different kinds of minerals. Some minerals are very common and easy to find. Others are rare and valuable. But all minerals have the five characteristics you have just read about.

Formation and Composition of Minerals

Many minerals come from magma, the molten rock beneath the Earth's surface. When magma cools, mineral crystals are formed. How and where magma cools determine the size of the mineral crystals.

When magma cools slowly beneath the Earth's crust, large crystals form. When magma cools rapidly beneath the Earth's crust, small crystals form. Sometimes the molten rock reaches the surface of the Earth and cools so quickly that no crystals at all form.

Crystals may also form from compounds dissolved in a liquid such as water. When the liquid evaporates, or changes to a gas, it leaves behind the minerals as crystals. The minerals halite, or rock salt, and calcite form in this way.

ACTIVITY

DISCOVERING

Rock-Forming Minerals

1. Collect between five and ten different kinds of rocks from your neighborhood.

2. Use a rock and mineral field guide to identify the minerals that make up each rock you found.

■ What minerals were found in your rocks?

■ What are the most common rock-forming minerals?

Figura 4–2 *Los minerales tienen una composición química determinada. Algunos, como el cobre (izquierda) y el sulfuro (abajo derecha) contienen sólo un tipo de elemento. Otros son compuestos. Covellite (arriba derecha) es la combinación de átomos de cobre y de azufre.*

y puntas filosas. Todo mineral tiene una estructura cristalina característica. En algunos minerales esta estructura es evidente a simple vista. En otras especies sólo se ve a nivel microscópico.

Hay unas 2500 clases de minerales. Algunos son muy comunes y fáciles de encontrar. Otros son raros y valiosos. Pero todos los minerales tienen las cinco características que acabas de aprender.

Formación y composición de los minerales

Muchos minerales provienen de magma, la roca fundida debajo de la superficie terrestre. Cuando el magma se enfría, se forman cristales minerales. Cómo y dónde se enfría el magma determina el tamaño de los cristales.

Si el magma se enfría lentamente bajo la corteza terrestre, se forman cristales grandes. Si se enfría rápidamente, los cristales son pequeños. A veces llega a la superficie y se enfría tan rápidamente que no se forman cristales.

También se forman cristales de compuestos disueltos en líquidos, como el agua. El líquido se evapora o se convierte en gas, y quedan los minerales en forma de cristales. Así se forman los minerales halita (o sal de roca) y calcita.

ACTIVIDAD

PARA AVERIGUAR

Minerales que forman las rocas

1. Recoge entre cinco y diez clases diferentes de rocas de tu vecindario.

2. Usa una guía de rocas y minerales para identificar a los minerales que provienen de cada roca que encuentras.

■ ¿Qué minerales se encontraban en tus rocas?

■ ¿Qué minerales comunes se forman de rocas?

Figure 4–3 *These richly-colored emerald crystals formed as magma slowly cooled deep inside the Earth (left). The delicate clusters of gypsum crystals known as desert roses are formed by evaporation (right).*

Ａctivity Bank

Growing a Crystal Garden, p. 174

As you can see in Figure 4–4, the elements oxygen and silicon make up almost 75 percent of the Earth's crust. Other elements found in large amounts in the Earth's crust are aluminum, iron, calcium, sodium, potassium, and magnesium. Since these 8 elements are the most abundant elements in the Earth's crust, most common minerals are made of combinations of these elements.

There are about 100 common minerals formed from the 8 most abundant elements. Of these 100 common minerals, fewer than 20 are widely distributed in the Earth's crust. These minerals make up almost all the rocks in the crust. Scientists call these minerals rock-forming minerals. Quartz, calcite, augite, hematite, micas, and feldspars are examples of rock-forming minerals.

Identifying Minerals

Because there are so many different kinds of minerals, it is not an easy task to tell them apart. In fact, it is usually difficult to identify a mineral simply by looking at it. For example, the three minerals in Figure 4–5 all look like gold. Yet only one actually is gold.

Minerals have certain physical properties that can be used to identify them. Some of these properties can be seen just by looking at a mineral. Other properties can be observed only through special tests. By learning how to recognize the properties of minerals, you will be able to more easily identify many common minerals around you.

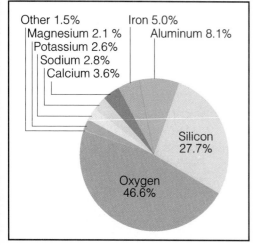

Other 1.5%
Magnesium 2.1 %
Potassium 2.6%
Sodium 2.8%
Calcium 3.6%
Iron 5.0%
Aluminum 8.1%
Silicon 27.7%
Oxygen 46.6%

Figure 4–4 *Eight elements make up more than 98 percent of the Earth's crust. Which element accounts for nearly 50 percent?*

Figura 4–3 *Estos cristales de esmeralda provienen de magma enfriado lentamente dentro de la Tierra (izquierda). Las capas de cristales de yeso (rosas del desierto) se forman por evaporación (derecha).*

Pozo de actividades

Planta un jardín de cristales, p.174

Como ves en la figura 4–4, los elementos oxígeno y silicio componen casi el 75 por ciento de la corteza terrestre. Otros elementos hallados en dicha corteza son aluminio, hierro, calcio, sodio, potasio y magnesio. Como son los 8 elementos más abundantes en la corteza terrestre, los minerales más comunes están hechos de combinaciones de esos elementos.

Hay unos 100 minerales provenientes de los 8 elementos más abundantes. De estos 100 minerales, menos de 20 se distribuyen ampliamente en la corteza terrestre. Ellos representan a casi todas las rocas de la corteza. Los científicos llaman a éstos minerales, los minerales formadores de rocas. Cuarzo, calcita, augita, hematites, mica y feldespato son minerales provenientes de rocas.

Identificando a los minerales

Debido a que hay muchas clases de minerales, no es muy fácil diferenciarlos. De hecho, resulta difícil identificarlos a simple vista. Por ejemplo, los tres minerales de la figura 4–5 parecen oro. Pero sólo uno es realmente oro.

Los minerales tienen ciertas propiedades físicas que sirven para identificarlos. Algunas se reconocen a simple vista. Otras sólo se puden ver con pruebas especiales. Aprende a reconocer las propiedades de los minerales y podrás identificar con más facilidad a muchos minerales comunes que te rodean.

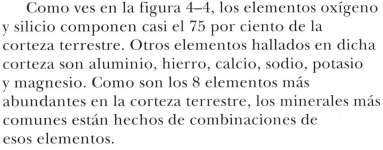

Figura 4–4 *Ocho elementos representan más del 98 por ciento de la corteza terrestre. ¿Qué elemento representa casi el 50 por ciento?*

Figure 4–5 *All that glitters is not always gold. The delicate branches among the quartz crystals are the real thing (left). The imitators are chalcopyrite (center) and pyrite (right). Can you explain why pyrite is also known as "fool's gold"?*

COLOR The color of a mineral is an easily observed physical property. But color can be used to identify only those few minerals that always have their own characteristic color. The mineral malachite is always green. The mineral azurite is always blue. No other minerals look quite the same as these.

Many minerals, however, come in a variety of colors. The mineral quartz is usually colorless. But it may be yellow, brown, black, green, pink, or purple. (The gemstone amethyst is purple quartz.) As you can see in Figure 4–6, color alone cannot be used to identify quartz and other minerals that have many different forms.

Color is not always a reliable way to identify minerals for another reason. The colors of minerals can change as a result of exposure to or treatment with heat, cold, pollution, or radiation.

Figure 4–6 *The color of lemon-yellow mimetite (right) and red-orange crocoite (center) may be their most obvious physical property. But color alone cannot be used to identify minerals. Some minerals are similar in color. Other minerals, such as quartz, come in many different colors (left).*

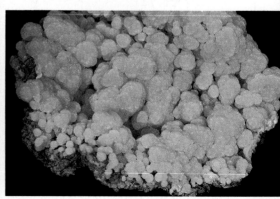

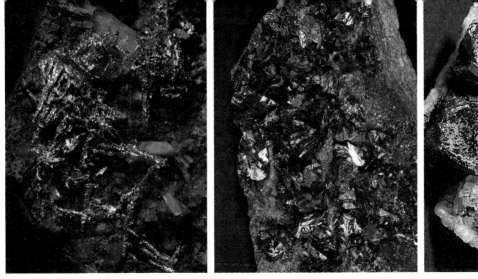

Figura 4–5 *No es oro todo lo que reluce. Las ramas entre los cristales de cuarzo son de oro (izquierda). Sus imitadores: calcopirita (centro) y pirita (derecha). ¿Por qué la pirita es el "oro de los necios"?*

COLOR   El color de un mineral es una propiedad fácilmente observable. Pero el color puede identificar sólo a aquellos pocos minerales que siempre tienen su propio color característico. La malaquita es siempre verde. La azurita, siempre azul. Ningún otro mineral se les parece.

Pero muchos minerales vienen en varios colores. El cuarzo suele ser incoloro. Pero puede ser amarillo, marrón, negro, verde, rosa o púrpura. (La gema amatista es cuarzo púrpura.) En la figura 4–6 vemos que sólo con el color no se identifica al cuarzo y a otros minerales que tienen formas diferentes.

Hay otra razón por la cual no se puede depender del color para identificar a los minerales. Los colores de los minerales pueden cambiar al estar expuestos al calor, al frío, a la polución o a la radiación.

Figura 4–6 *El color de la mimetita amarilla (derecha) y la crocoita rojo-anaranjada (centro) puede ser su cualidad física más obvia. Pero el color no identifica a los minerales. Algunos tienen colores similares. Otros, como el cuarzo, vienen en muchos colores diferentes (izquierda).*

LUSTER   The **luster** of a mineral describes the way a mineral reflects light from its surface. Certain minerals reflect light the way highly polished metal does. Such minerals—including silver, copper, gold, pyrite, and graphite—have a metallic luster.

Minerals that do not reflect much light have a nonmetallic luster. Nonmetallic lusters may be described by a number of different terms: brilliant, glassy, pearly, silky, and dull, to name a few.

HARDNESS   The ability of a mineral to resist being scratched is known as its **hardness.** Hardness is one of the most useful properties for identifying minerals. Friedrich Mohs, a German mineralogist, worked out a scale of hardness for minerals. He used ten minerals and arranged them in order of increasing hardness. The number 1 is assigned to the softest mineral, talc. Diamond, the hardest of the ten minerals, is given the number 10. Each mineral will scratch any mineral with a lower number and will be scratched by any mineral with a higher number. Figure 4–8 shows the minerals of the Mohs hardness scale with their assigned numbers. What mineral is harder than talc but softer than calcite? What minerals would you expect quartz to scratch?

Quartz

Talc

Malachite

Diamond

Figure 4–7 *Because quartz reflects light like glass, it is said to have a glassy luster. Diamond has a brilliant luster. Talc's luster ranges from pearly to greasy. And malachite's luster ranges from glassy to silky. Which end of this range is shown by the malachite in the photograph?*

LUSTRE El **lustre** describe la manera en que el mineral refleja la luz en su superficie. Algunos minerales reflejan la luz como los metales muy pulidos. La plata, el cobre, el oro, la pirita y el grafito tienen lustre metálico.

Los minerales que no reflejan mucha luz tienen un lustre no metálico. Ellos pueden describirse como: brillantes, vidriosos, perlinos, sedosos y opacos para nombrar tan sólo a algunos de ellos.

DUREZA Es la habilidad de un mineral para resistirse a ser rayado. La **dureza** permite identificar a los minerales. Friedrich Mohs, mineralogista alemán, creó una escala para determinar la dureza de los minerales. Él utilizó diez minerales y los ordenó en grado creciente de dureza. El número 1 fue asignado al mineral más blando, el talco. El diamante, el más duro de los diez minerales, lleva el número 10. Cada mineral rayará a cualquier mineral de número inferior, y será rayado por cualquier mineral de número superior. La figura 4–8 muestra los minerales de la escala Mohs de dureza con sus números asignados. ¿Qué mineral es más duro que el talco pero más suave que la calcita? ¿A qué minerales crees que rayará el cuarzo?

Cuarzo

Figura 4–7 *El cuarzo refleja como el vidrio, por eso tiene lustre vidrioso. El diamante tiene lustre brillante. El talco tiene un lustre que varía desde perlado hasta grasoso. La malaquita, lustre vidrioso a sedoso. ¿Qué lustre tiene la malaquita de esta fotografía?*

Diamante

Talco

Malaquita

To determine the hardness of an unknown mineral, the mineral is rubbed against the surface of each mineral in the hardness scale. If the unknown mineral is scratched by the known mineral, it is softer than the known mineral. If the unknown mineral scratches the known mineral, it is harder than that mineral. If two minerals do not scratch each other, they have the same hardness. What is the hardness of a mineral sample that scratches quartz and is scratched by corundum but not by topaz?

STREAK The color of the powder scraped off a mineral when it is rubbed against a hard, rough surface is called its **streak.** Streak can be an excellent clue to identifying some minerals. Even though the color of a mineral may vary, its streak is always the same. This streak, however, may be different from the color of the mineral itself. For example, hematite may be gray, green, or black, but it always has a reddish-brown streak.

Streak can be observed by rubbing the mineral sample across a piece of unglazed porcelain, which is called a streak plate. The back of a piece of bathroom tile makes an excellent streak plate. A streak

MOHS HARDNESS SCALE

Mineral	Hardness
Talc	1
Gypsum	2
Calcite	3
Fluorite	4
Apatite	5
Feldspars	6
Quartz	7
Topaz	8
Corundum	9
Diamond	10

Figure 4–8 *The Mohs hardness scale is a list of ten minerals that represent different degrees of hardness. As you might expect, quartz is about 7 times as hard as talc, and corundum (the mineral of which rubies and sapphires are made) is about 9 times as hard as talc. Diamond, however, is about 40 times (not 10 times) as hard as talc. Diamonds are extremely hard!*

FIELD HARDNESS SCALE

Hardness	Common Tests
1	Easily scratched with a fingernail (2.5)
2	Scratched by fingernail
3	Very easily scratched by a knife (5.5–6); will not scratch a copper penny (3)
4	Easily scratched by a knife
5	Difficult to scratch with a knife; will not scratch glass (5.5–6)
6	Scratched by a steel file (6.5–7); may barely scratch glass
7	May barely scratch a steel file; easily scratches glass
8–10	Scratches a steel file

Figure 4–9 *A field hardness scale can be used when the minerals from the Mohs scale are not available. What is a disadvantage of using a field scale rather than the Mohs scale?*

Para determinar la dureza de un mineral desconocido se lo frota contra la superficie de todos los minerales en la escala. Si el mineral desconocido es rayado por el mineral conocido, es más suave que el conocido. Si el mineral desconocido raya al mineral conocido, entonces es más duro que el mineral conocido. Si ambos no se rayan entre sí tienen la misma dureza. ¿Qué dureza tiene un mineral que raya al cuarzo y es rayado por el corindón pero no por el topacio?

RASPADURA El color del polvo raspado de un mineral cuando se lo frota contra una superficie dura se llama **raspadura**. La raspadura permite identificar a algunos minerales. El color de un mineral es variable, pero su raspadura es constante. La raspadura puede ser diferente del color del mineral. La hematita es gris, verde o negra, pero su raspadura es siempre de un marrón rojizo.

La raspadura se observa frotando un mineral contra porcelana sin vidriar; eso se llama lámina de raspadura. La parte posterior de un azulejo de baño es una excelente lámina de raspadura. Una lámina de raya

ESCALA MOHS DE DUREZA

Mineral	Dureza
Talco	1
Yeso	2
Calcita	3
Fluorita	4
Apatita	5
Ortoclasa	6
Cuarzo	7
Topacio	8
Corindón	9
Diamante	10

Figura 4–8 *La escala Mohs de dureza es una lista de diez minerales que representan grados diferentes de dureza. El cuarzo es 7 veces más duro que el talco; el corindón (del que provienen rubíes y zafiros) es casi 9 veces más duro que el talco. El diamante es unas 40 veces (no 10 veces) más duro que el talco.*

ESCALA DE DUREZA

Dureza	Pruebas comunes
1	Se raya fácilmente con la uña (2.5)
2	Se raya con la uña
3	Se raya fácilmente con un cuchillo (5.5–6); no rayará una moneda de cobre (3)
4	Se raya fácilmente con un cuchillo
5	Difícil de rayar con un cuchillo; no rayará vidrio (5.5–6)
6	Rayado con una lima de acero (6.5–7); apenas raya el vidrio
7	Apenas raya una lima de acero; raya el vidrio fácilmente
8–10	Raya una lima de acero

Figura 4–9 *Una escala de dureza suele usarse cuando no se dispone de los minerales de la escala Mohs. ¿Qué desventaja tiene usar esta escala en lugar de la de Mohs?*

ACTIVITY

How Hard Could It Be?

Obtain a penny, a penknife, a piece of glass, a steel file, and at least five different mineral samples.

■ What is the approximate hardness of each of your mineral samples?

plate has a hardness slightly less than 7. Can you explain why a streak test cannot be done on a mineral whose hardness is greater than 7?

Many minerals have white or colorless streaks. Talc, gypsum, and quartz are examples. Streak is not a useful physical property in identifying minerals such as these.

DENSITY Every mineral has a property called **density.** Density is the amount of matter in a given space. Density can also be expressed as mass per unit volume. The density of a mineral is always the same, no matter what the size of the mineral sample. Because each mineral has a characteristic density, one mineral can easily be compared with any other mineral. You can compare the densities of two minerals of about the same size by picking them up and hefting them. The denser mineral feels heavier.

CRYSTAL SHAPE As you have already learned, minerals have a characteristic crystal shape that results from the way the atoms or molecules come together as the mineral is forming. As you can see in Figure 4–10, there are six basic shapes of crystals, or crystal systems.

CLEAVAGE AND FRACTURE The terms **cleavage** and **fracture** are used to describe the way a mineral breaks. Cleavage is the tendency of a mineral to split along smooth, definite surfaces. Some minerals

Figure 4–10 *The six basic crystal systems are shown here. The dashed lines on the crystal diagrams represent special lines called axes (AK-seez). The length and position of the axes relative to one another determine the system to which a crystal belongs.*

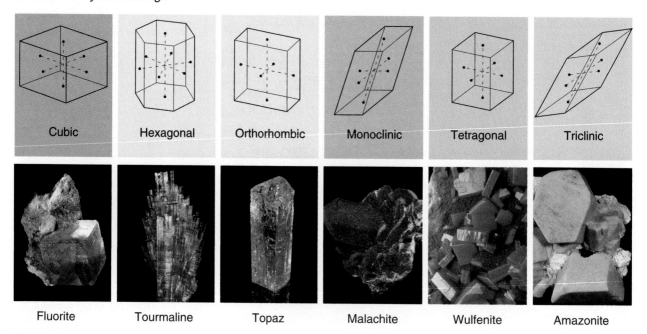

Cubic	Hexagonal	Orthorhombic	Monoclinic	Tetragonal	Triclinic
Fluorite	Tourmaline	Topaz	Malachite	Wulfenite	Amazonite

ACTIVIDAD

PARA AVERIGUAR

¿Cuán duros pueden ser?

Consigue una moneda, corta-plumas, trozo de vidrio, lima de acero y por lo menos cinco muestras de minerales diferentes.

■ ¿Cuál es la dureza aproximada de cada uno de las muestras de minerales?

tiene una dureza inferior a 7. ¿Por qué una prueba de raya no puede hacerse en un mineral de dureza superior a 7?

Muchos minerales tienen rayas blancas o incoloras. Ejemplos: talco, yeso y cuarzo. La raya no resulta útil para identificarlos.

DENSIDAD Cada mineral tiene una propiedad llamada **densidad**, que es la cantidad de materia en un espacio dado. También se expresa como masa por unidad de volumen. La densidad es invariable, sin importar el tamaño de la muestra de mineral. Como cada mineral tiene su densidad, los minerales son fácilmente comparables. Puedes comparar las densidades de dos minerales de idéntico tamaño al levantarlos y pesarlos. El mineral más denso es el que se siente más pesado.

FORMAS DE CRISTAL Como ya vimos, los minerales tienen una forma de cristal que resulta de la manera como se ubican los átomos y moléculas cuando se forma el mineral. Como ves en la figura 4–10, hay seis formas básicas de cristales ó sistemas de cristales.

CRUCERO Y FRACTURA Las palabras **crucero** y **fracrura** se usan para describir la manera en que se quiebra un mineral. Crucero es la tendencia del mineral a partirse en superficies suaves y definidas. Algunos minerales se dividen fácilmente. La halita, por ejemplo, se

Figura 4–10 *Aquí vemos los seis sistemas básicos de cristales. Las líneas de puntos representan ejes. La longitud y la posición de los ejes relativos entre sí determinan el sistema al que pertenece el cristal.*

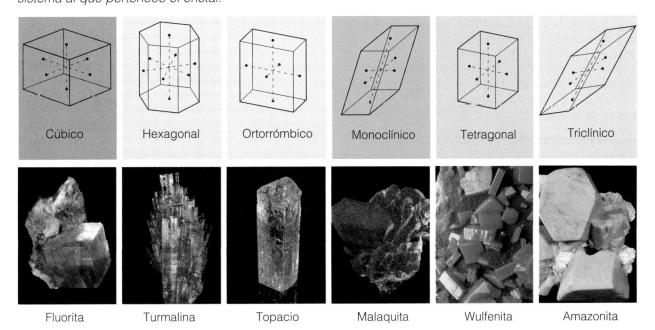

Cúbico	Hexagonal	Ortorrómbico	Monoclínico	Tetragonal	Triclínico
Fluorita	Turmalina	Topacio	Malaquita	Wulfenita	Amazonita

cleave quite well. Halite, for example, always cleaves in three directions, breaking into small cubes. Micas cleave along one surface, making layer after layer of very thin sheets.

Most minerals, however, do not break along smooth, definite surfaces. Instead, they break along rough or jagged surfaces. This type of break is known as fracture. Like cleavage, fracture is a property that helps to identify a mineral. For example, quartz has a shell-shaped fracture that has a number of smooth, curved surfaces and that resembles chipped glass.

SPECIAL PROPERTIES   Some minerals can be identified by special properties. Magnetite is naturally magnetic. Fluorite glows when put under ultraviolet light. Halite tastes salty. Sulfur smells like rotten eggs or burning rubber. Calcite fizzes when hydrochloric acid is added to it. And uraninite (one of the sources of uranium) is radioactive.

Figure 4–11 *The way a mineral breaks is a clue to its identity. Mica cleaves into thin sheets (left). Calcite cleaves into shapes resembling slanted boxes (center). Quartz has a shell-shaped fracture. The broken surface has curved ridges like those on a clam's shell (right).*

4–1 Section Review

1. Define the term mineral. Briefly describe the five characteristics of minerals.
2. What kinds of physical properties are used to identify minerals?
3. How is a mineral's hardness tested?
4. What is the difference between cleavage and fracture?

Critical Thinking—*Applying Concepts*
5. How would you go about determining if a yellow pebble is a valuable topaz or a not-so-valuable citrine (yellow quartz)? What would you do differently if you needed to identify a cut and polished gem without damaging it? Explain.

Figure 4–12 *Under ordinary light, calcite and willemite look quite plain. But under ultraviolet light, these minerals glow with unexpected colors.*

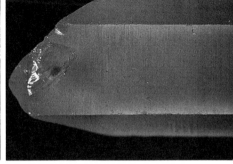

Figura 4–11 *La forma en que se quiebra un mineral es una clave para su identidad. La mica se quiebra en hojas finas (izquierda). La calcita se quiebra en cubos oblicuos (centro). El cuarzo tiene fractura en forma de conchilla. La superficie rota tiene bordes curvos como los de la conchilla de almeja (derecho).*

separa en tres direcciones, quebrándose en cubos. La mica se divide a lo largo de una superficie, en capas muy finas.

La mayoría de los minerales sin embargo no se quiebran en superficies definidas. Se quiebran en superficies toscas irregulares llamadas fracturas. Como el crucero, es una propiedad que permite identificar a un mineral. El cuarzo, por ejemplo, tiene una fractura en forma de conchilla, con superficies suaves y curvas que semejan trozos de vidrio.

PROPIEDADES ESPECIALES Algunos minerales se identifican con propiedades especiales. La magnetita es magnética. El fluorito brilla con luz ultravioleta. La halita es salada. El azufre huele a huevo podrido o goma quemada. La calcita es efervescente al agregársele ácido clorhídrico. Y la uraninita (una de las fuentes del uranio) es radioactiva.

4–1 Repaso de la sección

1. Define el término mineral. Describe brevemente sus cinco características.
2. ¿Qué propiedades físicas suelen identificar a los minerales?
3. ¿Cómo pruebas la dureza de un mineral?
4. ¿Qué diferencia hay entre crucero y fractura?

Pensamiento crítico—*Aplicar conceptos*
5. ¿Cómo determinarías si una piedra amarilla es un topacio valioso o una citrina (cuarzo amarillo) no tan valiosa? ¿Qué harías para identificar a una gema sin dañarla? Explícalo.

Figura 4–12 *Bajo luz común, la calcita y la willemita lucen comunes. Pero bajo la luz ultravioleta, brillan con colores inesperados.*

Activity Bank

One Ore in the Water, p. 176

4–2 Uses of Minerals

Throughout history, people have used minerals. At first, minerals were used just as they came from the Earth. Later, people learned to combine and process the Earth's minerals. **Today many of the Earth's minerals are used to meet the everyday needs of people.** Minerals are raw materials for a wide variety of products from dyes to dishes and from table salt to televisions.

Ores

The term **ores** is used to describe minerals or combinations of minerals from which metals and nonmetals can be removed in usable amounts. **Metals** are elements that have shiny surfaces and are able to conduct electricity and heat. Metals can be hammered or pressed into thin sheets and other shapes without breaking. Metals can also be pulled into thin strands without breaking. Iron, lead, aluminum, copper, silver, and gold are examples of metals.

Most metals are found combined with other substances in ores. So after the ores are removed from the Earth by mining, the metals must be removed from the ores. During a process called smelting, an ore is heated in such a way that the metal can be

Figure 4–13 *Chrysocolla is an ore of the metal copper. Copper is used in electrical wire. What are some other uses of copper?*

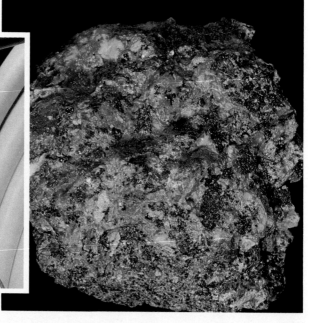

$\mathbb{P}$ozo de actividades

Una mena en el agua, p. 176

4–2 Usos de los minerales

A través de la historia se han usado minerales. Primero se usaron tal como provenían de la Tierra. Luego se aprendió a combinar y a procesar los minerales de la Tierra. **Hoy muchos de ellos cubren las necesidades diarias de la gente.** Los minerales son la materia prima de productos como tinturas, platos, sal de mesa y televisores.

Menas

Las **menas** son los minerales o combinaciones de minerales, de los cuales metales y no metales pueden extraerse en cantidades útiles. Los **metales** tienen superficies brillantes y pueden conducir calor y electricidad. Los metales pueden martillarse y forjarse en láminas finas sin quebrarse. También se pueden estirar formando varas finas sin romperse. Algunos ejemplos son: hierro, plomo, aluminio, cobre, plata y oro.

Casi todos los metales se combinan con otras substancias en menas. Una vez extraídas las menas de las minas, los metales se extraen de las menas. A través de un proceso de fundición, la mena se calienta, y el metal puede ser separado. El hierro se obtiene de menas

Figura 4–13 *Crisocolla es una mena del metal cobre. El cobre se usa en cables eléctricos. ¿Qué otros usos tiene el cobre?*

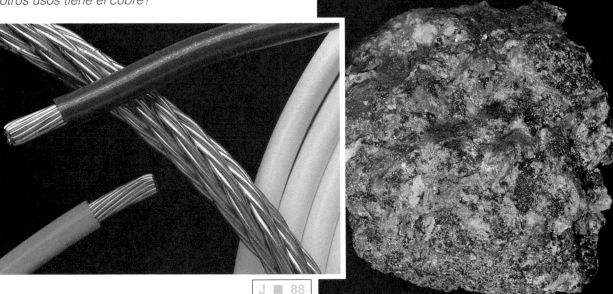

separated from it. For example, iron is obtained from ores such as limonite and hematite. Lead can be processed from the ore galena. Aluminum comes from the ore bauxite.

Metals are very useful. Iron is used in making steel. Copper is used in pipes and electrical wire. Aluminum is used in the production of cans, foil, lightweight motors, and airplanes. Silver and gold are used in dental fillings and in decorative objects such as jewelry. Pure metals may be combined to form other metallic substances. For example, lead and tin are melted together to make pewter, which is used to make bowls, platters, and decorative objects. Chromium and iron are melted together to make stainless steel. And copper and zinc are combined to make brass.

Nonmetals are elements that have dull surfaces and are poor conductors of electricity and heat. Nonmetals are not easily shaped. Sulfur and halite are examples of nonmetals.

Some nonmetals are removed from the Earth in usable form. Other nonmetals must be processed to separate them from the ores in which they are found.

Like metals, nonmetals are quite useful. Sulfur is one of the most useful nonmetals. It is used to make matches, medicines, and fertilizers. It is also used in iron and steel production.

ACTIVITY READING

Neither a Borrower Nor a Lender Be

Because of their beauty and value, gems can have a powerful effect on people. Sometimes they can even change a person's life. Read the short story *The Necklace* by Guy de Maupassant.

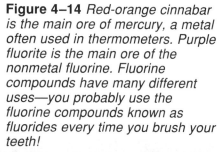

Figure 4–14 *Red-orange cinnabar is the main ore of mercury, a metal often used in thermometers. Purple fluorite is the main ore of the nonmetal fluorine. Fluorine compounds have many different uses—you probably use the fluorine compounds known as fluorides every time you brush your teeth!*

como limonita y hematita. El plomo puede procesarse de la mena galena, y el aluminio de la mena bauxita.

Los metales son muy útiles. El hierro se usa en la fabricación del acero. El cobre, se usa para hacer caños y cables eléctricos. El aluminio para fabricar latas, chapas, motores livianos y aviones. El oro y la plata se usan en odontología y objetos decorativos como las joyas. Los metales puros pueden combinarse para integrar otras substancias metálicas. El plomo y el estaño, por ejemplo, cuando se funden forman el peltre, que se usa para hacer fuentes de mesa, bandejas y otros objetos decorativos. El cromo y el hierro se funden y son acero inoxidable. El cobre y el zinc se combinan para convertirse en bronce.

Los **no metales** tienen superficies opacas, son pobres conductores de calor y electricidad, y no se moldean fácilmente. Azufre y halita son ejemplos de no metales.

Algunos no metales se extraen de la Tierra en forma utilizable. Otros no metales deben procesarse para separarlos de las menas en que se encontraban.

Como los metales, los no metales son también útiles. El azufre, uno de los no metales más útiles, se usa para fabricar fósforos, medicinas y fertilizantes, y también en la producción del hierro y del acero.

ACTIVIDAD

PARA LEER

Nunca prestes ni pidas prestado

Por su belleza y su valor, las gemas tienen un efecto poderoso en las personas. Hasta pueden cambiar sus vidas. Lee el cuento *The Necklace*, de Guy de Maupassant.

Figura 4–14 *Cinabrio naranja-rojizo es la mena principal del mercurio, metal empleado en termómetros. La fluorita violeta es la mena principal del no metal flúor. Los compuestos de flúor tienen muchas aplicaciones. ¡Lo conoces como fluoruro cuando te cepillas los dientes!*

Figure 4–15 *Some minerals, such as beryl (left), topaz (center), and garnet (right), are considered gemstones. What are gemstones?*

Gemstones

Some minerals are hard, beautiful, and durable substances that can be cut and polished for jewelry and decoration. Such minerals are called **gemstones.** Once a gemstone is cut and polished, it is called a gem. The rarest and most valuable gemstones—diamonds, rubies, sapphires, and emeralds—are known as precious stones. All other gemstones are known as semiprecious stones. Amethysts, zircons, garnets, turquoises, and tourmalines are just a few examples of semiprecious stones. They are all beautiful and durable, but they are not as rare and as valuable as precious stones.

Although many gems are minerals, there are a few that are not. Pearls, which are produced by oysters and mussels, and amber, which is fossilized tree sap, are gemstones. But they are not minerals. Can you explain why?

Figura 4–15 *Algunos minerales como el berilo (izquierda), el topacio (centro) y el granate (derecha) son considerados gemas. ¿Qué son las gemas?*

Piedras preciosas

Algunos minerales son substancias duras, bellas y duraderas que se pueden cortar y pulir para joyería o decoración. Se llaman **piedras preciosas**. Una vez cortadas y pulidas se llaman gemas. Las más raras y valiosas —diamantes, rubíes, zafiros y esmeraldas—se conocen como piedras preciosas. El resto de las gemas se conoce como piedras semipreciosas. Amatistas, zirconios, granates, turquesas y turmalinas son ejemplos de piedras semipreciosas. Son bellas y duraderas, pero no tan raras ni tan valiosas como las piedras preciosas.

Muchas gemas son minerales, pero hay excepciones. Las perlas, producidas por ostras y mejillones, y el ámbar, que es savia de árbol fósil, son piedras preciosas. Pero no son minerales. ¿Puedes explicar por qué?

PROBLEM ? ? ?
Solving

A Gem of a Puzzle

Imagine the following situation. Hearing that you have gotten pretty good at identifying minerals, a wealthy (and rather eccentric) gem dealer has challenged you to identify three beautifully cut gems: If you can correctly identify the gems, you get to keep them.

As you can see in the accompanying figure, the gem dealer has presented you with the three gems, a table of information, and five vials containing thick, rather smelly liquids.

Applying Concepts

1. Describe the procedure you plan to use to identify the gems.

2. What results would you expect to obtain for sapphire (corundum)? For quartz?

3. Suppose that one of the gems sinks slowly in solution C, floats on the top of solution E, and stays at whatever depth you put it in solution D. What mineral is this gem made of?

4. Explain how you can tell the difference between cubic zirconia and zircon using only the materials available to you. (It can be done.)

Gem	Density (g/cm³)
beryl	2.7
corundum	4
cubic zirconia	5.7
diamond	3.52
quartz	2.65
synthetic spinel	3.64
topaz	3.56
zircon	4.7

A 2.65 B 2.71 C 3.06 D 3.52 E 4.00

4–2 Section Review

1. Describe five different ways in which minerals are used.
2. What is an ore? Why are ores smelted?
3. How do metals differ from nonmetals?
4. List three examples each of precious and semi-precious stones.

Connection—*Economics*
5. If the demand for an object exceeds the supply, the price of the object will go up. In general, rubies and emeralds are far more expensive than diamonds. What can you infer from this?

PROBLEMA a resolver

Una joyita de enigma

Imagina lo siguiente. Al enterarse de que tienes talento para identificar minerales, un comerciante de gemas adinerado y excéntrico te desafía a identificar tres hermosas gemas talladas. Si puedes identificarlas correctamente, te quedas con ellas.

Como se ve en esta ilustración, el comerciante de gemas te dio tres gemas, una tabla de información y cinco frascos con líquidos espesos y de fuerte olor.

Aplicar conceptos

1. Describe el procedimiento que piensas usar para identificar las gemas.

2. ¿Qué resultados esperas obtener del zafiro (corindón)? ¿Y el cuarzo?

3. Si una de las gemas se hunde en la solución C, flota en la solución E y permanece en la profundidad que elijas en la solución D, ¿de qué mineral se compone esta gema?

4. Explica cómo diferencias el zirconio cúbico del zircón, usando sólo los materiales disponibles. (Es posible hacerlo.)

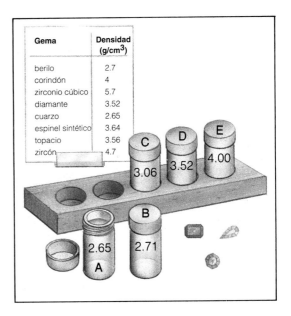

Gema	Densidad (g/cm^3)
berilo	2.7
corindón	4
zirconio cúbico	5.7
diamante	3.52
cuarzo	2.65
espinel sintético	3.64
topacio	3.56
zircón	4.7

4–2 Repaso de la sección

1. Describe cinco maneras diferentes de usar los minerales.
2. ¿Qué es una mena? ¿Por qué se funden?
3. ¿Cómo diferencias metales de no metales?
4. Da tres ejemplos de piedras preciosas y tres de piedras semipreciosas.

Conexión—*Economía*

5. Si la demanda por un objeto excede la oferta, el precio del objeto sube. En general, rubíes y esmeraldas son mucho más caros que diamantes. ¿Por qué?

CONNECTIONS

Genuine Imitations

In the past hundred years or so, advances in *chemical technology* have made it possible to create crystals that have the same structure, composition, and appearance as natural minerals do. These synthetic (made by humans) gemstones are produced by a number of different processes and have a variety of different uses.

As you might expect, many synthetic gemstones are used for jewelry. But you might be surprised to know that most synthetic sapphires and rubies are used for more practical purposes. Fine mechanical watches have parts that are made of tiny pieces of synthetic ruby. (This is why such watches advertise that they have 17-jewel or 21-jewel movements.) The microcircuits, or chips, used in aircraft, satellites, and nuclear reactors are formed on a base of synthetic sapphire. Lasers, compasses, electric meters, quartz watches, and cloth-making machines are among the many devices that also contain parts made from synthetic rubies and sapphires. Even the glass plate in most supermarket scanners is coated with synthetic sapphire.

It is quite possible that supermarket scanners and many other objects will one day have a more scratch-resistant coating than sapphire. That coating will be made of synthetic diamond. Watch crystals, scanner windows, and stereo speakers with diamond coatings are being commercially manufactured already. Experts predict that diamond-coated razor blades, computer hard disks, drill bits, and pots and pans may be available in the not-so-distant future.

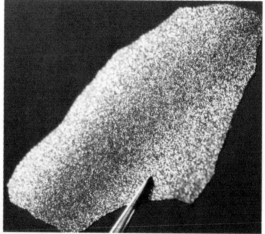

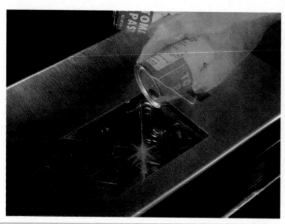

Imitaciones genuinas

En los últimos cien años, los avances en *tecnología química* han hecho posible la creación de cristales con la misma estructura, composición y aspecto de los minerales naturales. Estas piedras preciosas sintéticas (creadas por seres humanos) se producen con procesos diferentes y sus aplicaciones son múltiples.

Como bien supones, muchas piedras preciosas sintéticas se usan en joyería. Pero te sorprenderá saber que la mayoría de los zafiros y rubíes tienen aplicaciones más prácticas. Hay finos relojes automáticos con partes muy pequeñas de rubí sintético. (Por eso su publicidad dice que tienen movimientos de 17 ó 21 piedras preciosas.) Los microcircuitos o chips, usados en aviación, satélites y reactores nucleares tienen una base de zafiro sintético. Láseres, brújulas, medidores eléctricos, relojes de cuarzo y máquinas textiles contienen partes hechas con rubíes y zafiros sintéticos. Hasta la placa de vidrio de la máquina registradora de los supermercados está cubierta de zafiro sintético.

Es posible que estas máquinas registradoras de los supermercados y otros objetos algún día tengan una cobertura más resistente contra las raspaduras que el zafiro. Seguramente será de diamante sintético. Cristales de relojes, ventanas de máquinas registradoras y parlantes de equipos de audio con cobertura de diamante ya se están fabricando. Pronto veremos hojas de afeitar, discos para computadoras, taladros, ollas y cacerolas recubiertos de diamantes.

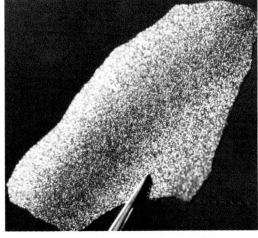

4-3 What Is a Rock?

Rocks are probably a familiar sight to you. You see them all around you in various shapes, sizes, and colors. Rocks are the building blocks of the Earth. They form beaches, mountains, the ocean floor, and all the other parts of the Earth's crust.

Humans have been using rocks for a long time. About 2 million years ago, ancestors of modern humans shaped small pieces of rocks into stone tools and weapons. Stonehenge in Great Britain, the Great Pyramid of Egypt, the Great Wall of China, the city of Machu Pichu in Peru, and the city of Great Zimbabwe in southern Africa were all built of rocks hundreds of years ago. What are some other ways in which humans used rocks in the past? How do they use rocks today?

It is easy to tell that something is made from rocks. It is also easy to recognize a rock when you see one. But what exactly is a rock?

In science, a rock is a hard substance composed of one or more minerals. Usually, a rock is made of more than one kind of mineral. Recall that the most common minerals in rocks are made of the elements that are most abundant in the Earth's crust. What are the eight most abundant elements in the crust?

A rock may also be made of or contain naturally occurring substances that do not perfectly fit the definition of a mineral. For example, rocks may be composed of volcanic glass or of opal. Both these substances lack a crystalline structure and so are not minerals in the strictest sense of the word.

Types of Rocks

To make sense of the enormous diversity of rocks in the world, it is necessary to organize them in a logical way. Geologists (people who study the structure and history of the Earth) place rocks into groups based on certain characteristics. **Rocks are placed into three groups according to how they form: igneous, sedimentary, and metamorphic.**

Igneous (IHG-nee-uhs) rocks were originally hot, fluid magma within the Earth. Igneous rocks get their name from the Latin word *ignis,* which means

Guide for Reading

Focus on these questions as you read.
▶ How are rocks classified?
▶ What is the rock cycle?

ACTIVITY DISCOVERING

Rock Around the Town

How are rocks used in your neighborhood? Make a list from memory. Then take a walk around and see how many other uses you can observe—you may be surprised!

■ How are rocks used? What are the most interesting uses of rocks you observed? How is your list similar to your classmates'? Different?

Figure 4–16 *The Aztecs, who lived long ago in what is now Mexico, created magnificent buildings and works of art out of rocks.*

4-3 ¿Qué es una roca?

Las **rocas** te resultarán familiares. Te rodean en varias formas, tamaños y colores. Las rocas son la base de la Tierra. Forman playas, montañas, el suelo oceánico y todo el resto de la corteza terrestre.

Los humanos han usado rocas durante siglos. Hace unos 2 millones de años los antepasados del ser humano dieron forma a pequeñas rocas usándolas como instrumentos y armas. Stonehenge en Gran Bretaña, la Gran Pirámide de Egipto, la Gran Muralla de China, Machu Picchu en Perú y la ciudad de Gran Zimbabwe en el sur de África se construyeron con rocas hace cientos de años. ¿En qué otras formas se usaron rocas en el pasado? ¿Y el presente?

Es fácil decir que algo está hecho con rocas. También es fácil reconocer una roca cuando se la ve. ¿Qué es una roca?

Científicamente, es una substancia dura compuesta de uno o más minerales. Casi siempre se compone de más de un mineral. Los minerales más comunes en las rocas son los elementos más abundantes en la corteza terrestre. ¿Cuáles son los 8 elementos más abundantes?

Una roca puede contener substancias naturales que no corresponden siempre con la definición de un mineral. Las rocas pueden ser de vidrio volcánico o de ópalo. Ambas substancias no tienen estructura de cristal y no son minerales en el sentido más estricto de la palabra.

Tipos de rocas

Para comprender la enorme diversidad de rocas en el mundo es necesario organizarlas de manera lógica. Los geólogos (que estudian la estructura e historia de la Tierra) agrupan las rocas de acuerdo a ciertas características. **Hay tres grupos de rocas de acuerdo a su formación: ígneas, sedimentarias y metamórficas.**

Las rocas **ígneas** fueron originalmente magma fluido caliente dentro de la Tierra. Su nombre proviene del

Guía para la lectura

Piensa en estas preguntas mientras lees.

▶ *¿Cómo se clasifican las rocas?*
▶ *¿Cuál es el ciclo de las rocas?*

ACTIVIDAD

PARA AVERIGUAR

"Roqueando" por el vecindario

¿Cómo se usan las rocas en tu vecindario? Haz una lista de memoria. Luego da una caminata y fíjate cuántos otros usos les puedes dar. ¡Te sorprenderás!

■ ¿Cómo se usan las rocas? ¿Cuáles son sus usos más interesantes ¿Tu lista se parece a la de tus compañeros? ¿Es diferente?

Figura 4–16 *Los aztecas, que habitaban lo que es hoy México, crearon magníficos edificios y obras de arte con las rocas.*

Figure 4–17 *Igneous rocks are formed when molten rock cools and hardens. Red-hot lava still glows beneath a crust of basalt in this fresh lava flow in Hawaii (left). Sedimentary rocks may be formed as layer upon layer of particles build up on the bottom of a sea. These layers may be revealed as plate movements drain seas and raise the rocks that once rested on the ocean floor (center). Metamorphic rocks form when heat, pressure, and chemical reactions change existing rock into something new. The process of change may cause the minerals within the rock to separate into layers, forming distinct bands (right).*

fire. Do you think that igneous rock is an appropriate name?

Most **sedimentary** (sehd-ih-MEHN-tuh-ree) rocks are formed from particles that have been carried along and deposited by wind and water. These particles, or **sediments** (SEHD-ih-mehnts), include bits of rock in the form of mud, sand, or pebbles. Sediments also include shells, bones, leaves, stems, and other remains of living things. Over time, these particles become pressed or cemented together to form rocks.

Metamorphic (meht-ah-MOR-fihk) rocks are formed when chemical reactions, tremendous heat, and/or great pressure change existing rocks into new kinds of rocks. These new rocks (metamorphic rocks) have physical and chemical properties that are usually quite different from the original rocks. The root word *morph* means form, and the prefix *meta-* means change. Why is the term metamorphic an appropriate one?

The Rock Cycle

In the previous three chapters, you learned that the Earth's surface is not at all as permanent and unchanging as it sometimes seems to be. Mountains fault and fold upward; volcanoes build new islands in the ocean; tectonic plates move. The rocks that form the Earth's surface are also subject to change. Igneous and sedimentary rocks may be transformed by heat, pressure, or chemical reactions into metamorphic rocks. Metamorphic rocks may change into

Figura 4–17 *Las rocas ígneas se forman de rocas fundidas que se enfrían y endurecen. Lava ardiente brilla bajo el basalto en Hawai (izquierda). Las rocas sedimentarias son capas de partículas en el fondo del mar. Estas capas se revelan cuando los movimientos de las placas de la corteza, drenan los mares y elevan rocas que solían pertenecer al suelo oceánico (centro). Las rocas metamórficas se forman cuando el calor, la presión y las reacciones químicas cambian las rocas existentes en tipos nuevos de rocas. Con este proceso los minerales se separan en capas, formando bandas (derecha).*

latín *ignis*, que significa fuego. ¿Crees que roca ígnea es un nombre apropiado?

La mayoría de las rocas **sedimentarias** se forman a partir de partículas que fueron transportadas y depositadas por el viento y el agua. Dichas partículas o **sedimentos** incluyen trozos de roca en forma de lodo, arena o canto rodado. Los sedimentos incluyen conchillas, huesos, hojas, tallos y restos de seres vivos. Estas partículas se comprimen para formar rocas.

Las rocas **metamórficas** se forman cuando reacciones químicas, calor elevado o grandes presiones cambian las rocas existentes en tipos nuevos de rocas. Estas rocas nuevas (metamórficas) tienen propiedades físicas y químicas usualmente diferentes de las rocas originales. La raíz de la palabra *morf* significa forma, y el prefijo *meta* significa cambio. ¿Por qué es apropiado el término metamórfico?

El ciclo de las rocas

En los tres capítulos previos vimos que la superficie terrestre no es permanente ni invariable como aparenta a veces. Las montañas producen fallas; los volcanes forman nuevas islas; las placas tectónicas se mueven. Las rocas de la superficie terrestre también se mueven. Rocas ígneas y sedimentarias se transforman en rocas metamórficas por calor, presión o reacciones químicas. Rocas metamórficas se convierten en otras rocas

other kinds of metamorphic rocks. Metamorphic rocks may be remelted and become igneous rocks again. The continuous changing of rocks from one kind to another over long periods of time is called the **rock cycle.**

Many cycles exist in nature. Some of these cycles, such as the phases of the moon or the seasons of the year, occur in a definite sequence. For example, the sequence of the seasons is winter, spring, summer, and autumn. In contrast, the rock cycle has no definite sequence. It can follow many different pathways. Look at Figure 4–18. The outer circle shows the complete rock cycle. The arrows within the circle show alternate pathways that can be taken, and often are.

Let's follow the material in a rock on its long journey through the rock cycle. In the right-hand photograph in Figure 4–18, a huge dome of granite, an igneous rock, lies exposed to the wind and rain, the cold of winter, and the heat of summer.

Because granite is made of hard minerals such as quartz and feldspars, it is quite resistant to nature's

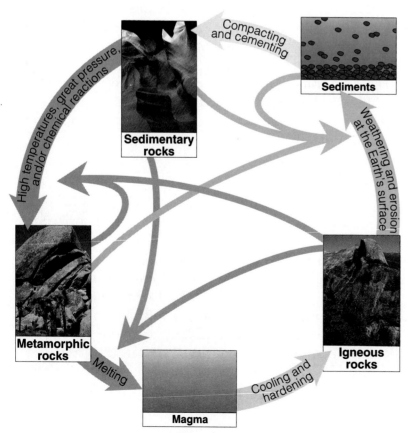

Figure 4–18 *The photographs that illustrate this diagram of the rock cycle show Half Dome, a granite formation in Yosemite National Park, California (right); sandstone in Antelope Canyon, Arizona (top); and a quartzite formation in Joshua Tree National Monument, California (left). What kind of rock does each of these photographs represent? How does rock change from one type to another?*

metamórficas. Estas pueden volverse a fundir y volver a ser rocas ígneas. La transformación continua de rocas de uno a otro tipo a través de un período largo de tiempo es el llamado **ciclo de las rocas**.

La naturaleza ofrece muchos ciclos; las fases de la luna o las estaciones del año tienen una secuencia definida. Por ejemplo: invierno, primavera, verano y otoño. Por contraste, el ciclo de las rocas no tiene una secuencia definida. Puede seguir varios patrones. Mira la figura 4–18. El círculo externo muestra el ciclo completo de las rocas. Las flechas dentro del círculo muestran caminos diferentes que pueden tomarse, y es lo que suele hacerse.

Sigamos el material de una roca en su larga travesía por el ciclo de las rocas. En la fotografía a la derecha en la figura 4–18 un granito enorme (una roca ígnea) está expuesto a viento y lluvia, frío invernal y calor estival.

El granito se compone de minerales duros como cuarzo y feldespato, por eso es resistente a las fuerzas de

ACTIVIDAD

PARA LEER

Guías para los perplejos

¿Te confunden tantas rocas y minerales? No te desesperes—¡un viajecito a la biblioteca o a la librería te ayudará! Allí encontrarás muchas guías sobre rocas y minerales. Entre ellas: *Simon & Schuster's Guide to Rocks and Minerals* y *Simon & Schuster's Guide to Gems and Precious Stones*.

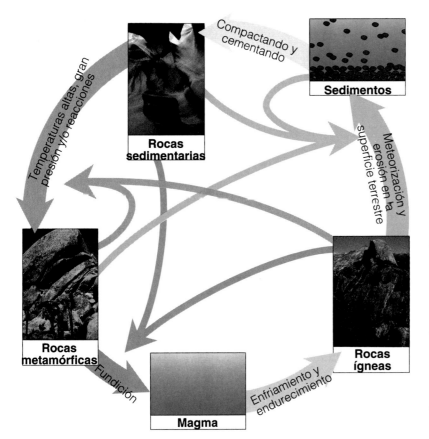

Figura 4–18 *Las fotografías que ilustran este diagrama del ciclo de las rocas muestra el Half Dome, formación granítica del Parque Nacional de Yosemite, California (derecha); arenisca en el Cañón Antelope, Arizona (arriba) y formación de cuarcita en el Monumento Nacional Joshua Tree, California (izquierda). ¿Qué tipo de roca representa cada fotografía? ¿Cómo cambia la roca de un tipo a otro?*

Figure 4–19 *The changing seasons form a cycle in nature in which events always happen in the same order. How does this cycle differ from the rock cycle?*

ACTIVITY

WRITING

Famous Rock Formations

Using reference materials in the library, find out more about the following rock formations:

   Giant's Causeway
   Stone Mountain
   Devil's Tower
   Rock of Gibraltar
   Garden of the Gods
   Half Dome

Write a brief report about the formation that you find most interesting. In your report, you should tell where the rock formation is located, what type of rock it is composed of, how it was formed, and why it is interesting.

forces. However, under the steady force of wind, water, and temperature changes, the granite is slowly worn down. Bits of granite flake off. Dragged along in rushing streams, these bits of granite are reduced to sand.

The sand from the granite, along with other sediments, is carried by the streams to a river, which carries the sediments to the sea. As the river flows into the sea, its speed decreases and its load of sediments is deposited on the sea floor. Over the years, layers of sediment slowly pile up.

The weight of the upper layers puts pressure on the lower layers, pushing the particles closer together. Dissolved minerals—in this case, calcite—cement the particles together. What was once ground-up granite is now sandstone, a sedimentary rock.

As the layers of sandstone are buried under more and more layers of sediment, they are subjected to increasingly high temperatures and pressures. Under sufficiently high temperature and pressure, the particles in the sandstone are pressed even closer together until there are no spaces left between them. The calcite that cemented the grains together is replaced with silica (the main ingredient of the mineral

Figura 4–19 *Las estaciones cambiantes forman un ciclo en la naturaleza en el que los hechos suceden siempre en el mismo orden. ¿En qué se diferencia éste del ciclo de las rocas?*

ACTIVIDAD

PARA ESCRIBIR

Formaciones rocosas famosas

Usando materiales de referencia de la biblioteca, busca más información sobre las formaciones rocosas siguientes:

Giant's Causeway
Stone Mountain
Devil's Tower
Rock of Gibraltar
Garden of the Gods
Half Dome

Escribe un informe breve sobre la formación que encuentres más interesante. En tu informe explica dónde está la formación rocosa, qué tipo de rocas la componen, cómo se formó y por qué te resulta interesante.

la naturaleza. Sin embargo, bajo los cambios constantes de viento, agua y temperatura, el granito se desgasta lentamente. Se desprenden trozos pequeños de granito. Las fuertes corrientes los reducen a arena.

La arena del granito, junto con otros sedimentos, es llevada por la corriente hasta un río, que lleva los sedimentos al mar. Al llegar al mar, la velocidad del río disminuye y sus sedimentos se depositan en el suelo del mar. Con el paso de los años, las capas de sedimento se van apilando.

El peso de las capas superiores pone presión sobre las capas inferiores, haciendo que se junten las partículas. Los minerales disueltos como la calcita cementan las partículas. Lo que una vez fue granito fino es ahora arenisca, una roca sedimentaria.

A medida que las capas de arenisca quedan enterradas bajo más y más capas de sedimento, están sujetas a temperaturas crecientes y a presiones elevadas. Bajo temperatura y presión suficientemente altas, las partículas de la arenisca son presionadas aún más, hasta que no queda espacio entre ellas. La calcita que cementó los granos es reemplazada ahora por sílice (el

quartz). The texture of the rock changes from grainy to smooth. It is now the metamorphic rock quartzite.

What happens next? One possibility is that the quartzite becomes molten deep inside the Earth. The resulting magma hardens back into granite. In time, the material in the newly formed granite may undergo the same steps of the rock cycle just described. But this is not the only possibility. What else might occur?

4–3 Section Review

1. What are the three main groups of rocks? Give one example from each group.
2. How are igneous rocks formed? Sedimentary rocks? Metamorphic rocks?
3. What is the rock cycle? What two factors in this cycle may change sandstone to quartzite?

Connection—*Architecture*
4. The sedimentary rocks limestone and sandstone are fairly good materials for building. But they do not wear as well as the metamorphic rocks—marble and quartzite—that are formed from them. Why do you think this is so? How might this affect an architect's choice of building materials?

ACTIVITY
DOING

Starting a Rock Collection

1. Label each specimen by putting a dot of light-colored paint in an inconspicuous place. When the paint dries, write a number on the dot of paint with permanent ink. (Start with the number 1 for the first specimen and work your way up.)

2. Prepare an index card for each specimen. This card should provide the following information about the specimen: its number, what it is, where it was found, and the date it was collected.

4–4 Fluid and Fire: Igneous Rocks

Igneous rocks are classified according to their composition and texture. Composition refers to the minerals of which rocks are formed. Texture means the shape, size, arrangement, and distribution of the minerals that make up rocks. Both composition and texture are evident in a rock's appearance. For example, light-colored igneous rocks are typically rich in the colorless mineral quartz, whereas dark-colored igneous rocks are typically rich in the dense, greenish gray mineral augite.

Guide for Reading

Focus on this question as you read.

▶ How are igneous rocks classified?

ingrediente principal del mineral llamado cuarzo). La textura de la roca cambia de áspera a suave. Ahora es la roca metamórfica cuarcita.

¿Qué sucede después? Una posibilidad es que la cuarcita se funda en la profundidad de la Tierra. El magma resultante vuelve a endurecerse como granito. Con el tiempo, el material del nuevo granito puede seguir los mismos pasos del ciclo de las rocas ya mencionado. Pero no es la única posibilidad. ¿Qué otra cosa puede suceder?

4–3 Repaso de la sección

1. ¿Cuáles son los tres grupos principales de rocas? Da un ejemplo de cada grupo.
2. ¿Cómo se forman las rocas ígneas? ¿Las rocas sedimentarias? ¿Las rocas metamórficas?
3. ¿Qué es el ciclo de las rocas? ¿Cuáles dos factores transforman arenisca en cuarcita?

Conexión—*Arquitectura*
4. Las rocas sedimentarias caliza y arenisca son buenos materiales de construcción. Pero no resisten tanto como las rocas metamórficas—mármol y cuarcita—que se forman de ellas. ¿Por qué crees que sucede eso? ¿Cómo afectará esto la decisión de un arquitecto al elegir sus materiales de construcción?

ACTIVIDAD

PARA HACER

Comenzar una colección de rocas

1. Identifica cada muestra con un punto de pintura clara en un lugar poco visible. Cuando se seque la pintura, escribe un número con tinta permanente sobre el punto pintado. (Comienza con el número 1 para la primera muestra y continúa)

2. Prepara una tarjeta índice para cada muestra. Esta tarjeta deberá llevar la información siguiente sobre la muestra: su número, qué es, dónde se la encontró y la fecha en que se recogió.

4–4 Fluido y fuego: rocas ígneas

Guía para la lectura
Piensa en esta pregunta mientras lees.
▶ *¿Cómo se clasifican las rocas ígneas?*

Las rocas ígneas se clasifican de acuerdo a su composición y textura. La composición se refiere a los minerales de los que se forman las rocas. La textura significa la forma, el tamaño, la disposición y la distribución de los minerales que componen las rocas. La composición y la textura son evidentes en el aspecto de la roca. Por ejemplo, las rocas ígneas de color claro son ricas en el mineral incoloro cuarzo; las rocas ígneas oscuras son ricas en el mineral augita, de color gris verdoso.

Figure 4–20 *Igneous rocks may be classified according to their texture. Trachyte has a porphyritic texture. What kind of textures are illustrated by obsidian, basalt, and granite?*

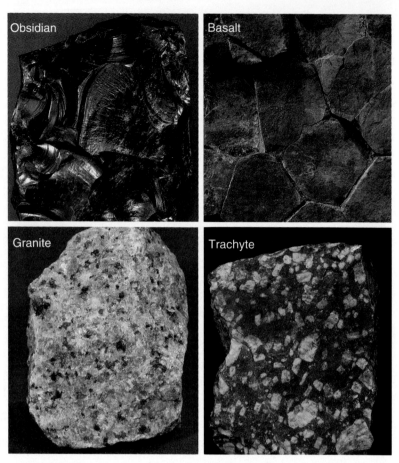

Obsidian

Basalt

Granite

Trachyte

Mineral Deposits

This activity will help you to find out where some of the major mineral deposits in the world are located.

1. In the library, find a map of the world. Draw or trace the map on a sheet of paper. Label Africa, Asia, Europe, North America, South America, Australia, and Antarctica.

2. Find out where uranium, sulfur, aluminum, iron, halite, and gold deposits are located.

3. Using a symbol to represent each mineral, show the locations of these deposits on the map.

4. Make a key by writing the name of each mineral next to its symbol. Make your map colorful and descriptive.

As you can see in Figure 4–20 igneous rocks have four basic types of textures: glassy, fine-grained, coarse-grained, and porphyritic (por-fuh-RIHT-ihk). Glassy igneous rocks are shiny and look like glass. The materials that make up a glassy igneous rock are not organized into crystals. Obsidian (uhb-SIHD-ee-uhn), which is also known as volcanic glass, has a glassy texture.

Fine-grained rocks, unlike glassy rocks, are made of interlocking mineral crystals. These crystals are too small to be seen without the help of a microscope. The dark-gray rock known as basalt (buh-SAHLT) has a fine-grained texture.

Coarse-grained rocks, such as granite, consist of interlocking mineral crystals, which are all roughly the same size. The crystals in a coarse-grained rock are visible to the unaided eye.

Porphyritic rocks consist of large crystals scattered on a background of much smaller crystals. Sometimes these small background crystals are too tiny to be seen without a microscope. This gives some porphyritic rocks a texture that resembles rocky road ice cream.

Figura 4–20 *Las rocas ígneas pueden clasificarse de acuerdo a su textura. La traquita tiene una textura porfídica. ¿Qué texturas se ilustran con obsidiana, basalto y granito?*

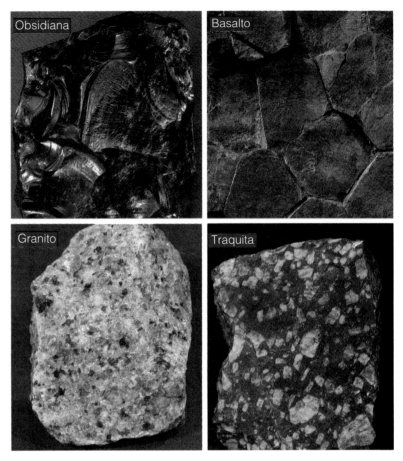

Obsidiana | Basalto | Granito | Traquita

ACTIVIDAD

PARA HACER

Depósitos de minerales

Esta actividad te ayudará a descubrir dónde están ubicados algunos de los principales depósitos de minerales en el mundo.

1. En la biblioteca, encuentra un mapamundi. Traza el mapa del mundo en una hoja de papel. Marca África, Asia, Europa, América del Norte, América del Sur, Australia y la Antártica.

2. Averigua dónde están los depósitos de uranio, sulfuro, aluminio, hierro, halita y oro.

3. Usando un símbolo para representar a cada mineral, muestra las ubicaciones de estos depósitos en el mapa.

4. Dibuja una clave escribiendo el nombre de cada mineral junto al símbolo. Haz que tu mapa sea colorido y descriptivo.

Como ves en la figura 4–20, las rocas ígneas tienen cuatro tipos básicos de textura: vidriosa, de grano fino, de grano grueso y porfídica. Las vidriosas son brillantes y lucen como vidrio. Los materiales que las componen no se organizan como cristales. Las obsidianas, conocidas como vidrio volcánico, tienen una textura vidriosa.

Las rocas de grano fino, por el contrario, se componen de cristales minerales unidos. Son demasiado pequeños para ser vistos sin microscopio. La roca gris oscura conocida como basalto tiene una textura de grano fino.

Las rocas de grano grueso, como el granito, se componen de cristales minerales unidos, casi todos del mismo tamaño. Los cristales de rocas de grano grueso son visibles a simple vista.

Las rocas porfídicas se componen de cristales grandes esparcidos en un fondo de cristales más pequeños. A veces los más pequeños no se ven sin un microscopio. Esto le da a ciertas rocas porfídicas una textura que semeja un helado con trocitos de caramelo.

Why do igneous rocks show such a variety of textures? Recall from Section 4–1 that how magma cools and where it cools determine the size of mineral crystals. The longer it takes magma to cool, the larger are the crystals that form. Glassy and fine-grained rocks form from lava that erupts from volcanoes and hardens on the Earth's surface. Coarse-grained rocks form from molten rock that cools and hardens within the Earth instead of at the Earth's surface.

Rocks formed from lava are called **extrusive** (ehk-STROO-sihv) **rocks.** Because lava is brought to the Earth's surface by volcanoes, extrusive rocks are also known as volcanic rocks. Basalt and obsidian are two kinds of extrusive rocks. Both these rocks are quite solid. In contrast, the gray volcanic glass called pumice (PUH-mihs) is filled with bubbles. Because pumice is filled with bubbles, it can float on water.

Igneous rocks formed deep within the Earth are called **intrusive** (ihn-TROO-sihv) **rocks.** They form when magma forces its way upward into preexisting rocks and then hardens. Intrusive rocks include granite and pegmatite, an extremely coarse-grained rock that may be rich in gemstones.

Intrusive rocks are also known as plutonic rocks, after Pluto, the Roman god of the underworld. A mass of intrusive rock is known as a pluton. As you can see in Figure 4–22 on page 100, plutons are classified according to their size, shape, and position relative to surrounding rocks.

Plutons may produce landforms by pushing up the layers of rock above them. This is how the domes you had read about in Chapter 1 are formed. Plutons may also produce landforms when the softer rock around them is worn away, exposing the buried intrusive rock.

Figure 4–21 *Molten rock may cool so quickly that gases inside do not have a chance to escape. The rock hardens around the bubbles, producing rocks that have more holes than Swiss cheese. Scoria is basically bubbly basalt (left). Pumice, a volcanic glass, is so light it can float on water (right).*

ACTIVITY

An Igneous Invasion

Using papier-mâché, tempera paint, markers, a hardwood base, and any other materials necessary, make a model of an igneous rock intrusion. Use Figure 4–22 to help you make your model.

¿Por qué las rocas ígneas tienen tanta variedad de texturas? Recuerda de la sección 4–1 que el tamaño de los cristales minerales depende de cómo y dónde se enfría el magma. Cuanto más tarda en enfriar, más grandes serán los cristales. Las rocas vidriosas y de grano fino se forman de la lava que emerge de los volcanes y endurece en la superficie terrestre. Las rocas de grano grueso se forman de rocas que se enfrían dentro de la Tierra.

Las rocas formadas de la lava se llaman **rocas extrusivas**. Como la lava es traída a la superficie de la Tierra por los volcanes, las rocas extrusivas se conocen también como rocas volcánicas. El basalto y la obsidiana son rocas extrusivas. Son sumamente sólidas. Por el contrario, el vidrio volcánico gris llamado pómez está lleno de burbujas, por eso puede flotar en el agua.

Las rocas ígneas formadas en lo profundo de la Tierra se llaman **rocas intrusivas**. Se forman cuando el magma presiona hacia arriba sobre rocas preexistentes y luego endurece. El granito y la pegmatita son rocas intrusivas; la pegmatita puede ser muy rica en piedras preciosas.

Las rocas intrusivas también se llaman plutónicas, debido a Plutón, dios romano de los infiernos. Una masa de roca intrusiva es un plutón. Como ves en la figura 4–22 de la página 100, los plutones se clasifican según tamaño, forma y posición respecto a rocas circundantes.

Los plutones pueden producir formas en la superficie terrestre empujando hacia arriba las capas rocosas. Así se forman los domos mencionados en el capítulo 1. Los plutones también producen dichas formas cuando la roca más suave que los circunda se va desgastando, exponiendo la roca intrusiva que estaba sepultada.

Figura 4–21 *La roca fundida, si enfría rápido, hace que los gases interiores no salgan. La roca endurece alrededor de las burbujas y parece un queso suizo. La escoria es basalto con burbujas (izquierda). El pómez, un vidrio volcánico, es tan liviano que puede flotar en el agua (derecha).*

ACTIVIDAD
PARA HACER

Una invasión ígnea

Usando papel maché, témpera, marcadores, una base de madera dura y lo que necesites, prepara un modelo de intrusión de roca ígnea. Usa la figura 4–22 para tu modelo.

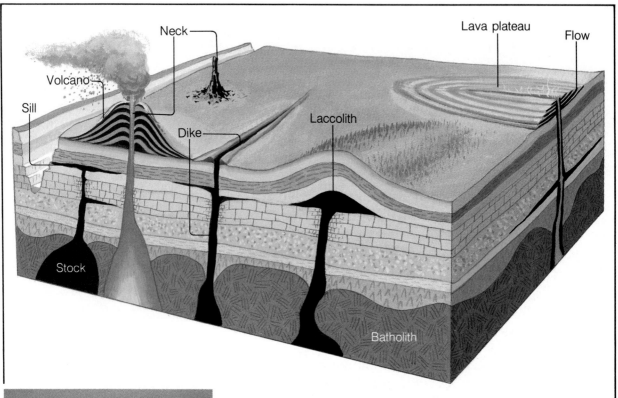

Neck

Volcano

Sill

Lava plateau

Flow

Dike

Laccolith

Stock

Batholith

Figure 4–22 *Some igneous rock formations, such as volcanoes and lava plateaus, are visible on the surface as soon as they form. Most plutons, however, are revealed only after the surrounding rocks have worn away. The photograph shows two such formations in New Mexico. Shiprock is the exposed neck, or plug, of an ancient volcano. The Devil's Backbone is the remains of a dike.*

4–4 Section Review

1. What characteristics are used to classify igneous rocks?
2. How are intrusive rocks similar to extrusive rocks? How are they different?
3. What determines the size and type of crystals in rocks?
4. What is the relationship between a rock's texture and where it was formed?

Critical Thinking—*Developing a Hypothesis*
5. Propose an explanation for how porphyritic rocks are formed.

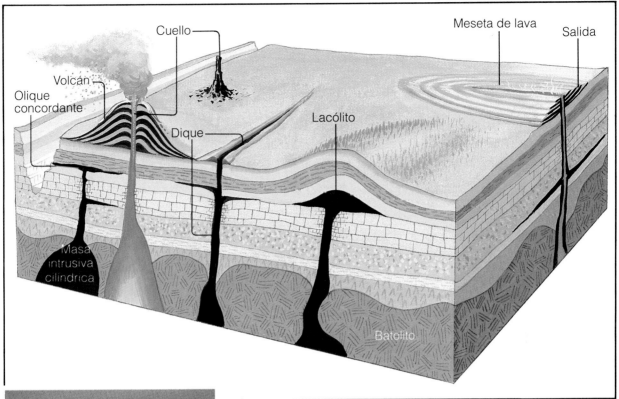

Cuello

Meseta de lava

Salida

Volcán

Olique concordante

Cuello

Dique

Lacólito

Masa intrusiva cilíndrica

Batolito

Figura 4–22 *Algunas formaciones de rocas ígneas, como volcanes y mesetas de lava, son visibles apenas se forman. Casi todos los plutones se ven sólo cuando se han desgastado las rocas circundantes. La fotografía muestra dos de esas formaciones en Nuevo México. Shiprock es el cuello visible o restos de un antiguo volcán. Devil's Backbone son los restos de un dique.*

4–4 Repaso de la sección

1. ¿Qué características se usan para clasificar a las rocas ígneas?
2. ¿En qué se parecen las rocas intrusivas a las extrusivas? ¿Cómo se diferencian?
3. ¿Qué determina el tamaño y el tipo de cristal en las rocas?
4. ¿Cuál es la relación entre la textura de una roca y dónde se formó?

Pensamiento crítico—*Desarrollar una hipótesis*
5. Propone una explicación sobre la formación de las rocas porfídicas.

4–5 Slowly Built Layers: Sedimentary Rocks

The most widely used classification system for sedimentary rocks places them into three main categories according to origin of the materials from which they are made. These three categories are: **clastic rocks, organic rocks,** and **chemical rocks.**

Clastic Rocks

Sedimentary rocks that are made of the fragments of previously existing rocks are known as clastic rocks. Clastic rocks are further classified according to the size and shape of the fragments in them.

Some clastic rocks are made of rounded pebbles cemented together by clay, mud, and sand. If over a third of the rock is made of pebbles, the rock is called a conglomerate (kahn-GLAHM-er-iht). The pebbles in conglomerates are smooth and rounded because they have been worn down by the action of water. Conglomerates are not as common as rocks made of smaller pieces because moving water tends to break large pieces into smaller pieces. Because they resemble an old-fashioned pudding filled with nuts and chopped fruit, conglomerates are sometimes called puddingstones.

Guide for Reading

Focus on this question as you read.

▶ *What are the different categories of sedimentary rocks?*

Activity Bank

Turned to Stone, p. 177

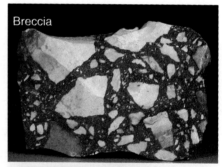
Breccia

Shale

Figure 4–23 *Clastic rocks are classified according to the size of the rock fragments they contain. Puddingstone and breccia have the largest fragments. How do the fragments in these two rocks differ? Sandstone is made up of sand-sized fragments. Shale is composed of dust-sized fragments.*

Sandstone

Puddingstone

4–5 Capas de formación lenta: rocas sedimentarias

El sistema de clasificación más usado para las rocas sedimentarias las agrupa en tres categorías principales según el origen de los materiales donde se formaron. Estas tres categorias son: **rocas clásticas, rocas orgánicas** y **rocas químicas**.

Rocas clásticas

Las rocas clásticas son rocas sedimentarias hechas de fragmentos de rocas preexistentes. Estas rocas se subdividen de acuerdo a la forma y al tamaño de los fragmentos en ellas.

Algunas rocas clásticas se componen de piedras redondas, cementadas por arcilla, barro y arena. Si más de un tercio de la roca se compone de piedras, la roca se llama conglomerado. Estas piedras son suaves y redondas porque han sido desgastadas por acción del agua. Los conglomerados no son tan comunes como las rocas compuestas por piezas más pequeñas, porque el movimiento del agua tiende a romper las piezas más grandes y convertirlas en más pequeñas. Como semejan un budín con nueces y frutas, los conglomerados suelen llamarse pudingas.

Figura 4–23 *Las rocas clásticas se clasifican por el tamaño de los fragmentos que contienen. Pudingas y brechas tienen fragmentos más grandes. ¿En qué difieren estos fragmentos? La arenisca se compone de fragmentos del tamaño de la arena. La lutita tiene fragmentos del tamaño del polvo.*

Guía para la lectura

Piensa en esta pregunta mientras lees.

▶ *¿Cuáles son las diferentes categorías de rocas sedimentarias?*

Pozo de actividades

Petrificada, p. 177

Brecha

Lutita

Arenisca

Pudinga

Clastic rocks made of small, sand-sized grains are called sandstones. At least half the particles in a clastic rock must be sand-sized in order for it to be considered a sandstone. Sandstones are very common rocks. They are formed from the sand on beaches, in riverbeds, and in sand dunes. In sandstones, the sand grains are cemented together by minerals. The minerals harden in the small spaces, or pores, between the grains.

Many geologists use the term shale to describe all the clastic rocks that are made of particles smaller than sand. Shales form from small particles of mud and clay that settle to the bottom of quiet bodies of water such as swamps. Most shales can be split into flat pieces.

Organic Rocks

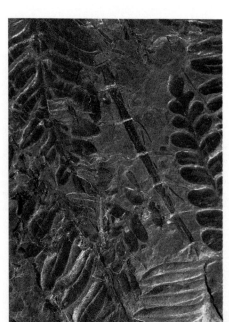

Organic rocks come from organisms; they are formed either directly or indirectly from material that was once living. Limestones, which are made primarily of the mineral calcite, are often (but not always) organic rocks. Deposits of limestone may be formed from the limestone shells of creatures such as clams and certain microorganisms. When these organisms die, their shells collect on the ocean floor. Eventually, the shells are compacted into rock.

Living organisms may create limestone directly. Sometimes many animals with limestone shells live

Figure 4–24 *Coquina is composed primarily of fossil clam shells. The white cliffs of Dover are made of chalk. Coal is formed from the remains of plants that lived millions of years ago. When chunks of coal are broken apart, the ghostly impressions of ancient leaves may be revealed. To what group of sedimentary rocks do coquina, chalk, and coal belong?*

Las rocas clásticas de granos del tamaño de la arena se llaman areniscas. En ellas, por lo menos la mitad de las partículas deben tener el tamaño de la arena para considerarse arenisca. Estas son rocas muy comunes. Provienen de la arena en playas, lechos de ríos y dunas. En las areniscas, los granos de arena están cementados entre sí por minerales. Los minerales endurecen en espacios pequeños, o poros, entre los granos.

Muchos geólogos emplean el término lutita para describir a todas las rocas clásticas hechas de partículas más pequeñas que la arena. Las lutitas provienen de partículas pequeñas de barro y arcilla que permanecen en el fondo de los pantanos. Las lutitas pueden quebrarse en piezas planas.

Rocas orgánicas

Las rocas orgánicas provienen de organismos; se forman directa o indirectamente de material que una vez estuvo vivo. La piedra caliza, que se compone del mineral calcita, es a menudo (no siempre) una roca orgánica. Los depósitos de caliza pueden formarse de las conchillas de caliza de almejas y de ciertos microorganismos. Cuando éstos mueren, sus conchillas se juntan en el suelo oceánico. Eventualmente las conchillas se compactan en las rocas.

Los organismos vivos pueden crear calizas. A veces algunos animales con conchilla de caliza viven juntos,

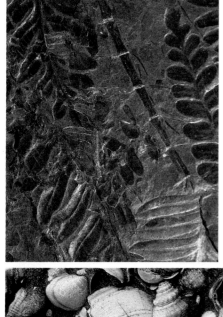

Figura 4–24 *La coquina proviene de conchillas de almejas fósiles. Los blancos acantilados de Dover son de tiza. El carbón se forma con los restos de plantas de hace millones de años. Cuando se separan pedazos de carbón, puede haber apariciones fantasmales de hojas antiguas. ¿A qué grupo de rocas sedimentarias pertenecen la coquina, la tiza y el carbón?*

together. They cement their shells together and over time form large structures called reefs. Corals build limestone reefs off the coast of Florida and around many of the Caribbean and Pacific islands. Oysters build limestone reefs along the Texas Gulf coast.

Have you ever written or drawn with sticks of chalk? If so, you have first-hand experience with one kind of limestone. Chalk is a type of fine-grained limestone composed of microscopic shells, small fragments of shells, and calcite crystals. Because the particles in chalk are tiny and relatively loosely packed, chalk is much softer than other limestones.

Coal is another rock that is formed from the remains of living things. It is made from plants that lived millions of years ago.

Chemical Rocks

Some sedimentary rocks are formed when a sea or a lake dries up, leaving large amounts of minerals that were dissolved in the water. As you can see in Figure 4–25, the deposited minerals may create spectacular formations. Examples of chemical rocks formed in this way include rock salt and gypsum.

Some limestone rocks are formed by inorganic processes rather than by organisms. The strange and beautiful limestone formations found in many caves are formed by mineral-rich water dripping into the

ACTIVITY

CALCULATING

Coral Conversions

The largest coral reef is the Great Barrier Reef, which parallels the northeastern coast of Australia for a distance of about 2000 kilometers. How many meters long is the Coral Reef? How many centimeters? Compare this distance to the distance across the United States, which is 4517 km from east to west.

Figure 4–25 *Chemical rocks form in many different places. As the sun beats down, evaporation forms strange towers of salt and calcium carbonate at Mono Lake, California. Spectacular formations are slowly built underground as water drips into a cave and deposits minerals.*

cementan sus conchillas entre sí y pueden formar grandes estructuras llamadas arrecifes. Los corales forman arrecifes de piedra caliza en la costa de Florida, el Caribe e islas del Pacífico. Las ostras forman arrecifes en el golfo de Texas.

¿Haz escrito o dibujado alguna vez con tiza? Entonces conoces una clase de piedra caliza. La tiza es una piedra caliza de grano fino compuesta por conchillas microscópicas, fragmentos de conchillas y cristales de calcita. Las partículas de la tiza son pequeñas y están dispersas, por eso es más suave que otras piedras calizas.

El carbón es otra roca formada de restos de seres vivos. Proviene de plantas que vivieron hace millones de años.

Rocas químicas

Algunas rocas sedimentarias se forman cuando un mar o un lago se seca, dejando cantidades grandes de minerales que estaban disueltos en el agua. Como se ve en la figura 4–25, los minerales depositados pueden crear formaciones espectaculares. Ejemplos de rocas químicas: sal de roca y yeso.

Algunas formaciones de piedras calizas se forman por procesos inorgánicos, y no por organismos. Las extrañas formaciones de piedras calizas halladas en cavernas se deben al agua rica en minerales que gotea

Conversiones de coral

El mayor arrecife de corales es el Great Barrier, paralelo al noreste de la costa australiana; se extiende por unos 2000 kilómetros. ¿Cuántos metros de longitud tiene este arrecife? ¿Cuántos centímetros? Compara esta distancia con la de los Estados Unidos, que tiene 4517 km de este a oeste.

Figura 4–25 *Las rocas químicas se forman en lugares diferentes. Bajo efectos del sol, la evaporación forma torres de sal y calcio carbonado El lento gotear del agua, construye formaciones espectaculares, depositando minerales en una caverna.*

cave. When the water evaporates, a thin deposit of limestone is left behind. Over a long period of time, the deposits are built up into pillars, spikes, and other structures. Limestone may also be produced through chemical changes in ocean water that cause grains of calcite to form. The small grains get larger as additional thin layers are deposited from the ocean water. So these limestones are chemical rocks rather than organic rocks.

Figure 4–26 *Interesting sedimentary rock structures include geodes (top left), ripple marks (center left), concretions (bottom left), fossils (top right), and mud cracks (bottom right).*

Figura 4–26 *Estructuras de rocas sedimentarias interesantes incluyen: geodas (arriba izquierda), ondas de la superficie (centro), concreto (abajo izquierda), fósiles (arriba derecha) y grietas de barro (abajo derecha).*

en las cavernas. El agua se evapora, y deja una capa fina de piedra caliza. Transcurrido mucho tiempo, los depósitos forman columnas, espigas y otras estructuras. La piedra caliza se produce también por cambios químicos en el agua del océano, donde se forman granos de calcita. Los granos pequeños se agrandan cuando el agua del océano deposita capas finas adicionales. Estas piedras calizas son más bien rocas químicas, y no rocas orgánicas.

4-5 Section Review

1. How are sedimentary rocks classified? Give an example of each major group.
2. What are clastic rocks? How are clastic rocks classified?
3. How are organic and chemical rocks similar? How are they different?

Critical Thinking—*Relating Concepts*
4. Explain how the fossil of a fish formed and ended up on the side of a mountain.

4-6 Changes in Form: Metamorphic Rocks

When already existing rocks are buried deep within the Earth, tremendous heat, great pressure, and chemical reactions may cause them to change into different rocks with different textures and structures. The changing of one type of rock into another as a result of heat, pressure, and/or chemical reactions is called **metamorphism** (meht-ah-MOR-fihz-uhm).

Guide for Reading

Focus on this question as you read.

▶ How are existing rocks changed into metamorphic rocks?

Figure 4–27 *Metamorphism may cause the minerals in a rock to separate into bands (right). It may also cause impurities in a rock to form minerals, such as garnets, that are not found in other types of rocks. Can you explain why schist (SHIHST), the most common metamorphic rock, may be dotted with garnets (left)?*

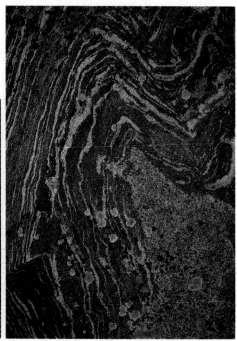

1. ¿Cómo se clasifican las rocas sedimentarias? Da un ejemplo de cada grupo principal.
2. ¿Qué son las rocas clásticas? ¿Cómo se clasifican las rocas clásticas?
3. ¿En qué se parecen las rocas químicas y las rocas orgánicas? ¿En qué se diferencian?

Pensamiento crítico—*Relacionar conceptos*
4. Explica cómo se formó el fósil de un pez que llegó hasta la ladera de una montaña.

4–6 Cambios en la forma: rocas metamórficas

Cuando rocas ya existentes son enterradas en lo profundo de la Tierra, el calor elevado, la presión enorme y las reacciones químicas pueden convertirlas en rocas diferentes, con texturas y estructuras diferentes. El cambio de un tipo de roca a otro por efectos del calor, la presión y/o las reacciones químicas se llama **metamorfismo**.

Guía para la lectura

Piensa en esta pregunta mientras lees.

▶ *¿Cómo se convierten las rocas existentes en rocas metamórficas?*

Figura 4–27 *El metamorfismo puede provocar que los minerales en una roca se separen en bandas (derecha). Las impurezas en una roca pueden formar minerales, tales como granates, que no pueden encontrarse en otras rocas. ¿Puedes explicar por qué el esquisto, la roca metamórfica más común, tiene puntos de granates (izquierda)?*

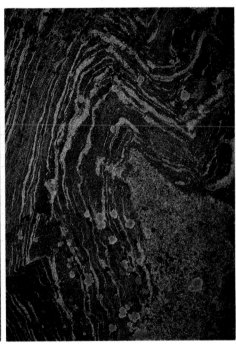

Shale

Slate

Granite

Gneiss

Metamorphic rocks may be formed from igneous, sedimentary, or metamorphic rocks. Although rocks remain solid during metamorphism, you can think of heat and pressure as making the rocks flexible enough to undergo change. Temperatures of about 100°C to 800°C cause some minerals to break down, allowing their atoms to form other, more heat-tolerant minerals. Under pressures hundreds or even thousands of times greater than at the Earth's surface, the atoms in rocks rearrange to form denser minerals. The combination of heat and pressure may cause the minerals in the rocks to separate into layers. Chemical reactions involving atoms from outside the original rocks may also occur. During metamorphism, a rock's texture, its mineral composition, and even its chemical composition may be changed.

The amount of heat, pressure, and chemical reactions varies during metamorphism. Thus the degree of metamorphism also varies. If the change in a rock is slight, some of the characteristics of the original rock can still be seen in the new rock. If the change in a rock is great, it may be difficult to tell what the original rock was. The characteristics of the original rock also affect the degree of metamorphism.

Figures 4–28 and 4–29 show some common metamorphic rocks. Each metamorphic rock is paired with one of the kinds of igneous or sedimentary rocks from which it is formed. Interestingly, many metamorphic rocks can be produced from more than one kind of rock. Slate, for example, can be formed from tuff, an igneous rock made of volcanic ash, as well as from shale.

Like igneous and sedimentary rocks, metamorphic rocks can be classified according to texture. The classification groups for metamorphic rocks are based on the arrangement of the grains that make up the rocks.

In the first group, the mineral crystals are arranged in parallel layers, or bands. These rocks are said to be foliated (FOH-lee-ay-tehd). The word foliated comes from the Latin word for leaf. It describes the layers in such metamorphic rocks, which

Figure 4–28 *Heat, pressure, and chemical reactions may transform one type of rock into another type of rock. How are metamorphic rocks classified?*

Lutita

Pizarra

Granito

Gneis

Las rocas metamórficas pueden formarse de rocas ígneas, sedimentarias o metamórficas. Aunque las rocas permanecen sólidas durante el metamorfismo, puedes pensar que el calor y la presión hacen que las rocas sean flexibles para el cambio. Temperaturas entre 100°C y 800°C afectan a los minerales, haciendo que sus átomos formen otros minerales más resistentes al calor. Bajo presiones hasta miles de veces mayores a las de la superficie terrestre, los átomos de las rocas se acomodan para formar minerales más densos. La combinación de calor y presión puede hacer que los minerales se separen en capas. También pueden producirse reacciones químicas que incluyan a los átomos externos a las rocas originales. Durante el metamorfismo, la textura, la composición mineral y hasta su composición química pueden modificarse.

La cantidad de calor, presión y reacciones químicas varían durante el metamorfismo. Por ende, el grado de metamorfismo también varía. Si en una roca el cambio es leve, algunas de las características de la roca original pueden verse en la roca nueva. Si el cambio es grande, resultará difícil saber cuál fue la roca original. Las características de la roca original también afectan el grado de metamorfismo.

Las figuras 4–28 y 4–29 muestran algunas rocas metamórficas comunes. Cada roca metamórfica forma pareja con una de las clases de rocas ígneas o sedimentarias de la cual proviene. Resulta interesante que muchas rocas metamórficas pueden producirse de más de una clase de roca. Por ejemplo, la pizarra puede provenir tanto de tufo, una roca ígnea de ceniza volcánica, como de lutita.

Tal como sucede con las rocas ígneas y las sedimentarias, las rocas metamórficas pueden clasificarse según su textura. Esta clasificación se basa en cómo se disponen los granos en las rocas.

En el primer grupo, los cristales del mineral se disponen en capas paralelas, o bandas. Se dice que estas rocas son foliadas. La palabra foliada proviene de la palabra latina que significa hoja. Describe las capas de dichas rocas metamórficas, finas y planas, como las

Figura 4–28 *Calor, presión y reacciones químicas pueden transformar un tipo de roca en otro tipo de roca. ¿Cómo se clasifican las rocas metamórficas?*

Figure 4–29 *Metamorphism may transform chalk (left) into marble (right). Marble is used to make tiles, rolling pins, and many other decorative and useful objects. Can you name some?*

are thin and flat, like leaves. Most metamorphic rocks are foliated. Foliated rocks—schist, slate, and gneiss, for example—tend to break along their bands.

In the second, smaller group of metamorphic rocks, the rocks are not banded and do not break into layers. These rocks are said to be unfoliated. Marble and quartzite are examples of unfoliated metamorphic rocks.

4–6 Section Review

1. Under what conditions do metamorphic rocks form?
2. What is metamorphism?
3. Name two metamorphic rocks. Name a rock from which each is formed.
4. How does pressure change rock?

Critical Thinking—*Relating Concepts*
5. Explain why metamorphism is often associated with intrusive igneous rocks and with tectonic plate collisions.

ACTIVITY

DISCOVERING

Between a Rock and a Hard Place

How and why do rocks become foliated? Find out by making a model with a small ball of modeling clay, sequins, 30 cm of thread, and two wood blocks.

1. Gently mix the sequins into the modeling clay.

2. Roll the clay into a ball. Using the piece of thread, cut the ball in half. How are the sequins arranged in the clay?

3. Reform the ball of clay. Put the ball on one end of one of the blocks of wood. Using the other block, slowly smear the ball across the surface of the first block.

4. Carefully lift away the top block of wood. What happened to the sequins?

■ Imagine that the sequins were mineral crystals and the clay was rock. Relate what you observed to metamorphism and foliation.

Figura 4–29 *El metamorfismo puede transformar la tiza (izquierda) en mármol (derecha). El mármol se usa para fabricar azulejos, rodillos y muchos otros objetos útiles y decorativos. ¿Puedes nombrar algunos?*

hojas. La mayoría de las rocas metamórficas son foliadas. Las rocas foliadas—esquisto, pizarra y gneis, por ejemplo—tienden a quebrarse a lo largo de sus bandas.

En el segundo y más pequeño grupo de rocas metamórficas, las rocas no tienen bandas y no se quiebran en capas. Se dice que estas rocas son desfoliadas. El mármol y la cuarcita son ejemplos de rocas metamórficas desfoliadas.

4–6 Repaso de la sección

1. ¿Bajo qué condiciones se forman las rocas metamórficas?
2. ¿Qué es el metamorfismo?
3. Nombra dos rocas metamórficas. Nombra la roca de donde se forman.
4. ¿Cómo cambia la presión a una roca?

Pensamiento crítico—*Relacionar conceptos*
5. Explica por qué el metamorfismo se asocia usualmente con las rocas ígneas intrusivas y con las colisiones de las placas tectónicas.

Laboratory Investigation

Creating Crystals

Problem

How do crystals form from liquids?

Materials (per group)

glass-marking pencil	dental floss
5 petri dishes	borax
250-mL beaker	alum
stirring rod	copper sulfate
table salt	magnifying glass

Procedure 🧪 🧰

1. With the glass-marking pencil, label the petri dishes as shown in the accompanying diagram.
2. Using a beaker and stirring rod, dissolve 25 grams of table salt in 200 milliliters of hot water.
3. Fill a petri dish with this solution.
4. Place a piece of dental floss in the solution and let it hang over the edge of the dish.
5. Repeat steps 1 through 3 for borax, alum, and copper sulfate.
6. Allow the solutions to evaporate slowly for a day or two. Note which crystals form quickly and which form slowly.
7. With a magnifying glass, observe the crystals formed in the dish and along the dental floss.

Observations

1. Write a brief statement describing the results of this investigation.
2. Describe the appearance of each of the different crystals you grew.

Analysis and Conclusions

1. Prepare a graph that shows how long it took each of your crystals to grow.
2. Why do you think some crystals took longer than others to grow? How might you test your hypothesis?
3. Relate this investigation to sedimentary rock formation.
4. The minerals halite, kalinite, and hydrocyanite are composed from salt, alum, and copper sulfate, respectively. Are the crystals you made in this investigation minerals? Explain.
5. **On Your Own** Rock candy consists of clusters of large crystals of sugar. A wooden lollipop stick is often embedded in the rock candy. How do you think rock candy is made? Design an experiment to test your hypothesis. If you receive the proper permission, perform the experiment you have designed.

Investigación de laboratorio

Creando cristales

Problema

¿Cómo se forman cristales de los líquidos?

Materiales *(para cada grupo)*

lápiz marcador de vidrio

5 placas Petri

vaso de 250 mL

varilla para mezclar

sal de mesa

hilo dental

bórax

alumbre

sulfato de cobre

lupa

Procedimiento

1. Con el lápiz marcador de vidrio, identifica las placas de Petri tal como se muestra en el diagrama.
2. Usando el vaso y la varilla, disuelve 25 gramos de sal de mesa en 200 mililitros de agua caliente.
3. Llena un platillo con esta solución.
4. Coloca un trozo de hilo dental en la solución y deja que cuelgue por sobre el borde del platillo.
5. Repite los pasos del 1 al 3 para bórax, alumbre y sulfato de cobre.
6. Deja que las soluciones se evaporen lentamente por uno o dos días. Observa cuales cristales se forman rápidamente y cuales no.
7. Con una lupa, observa los cristales formados en el platillo y a lo largo del hilo dental.

Observaciones

1. Escribe un informe breve describiendo los resultados de esta investigación.
2. Describe el aspecto de cada uno de los cristales diferentes que creaste.

Análisis y conclusiones

1. Prepara un gráfico que muestre cuánto tardó cada cristal en crecer.
2. ¿Por qué crees que algunos cristales requieren más tiempo para crecer? ¿Cómo demuestras tu hipótesis?
3. Relaciona esta investigación con la formación de rocas sedimentarias.
4. Los minerales halita, calinita e hidrocianita se componen de sal, alumbre y sulfato de cobre, respectivamente. Los cristales que preparaste en esta investigación, ¿son minerales? Explícalo.
5. **Por tu cuenta** El azúcar de roca consiste de un conjunto de cristales grandes de azúcar. Casi siempre está sostenido por un palillo de madera en el centro. ¿Cómo crees que se prepara? Con un experimento, prueba tu hipótesis. Pídele permiso a tu profesor(a), y realiza el experimento que haz creado.

Study Guide

Summarizing Key Concepts

4–1 What Is a Mineral?

▲ A mineral is a naturally occurring, inorganic solid that has a definite chemical composition and crystal shape.

4–2 Uses of Minerals

▲ Ores are minerals or combinations of minerals from which metals and nonmetals can be removed in usable amounts.

4–3 What Is a Rock?

▲ A rock is a hard substance composed of one or more minerals.

▲ Igneous rocks are formed when hot, fluid rock cools and hardens.

▲ Most sedimentary rocks are formed from sediments that are compacted and/or cemented together.

▲ Metamorphic rocks are formed when chemical reactions, tremendous heat, and/or great pressure change existing rocks into new kinds of rocks.

▲ The continuous changing of rocks from one type to another is called the rock cycle.

4–4 Fluid and Fire: Igneous Rocks

▲ Igneous rocks are classified according to their composition and texture.

4–5 Slowly Built Layers: Sedimentary Rocks

▲ Many sedimentary rocks contain fossils.

▲ The most widely used classification system for sedimentary rocks places them into three main categories according to origin of the materials from which they are made. These three categories are: clastic rocks, organic rocks, and chemical rocks.

4–6 Changes in Form: Metamorphic Rocks

▲ Rocks that have been changed from an existing type of rock into a new type of rock are called metamorphic rocks.

Reviewing Key Terms

Define each term in a complete sentence.

4–1 What Is a Mineral?
mineral
inorganic
crystal
luster
hardness
streak
density
cleavage
fracture

4–2 Uses of Minerals
ore
metal

nonmetal
gemstone

4–3 What Is a Rock?
rock
igneous
sedimentary
sediment
metamorphic
rock cycle

4–4 Fluid and Fire: Igneous Rocks
extrusive rock
intrusive rock

4–5 Slowly Built Layers: Sedimentary Rocks
clastic rock
organic rock
chemical rock

4–6 Changes in Form: Metamorphic Rocks
metamorphism

Guía para el estudio

Resumen de conceptos claves

4–1 ¿Qué es un mineral?

▲ Un mineral es un sólido inorgánico natural que tiene una composición química definida y una forma cristalina.

4–2 Usos de los minerales

▲ Las menas son minerales o combinaciones de minerales de los cuales metales y no metales pueden extraerse en cantidades útiles.

4–3 ¿Qué es una roca?

▲ Una roca es una substancia dura compuesta de uno o más minerales.

▲ Se forman rocas ígneas cuando el fluido caliente de la roca se enfría y endurece.

▲ La mayoría de las rocas sedimentarias se forman de sedimentos que se compactan o cementan entre sí.

▲ Las rocas metamórficas se forman cuando las reacciones químicas, el calor elevado y/o una gran presión transforman las rocas existentes en tipos nuevos de rocas.

▲ El cambio continuo de las rocas de uno a otro tipo se llama el ciclo de las rocas.

4–4 Fluido y fuego: rocas ígneas

▲ Las rocas ígneas se clasifican según su composición y textura.

4–5 Capas de formación lenta: rocas sedimentarias

▲ Muchas rocas sedimentarias contienen fósiles.

▲ El sistema de clasificación más usado para las rocas sedimentarias las agrupa en tres categorías principales según el origen de los materiales en donde se formaron. Estas categorías son: rocas clásticas, rocas orgánicas y rocas químicas.

4–6 Cambios en la forma: rocas metamórficas

▲ Las rocas que se transformaron de un tipo de roca existente a un tipo nuevo de roca se llaman rocas metamórficas.

Repaso de palabras claves

Define cada palabra o palabras con una oración completa.

4–1 ¿Qué es un mineral?
mineral
inorgánico
cristal
lustre
dureza
raspadura
densidad
crucero
fractura

4–2 Usos de los minerales
mena
metal
no metal
piedra preciosa

4–3 ¿Qué es una roca?
roca
ígnea
sedimentaria
sedimento
metamórfica
ciclo de las rocas

4–4 Fluido y fuego: rocas ígneas
roca extrusiva
roca intrusiva

4–5 Capas de formación lenta: rocas sedimentarias
roca clástica
roca orgánica
roca química

4–6 Cambios en la forma: rocas metamórficas
metamorfismo

Chapter Review

Content Review

Multiple Choice

Choose the letter of the answer that best completes each statement.

1. Metamorphic rocks with mineral crystals arranged in parallel layers, or bands, are
   a. clastic.
   b. intrusive.
   c. porphyritic.
   d. foliated.
2. The way in which a mineral reflects light from its surface is its
   a. streak.
   b. luster.
   c. fracture.
   d. brilliance.
3. Which rocks can be changed into sediments by weathering and erosion?
   a. sedimentary
   b. igneous
   c. metamorphic
   d. all of these
4. The two most common elements in the Earth's crust are
   a. oxygen and silicon.
   b. oxygen and nitrogen.
   c. sodium and iron.
   d. aluminum and magnesium.

5. The softest mineral in the Mohs hardness scale is
   a. fluorite.
   b. talc.
   c. diamond.
   d. calcite.
6. The breaking of a mineral along smooth, definite surfaces is called
   a. cleavage.
   b. fracture.
   c. splintering.
   d. foliation.
7. Which of these is an example of an intrusive rock?
   a. granite.
   b. basalt.
   c. shale.
   d. obsidian
8. Elements that have shiny surfaces and are able to conduct electricity and heat are called
   a. metals.
   b. nonmetals.
   c. ores.
   d. gemstones.

True or False

If the statement is true, write "true." If it is false, change the underlined word or words to make the statement true.

1. A solid in which the atoms are arranged in a definite and repeating pattern is called a <u>crystal</u>.
2. Substances not formed from living things or the remains of living things are <u>organic</u>.
3. The color of the powder left by a mineral after it is rubbed against a hard, rough surface is called its <u>cleavage</u>.
4. The number <u>1</u> is assigned to the hardest mineral in the Mohs hardness scale.
5. Minerals from which metals and non-metals can be removed in usable amounts are called <u>gemstones</u>.

Concept Mapping

Complete the following concept map for Section 4–1. Refer to pages J6–J7 to construct a concept map for the entire chapter.

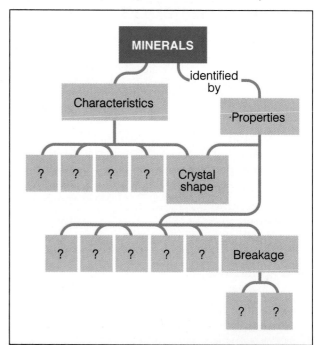

Repaso del capítulo

Repaso del contenido

Selección múltiple

Selecciona la letra de la respuesta que mejor complete cada frase.

1. Las rocas metamórficas con cristales minerales en capas o bandas paralelas son
a. clásticas.
b. intrusivas.
c. porfídicas.
d. foliadas.

2. La manera en la que un mineral refleja la luz de su superficie es su
a. raspadura.
b. lustre.
c. fractura.
d. brillo.

3. ¿Qué rocas pueden transformarse en sedimentos por meteorización y erosión?
a. sedimentarias
b. ígneas
c. metamórficas
d. todas las anteriores

4. Los dos elementos más comunes en la corteza terrestre son
a. oxígeno y silicio.
b. oxígeno y nitrógeno.
c. sodio e hierro.
d. aluminio y magnesio.

5. El material más blando en la escala Mohs de dureza es
a. fluorita.
b. talco.
c. diamante.
d. calcita.

6. La tendencia del mineral a partirse en superficies suaves y definidas se llama
a. crucero.
b fractura.
c. astillado.
d. foliación.

7. ¿Cuál de estas es un ejemplo de roca intrusiva?
a. granito
b. basalto
c. pizarra
d. obsidiana

8. Los elementos que tienen superficies brillantes y que pueden conducir el calor y la electricidad se llaman
a. metales.
b. no metales.
c. menas.
d. gemas.

Verdadero o falso

Si la afirmación es verdadera, escribe "verdad." Si es falsa, cambia las palabras subrayadas para que sea verdadera.

1. Un sólido en el que los átomos están organizados en un patrón definido que se repite se llama <u>cristal</u>.

2. Las substancias que no provienen de cosas vivas o restos de cosas vivas son <u>orgánicas</u>.

3. El color del polvo dejado por un mineral luego de ser frotado contra una superficie dura y áspera se llama su <u>crucero</u>.

4. El número <u>1</u> se asigna al mineral más duro en la escala Mohs de dureza.

5. Los minerales de los que pueden extraerse metales y no metales en cantidades útiles se llaman <u>gemas</u>.

Mapa de conceptos

Completa el siguiente mapa de conceptos para la sección 4–1. Para hacer un mapa de conceptos de todo el capítulo, consulta las páginas J6–J7.

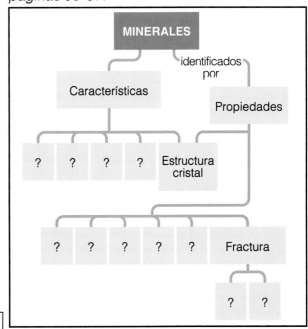

Concept Mastery

Discuss each of the following in a brief paragraph.

1. Describe eight properties used to identify minerals.
2. What are rock-forming minerals? Why are they important? List three examples of rock-forming minerals.
3. Relate the cooling rate of magma to the crystal size in igneous rocks.
4. Compare extrusive and intrusive igneous rocks. Give an example of each.
5. How can the shell of a snail become part of a sedimentary rock?
6. What is metamorphism? Describe how metamorphism affects three different kinds of rock.
7. What is a mineral? A rock?
8. What is the rock cycle? How are rocks changed into different forms in the rock cycle?

Critical Thinking and Problem Solving

Use the skills you have developed in this chapter to answer each of the following.

1. **Interpreting statements** Explain the following statement: You can determine the identity of a mineral by showing what it cannot be. Use specific properties of a mineral in your explanation.
2. **Relating concepts** Explain why scientists study sedimentary rocks to learn about prehistoric life.
3. **Developing a hypothesis** The gemstone opal is a sedimentary rock that consists of microscopic balls of silica (the main ingredient of quartz) cemented together by water and more silica. Explain how this opalized (changed to opal) fossil clam shell may have formed.

4. **Applying concepts** Obsidian and diorite are both igneous rocks. Obsidian looks like black glass. At a distance, diorite is dark gray; up close, it becomes clear that it is made of black, gray, and white grains. How do you account for the differences in these two rocks?
5. **Making inferences** Graphite and diamonds are both made of carbon. Yet they are not considered types of the same mineral. Rubies and sapphires are both made of aluminum oxide. They are considered types of the same mineral, corundum. Why do you think this is so?
6. **Identifying relationships** Suppose you have found a large mass of igneous rock between layers of sedimentary rock. Between the bottom of the igneous rock and the sedimentary rock you observe a thin layer of quartzite. The igneous rock itself is fine grained and very dark. What can you infer about the igneous formation's history?
7. **Using the writing process** Imagine that you are a particle of limestone. Write an autobiography entitled A Sedimental Journey, in which you describe your adventures as you travel through the rock cycle.

Dominio de conceptos

Comenta cada uno de los puntos siguientes en un párrafo breve.

1. Describe ocho propiedades que se usan para identificar a los minerales.
2. ¿Qué son minerales que forman rocas? ¿Por qué son tan importantes? Da tres ejemplos de minerales que forman rocas.
3. Relaciona el índice de enfriamiento de magma al tamaño del cristal en las rocas ígneas.
4. Compara las rocas ígneas intrusivas y extrusivas. Da un ejemplo de cada una.
5. ¿Cómo puede la conchilla de un caracol ser parte de una roca sedimentaria?
6. ¿Qué es metamorfismo? Describe cómo el metamorfismo afecta a tres tipos de rocas.
7. ¿Qué es un mineral? ¿Y una roca?
8. ¿Qué es el ciclo de las rocas? ¿Cómo cambian de forma las rocas en el ciclo de las rocas?

Pensamiento crítico y solución de problemas

Usa las destrezas que has desarrollado en este capítulo para resolver lo siguiente.

1. **Interpretar afirmaciones** Explica la afirmación siguiente. Tú puedes determinar la identidad de un mineral mostrando lo que no puede ser. Usa propiedades específicas de un mineral en tu explicación.
2. **Relacionar conceptos** Explica por qué los científicos estudian las rocas sedimentarias para conocer la vida prehistórica.
3. **Desarrollar una hipótesis** La gema ópalo es una roca sedimentaria que consiste de bolitas microscópicas de sílice (ingrediente principal del cuarzo) cementadas entre sí por agua y más sílice. Explica cómo se formó esta conchilla fósil opalada de almeja.

4. **Aplicar conceptos** Obsidiana y diorita son rocas ígneas. La obsidiana luce como vidrio negro. De lejos, la diorita es gris oscura; de cerca se ven sus granos negros, grises y blancos. ¿Cómo explicas las diferencias entre estas dos rocas?
5. **Hacer inferencias** El grafito y los diamantes están hechos de carbón. Pero no se consideran tipos de un mismo mineral. Los rubíes y los zafiros están hechos de óxido de aluminio. Se los considera tipos de un mismo mineral, corindón. ¿Por qué es eso?
6. **Identificar relaciones** Supone que haz encontrado una gran masa de roca ígnea entre capas de roca sedimentaria. Entre la base de la roca ígnea y la roca sedimentaria ves una capa fina de cuarcita. La roca ígnea tiene grano fino y es muy oscura. ¿Qué puedes deducir acerca de la historia de las formaciones ígneas?
7. **Usar el proceso de la escritura** Imagina que tú eres una partícula de arena. Escribe una autobiografía titulada "Viaje sedimental," donde describes tus aventuras por el ciclo de las rocas.

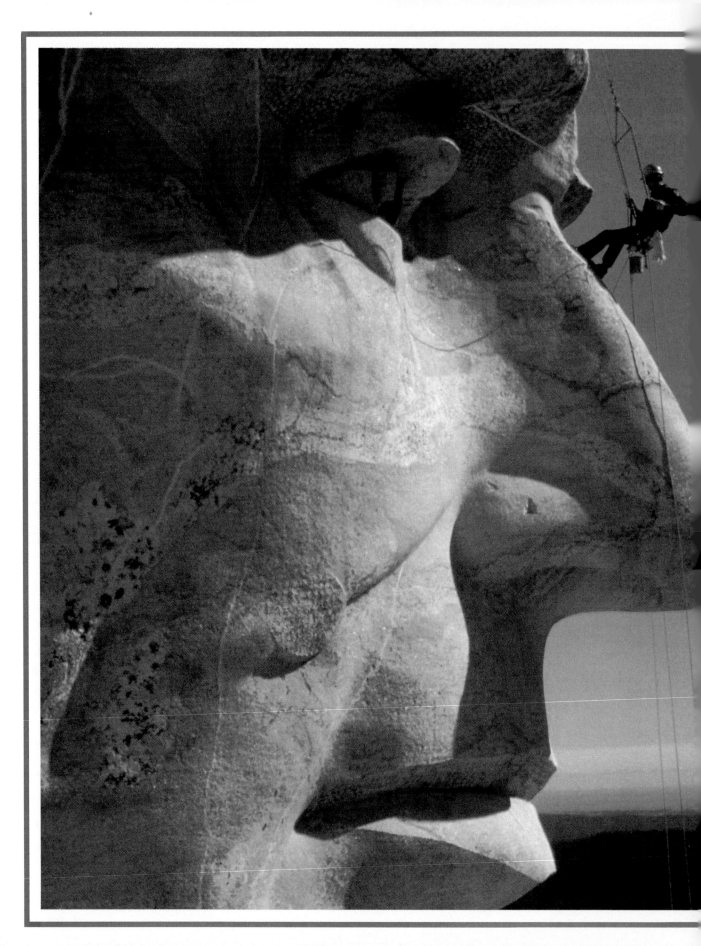

Weathering and Soil Formation

5

If you have ever been to the Black Hills of South Dakota, you have probably visited Mount Rushmore. Carved into a high granite cliff of this mountain are the faces of four famous presidents—George Washington, Thomas Jefferson, Abraham Lincoln, and Theodore Roosevelt. Since their completion in 1941, these carvings have attracted visitors from all over the world.

Yet several years ago, this beautiful monument was almost ruined. After a little more than forty years, the granite rock on these mammoth carvings was beginning to crumble. The presidents' faces were beginning to wear away. Trees and grass were sprouting from the head of George Washington! Worst of all, large pieces of the carved rock were falling off. Can you imagine what Lincoln would look like without his nose?

Luckily, workers for the National Park Service were able to save the monument before more serious damage occurred. Using plaster and metal spikes, they were able to keep the presidents' faces from crumbling. But what had made hard, solid granite crumble and crack? As you read this chapter, you will discover the answer.

Journal *Activity*

You and Your World Plant a few seeds in a pot of soil. It does not make much difference what seeds you plant. Keep the soil moist, but not too wet. Watch the pot for several weeks. Record your observations, either as words or as drawings, in your journal.

◀ *This National Park Service worker is repairing damage to the Mount Rushmore National Memorial caused by weathering. Look below the worker to see where a crack in President Lincoln's nose has been filled with plaster.*

Meteorización y formación del suelo

Guía para el estudio

Después de leer las secciones siguientes, vas a poder

5–1 Meteorización

- Diferenciar entre meteorización mecánica y química.
- Reconocer varios factores que afectan el nivel de meteorización.

5–2 Formación del suelo

- Explicar cómo se formó el suelo.

5–3 Composición del suelo

- Identificar las capas del suelo maduro.
- Reconocer la importancia del material orgánico y del espacio poroso para la calidad del suelo.

Si has estado en los Black Hills de South Dakota, has visitado seguramente Mount Rushmore. Tallados en un acantilado alto de granito de esta montaña están los rostros de cuatro presidentes famosos—George Washington, Thomas Jefferson, Abraham Lincoln y Theodore Roosevelt. Desde que se completaron en 1941, estas esculturas han atraído a visitantes de todo el mundo.

Sin embargo, hace unos años, este hermoso monumento estaba prácticamente estropeado. Después de algo más de cuarenta años, la roca de granito de estas inmensas esculturas comenzaba a derrumbarse. Los rostros presidenciales comenzaban a desgastarse. ¡Crecían árboles de la cabeza de George Washington! Lo más lamentable era que caían grandes trozos de la roca tallada. ¿Acaso te imaginas a Lincoln sin su nariz?

Por suerte, los trabajadores del Servicio de Parques Nacionales pudieron salvar el monumento antes de que ocurrieran daños más serios. Usando pernos de yeso y de metal evitaron que se desprendieran trozos de los rostros. ¿Qué fue lo que hizo que se agrietara el duro y sólido granito? A medida que leas este capítulo descubrirás la respuesta.

Diario *Actividad*

Tú y tu mundo Planta una semillas en un recipiente con tierra. Puedes plantar cualquier semilla. Mantén la tierra húmeda, pero no mojada. Observa la maceta por varias semanas. Registra en tu diario tus observaciones, ya sean palabras o dibujos.

El trabajador del Servicio de Parques Nacionales repara los daños en el Mount Rushmore National Memorial, causados por la meteorización. Observa debajo del trabajador dónde ha sido rellenada con yeso una fisura en la nariz del Presidente Lincoln.

Guide for Reading

Focus on these questions as you read.

▶ What is weathering?
▶ How do mechanical and chemical weathering affect the surface of the Earth?

5–1 Weathering

The reason the rocks of Mount Rushmore—as well as many other natural features of the Earth's surface—have cracked and crumbled is that the Earth's surface is constantly undergoing a natural breaking-down process. **The breaking down of rocks and other materials on the Earth's surface is called weathering.** A slow, continuous process, **weathering** affects all substances exposed to the atmosphere.

Because weathering of rocks is such a slow process, the effects are not always easily observed. But other types of weathering are more obvious. You have probably seen the effects of weathering if you have ever noticed paint peeling on the side of a house. Or perhaps you have noticed changes that occur on a brick building. New bricks have a bright red color and sharp corners and edges. The bricks of an old building are darker in color. The corners and edges are rounded. Pieces of the bricks may have broken off.

As you have just read, rocks on the Earth's surface also undergo weathering. Large pieces often break off the rocks. Over a long period of time, the rocks crumble and decay. You can see the results of weathering at the base of a mountain or on a mountain slope. Pieces of broken rocks pile up in these areas. These piles of rock fragments are called talus (TAY-luhs).

Rocks on the Earth's surface are broken down by two types of weathering. When the forces of

Activity Bank

The Brass Is Always Greener, p. 179

Figure 5–1 *The effects of weathering often take only a short time to become evident—as you may know if you have ever left a bicycle or roller skates out in the rain! Rust, which results from weathering, may appear quite quickly on exposed metal objects (right). Most of the time, however, weathering takes a long time. It took thousands of years for this talus in Glacier National Park in Montana to form (left). How does a talus form?*

Pozo de actividades

El centavo verde, p.179

Figura 5–1 *Los efectos de la meteorización se ven generalmente en poco tiempo—¡ya lo sabrás si alguna vez dejaste una bicicleta o una patineta bajo la lluvia! El herrumbre, que es consecuencia de la meteorización, aparece rápidamente en objetos de metal expuestos al exterior (derecha). Casi siempre la meteorización lleva su tiempo. Este talud del Glacier National Park de Montana tardó miles de años en formarse (izquierda) ¿Cómo se forma un talud?*

5–1 Meteorización

La razón por la cual las rocas de Mount Rushmore—así como también muchas otras bellezas naturales de la Tierra—han tenido desprendimientos, es que la superficie de la Tierra está en un proceso natural constante de destrucción. **La destrucción de rocas y de otros materiales en la superficie terrestre se llama meteorización.** Es un proceso lento y continuo que afecta a todas las substancias expuestas a la atmósfera.

Como la meteorización de rocas es un proceso tan lento, los efectos no son siempre fácilmente observables. Pero existen otros tipos de meteorización más obvios. Habrás visto seguramente los efectos de la meteorización al notar el desprendimiento de pintura de las paredes de una casa. O habrás visto cambios en un edificio de ladrillos. Los ladrillos nuevos tienen un color rojo brillante y bordes filosos. Los ladrillos antiguos son más oscuros. Los bordes son redondeados. Algunos trozos de ladrillo pueden haberse desprendido.

Como ya has leído, las rocas en la superficie terrestre sufren también los efectos de la meteorización. Se desprenden trozos de rocas. Con el tiempo, las rocas decaen. Ves las consecuencias de la meteorización en la base o ladera de una montaña. Los fragmentos de rocas quebradas se apilan en estas áreas. Estas pilas de fragmentos de rocas se llaman taludes.

Las rocas en la superficie terrestre son destruídas por dos tipos de meteorización. Si las fuerzas de

weathering break rocks into smaller pieces but do not change the chemical makeup of the rocks, the process is called **mechanical weathering.** When the chemical makeup of the rocks is changed, the process is called **chemical weathering.**

Mechanical Weathering

During **mechanical weathering,** rocks are broken into different shapes and smaller pieces. At the beginning of the weathering process, typical rock fragments are sharp and angular. As weathering continues, they become smooth and rounded. Although there are several different agents, or causes, of mechanical weathering, each results in the breaking down of rocks.

TEMPERATURE Rocks can be broken apart by changes in temperature. During the day, rocks on the Earth's surface are heated by the sun's rays. The outside of the rock heats up and begins to expand. But the inside of the rock remains cool and does not expand. When the air temperature drops at night, the outside of the rock cools and contracts.

The next day, the heat from the sun causes the outside of the rock to expand again. The cycle of heating and cooling continues. The repeated changes in temperature cause particles on the surface of the rock to crack or flake off. Often the pieces break off in curved sheets or slabs parallel to the rock's surface. This type of breaking off of rock is called **exfoliation** (ehks-foh-lee-AY-shuhn). Other agents of mechanical weathering also cause exfoliation.

FROST ACTION Unlike most liquids, water expands when it freezes. The repeated freezing and melting of water is a common cause of mechanical weathering. This process of weathering is called **frost action.**

Frost action occurs when water seeps into a small opening or crack in a rock. When the temperature falls below 0°C, the freezing point of water, the water in the crack freezes and expands. The crack in the rock is made larger by the pressure of the expanding water. In time, the freezing and melting of the water cause the rock to break into pieces. The cracks and potholes you see in roads or in cement driveways are often the result of frost action.

Figure 5–2 *Pieces of this granite rock in Yosemite National Park in California are flaking off in curved sheets parallel to the rock's surface. What is this process called? What causes it?*

ACTIVITY
DISCOVERING

Expanding Water

1. Fill a clear plastic container about three-fourths full of water. Mark the water level on the outside of the container. Use a piece of tape or a marking pencil.

2. Place the water-filled container in the freezer for at least 6 hours.

3. Remove the container and observe the level of the ice that has formed. Explain your observations.

■ Develop a plan to use frozen water to break up large rocks.

meteorización desmenuzan las rocas sin cambiar su composición química, el proceso se llama meteorización mecánica. Cuando el proceso cambia la composición química de las rocas se llama meteorización química.

Meteorización mecánica

Durante la **meteorización mecánica**, las rocas se rompen en distintas formas y en tamaños más pequeños. Al comienzo de este proceso, los fragmentos rocosos típicos son filosos y angulares. La meteorización continúa y se vuelven suaves y redondeados. Aunque existen varios agentes o causas de meteorización mecánica, todos conducen a la destrucción de las rocas.

TEMPERATURA Las rocas pueden destruirse por cambios en la temperatura. Durante el día, las rocas de la superficie terrestre son calentadas por los rayos del sol. El exterior de la roca se calienta y expande. Pero su interior está frío y no se expande. De noche, cuando la temperatura desciende, el exterior de la roca se enfría y se contrae.

Al día siguiente, el calor del sol hace que el exterior de la roca vuelva a expandirse. El ciclo de calentamiento y enfriamiento continúa. Los cambios constantes de temperatura hacen que las partículas de la superficie rocosa se agrieten o desprendan. Cuando los pedazos se desprenden en capas curvas paralelas a la superficie rocosa, tenemos **exfoliación**. También hay otros agentes de meteorización mecánica que causan exfoliación.

ACCIÓN DEL HIELO A diferencia de otros líquidos, el agua se expande cuando se congela. El constante congelamiento y derretimiento del agua es la meteorización mecánica llamada **acción del hielo**.

Ello ocurre cuando el agua se filtra entre las grietas de una roca. Cuando la temperatura desciende de los 0°C, el punto de congelamiento del agua, el agua en la grieta se congela y expande. La grieta en la roca se agranda por la presión del agua en expansión. El congelamiento y derretimiento del agua pueden quebrar la roca en pedazos. Los huecos y grietas que ves en las carreteras y aceras de cemento, pueden ser consecuencia de la acción del hielo.

Figura 5–2 *Pedazos de esta roca de granito del Yosemite National Park en California se desprenden en capas curvas paralelas a la superficie rocosa. ¿Cómo se llama este proceso? ¿Cuál es su causa?*

ACTIVIDAD

PARA DESCUBRIR

Agua en expansión

1. Llena las tres cuartas partes de un recipiente plástico con agua. Marca el nivel del agua en el exterior del recipiente. Usa un trozo de cinta adhesiva o marcador.

2. Coloca el recipiente con agua en el congelador durante por lo menos 6 horas.

3. Retira el recipiente y observa el nivel del hielo que se formó. Explica tus observaciones.

■ Desarrolla un plan donde se use agua helada para partir rocas grandes.

Figure 5–3 *As this cedar tree grows, its roots pry apart the boulder on which it is growing. What is this type of mechanical weathering called?*

ORGANIC ACTIVITY   Plants and animals can cause mechanical weathering. The roots of plants sometimes loosen rock material. A plant growing in a crack in a rock can make the crack larger as the plant's roots grow and spread out. This type of mechanical weathering is called **root-pry.** Root-pry is an organic activity, or an activity caused by living things.

GRAVITY   Gravity is another agent of mechanical weathering. Sometimes gravity pulls loosened rocks down mountain cliffs in a **landslide.** A landslide is a large movement of loose rocks and soil. As the rocks fall, they collide with one another and break into smaller pieces. Falling rocks generally occur in areas where a road or highway has been cut through a rock formation, leaving cliffs on one or both sides of the road.

ABRASION   Wind-blown sand causes mechanical weathering of rocks by **abrasion** (uh-BRAY-zhuhn). Abrasion is the wearing away of rocks by solid particles carried by wind, water, or other forces. In desert regions, the wind easily picks up and moves sand particles. The sharp edges of the sand particles scrape off small pieces of exposed rocks. Over a long period of time, the abrading sand can create unusual shapes in exposed rocks. See Figure 5–4.

Water also causes abrasion of rocks. Running water such as a river carries along loose rocks and other particles. The moving rocks and particles collide,

Figure 5–4 *Mechanical weathering can tear down the sides of mountains or wear away rocks to produce unusual formations. What agent of mechanical weathering caused this road-blocking landslide to occur (right)? How were the "Sunbonnet Rock" and "Navaho Twins" formed (left)?*

Figura 5–3 *Este cedro crece mientras sus raíces separan el peñón sobre el que crecen. ¿Cómo se llama este tipo de meteorización mecánica?*

ACTIVIDAD ORGÁNICA Las plantas y los animales pueden causar meteorización mecánica. Las raíces de las plantas pueden aflojar material rocoso. Una planta que crece en la grieta de una roca puede agrandar la grieta, mientras las raíces crecen y se expanden. Esta meteorización mecánica se llama **penetración de la raíz.** Es una actividad orgánica causada por seres vivos.

GRAVEDAD La gravedad es otro agente de meteorización mecánica. A veces la gravedad empuja a rocas sueltas hacia abajo por las laderas; eso se llama **desprendimiento**, que es un gran movimiento de rocas y de tierra sueltas. Al caer las rocas, chocan entre sí, quebrándose en fragmentos. La caída de rocas se produce usualmente en lugares donde existe una carretera en medio de una formación rocosa, y han quedado acantilados a uno y otro lado del camino.

ABRASIÓN El viento con arena produce la meteorización mecánica de las rocas llamada **abrasión,** que es la destrucción de las rocas por partículas sólidas arrancadas por el viento, el agua u otras fuerzas. En regiones desérticas, el viento mueve partículas de arena. Los bordes de estas partículas raspan trocitos de rocas expuestas. La arena abrasadora puede crear formas inusuales en las rocas expuestas. Consulta la figura 5–4.

El agua cuasa abrasión en las rocas. Los ríos arrastran rocas sueltas y otras partículas. Las rocas y las partículas chocan, se frotan entre sí y eventualmente se

Figura 5–4 *La meteorización mecánica puede hacer derrumbar los costados de las montañas o desgastar rocas para producir formaciones inusuales. ¿Qué agente de meteorización mecánica provocó este desprendimiento que bloqueó la carretera (derecha)? ¿Cómo se formaron "Sunbonnet Rock" y "Navaho Twins" (izquierda)?*

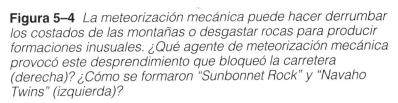

scrape against one another, and eventually break. In addition, the moving rocks scrape the rocks in the riverbed. This action makes riverbed rocks smooth and rounded.

Chemical Weathering

During **chemical weathering,** changes occur in the mineral composition, or chemical makeup, of rocks. As chemical changes take place, minerals can be added to or removed from rocks. Or the minerals in rocks can be broken down in a process called decomposition. Many substances react chemically with rocks to break them down.

WATER   Most chemical weathering is caused by water and carbon dioxide. (You will learn more about the action of carbon dioxide on the next page.) Water can dissolve most of the minerals that hold rocks together. Rocks that dissolve in water are said to be soluble.

Water can also form acids when it mixes with certain gases in the atmosphere. These acids often speed up the decomposition of rocks. Water can also combine with a mineral to form a completely different mineral. For example, when the mineral feldspar reacts with water, it forms clay.

OXIDATION   Chemical weathering is also caused by **oxidation** (ahk-suh-DAY-shuhn). Oxidation is the process in which oxygen chemically combines with another substance. The result of oxidation is the formation of an entirely different substance.

ACTIVITY

DISCOVERING

Vanishing Act

1. Obtain some rock salt or kosher salt and a clear jar with a leak-proof top.

2. Fill the jar about half-way with water.

3. Examine the salt. Describe the color, luster, shape, and size of the crystals.

4. Put the salt in the jar. Cover the jar tightly and shake it for about a minute. What happens?

■ How does what you observe relate to weathering?

Figure 5–5 *Oxidation has turned the rocks red in the Valley of Fire, Nevada. Water may dissolve away solid limestone to form vast networks of underground caverns. Can you explain how chemical weathering at the surface resulted in the formation of stalactites and stalagmites within this cave?*

rompen. Además, las rocas móviles raspan las rocas en el lecho del río. Esta acción hace que las rocas de los lechos de los ríos sean suaves y redondeadas.

Meteorización química

Durante la **meteorización química** ocurren cambios en la composición mineral o estructura química de la roca. Durante los cambios químicos los minerales pueden agregarse o removerse de las rocas. O los minerales en las rocas pueden descomponerse en un proceso llamado descomposición. Muchas substancias reaccionan químicamente con las rocas para romperlas.

AGUA La meteorización química es causada principalmente por agua y dióxido de carbono. (Aprenderás más sobre el dióxido de carbono en la página siguiente.) El agua puede disolver la mayoría de los minerales que mantienen unidas a las rocas. Las rocas que se disuelven en agua son solubles.

El agua puede también formar ácidos cuando se mezcla con ciertos gases en la atmósfera. Estos ácidos suelen acelerar la descomposición de las rocas. El agua puede combinarse con un mineral para formar otro mineral. Cuando el mineral feldespato reacciona con agua, se forma la arcilla.

OXIDACIÓN La meteorización química también está causada por la **oxidación.** La oxidación es el proceso en el cual el oxígeno se combina químicamente con otra substancia para producir una substancia totalmente diferente.

ACTIVIDAD
PARA DESCUBRIR

Nada por aquí, nada por allá

1. Consigue un poco de sal de roca o kosher y un tarro transparente con tapa hermética.

2. Llena la mitad del tarro con agua.

3. Examina la sal Describe el color, lustre, forma y tamaño de los cristales.

4. Pon la sal en el tarro. Cubre el tarro fuertemente y agítalo por un minuto. ¿Qué sucede?

■ ¿En qué se relaciona lo observado con la meteorización?

Figura 5–5 *La oxidación volvió rojas las rocas del Valley of Fire, en Nevada. El agua puede disolver la piedra caliza sólida para formar cadenas vastas de cavernas subterráneas. ¿Puedes explicar cómo la meteorización química sobre la superficie produjo la formación de estalactitas y estalagmitas dentro de esta caverna?*

Figure 5–6 *Lichens, like plants, are living things that can release weak acids into their environment. How do these lichens affect the rock on which they grow?*

Iron in rocks combines with oxygen in the air to form iron oxide, or rust. This is one example of chemical weathering by oxidation. The color of some rocks is an indication that oxidation is occurring. If oxidation is taking place, the inner material of a rock will be a different color from the outer material. What color is iron rust?

CARBONATION When carbon dioxide dissolves in water, a weak acid called carbonic acid is formed. Carbonic acid is the acid used to give soft drinks their fizz. When carbonic acid reacts chemically with other substances, the process of **carbonation** occurs.

In nature carbonic acid is formed when carbon dioxide in the air dissolves in rain. This slightly acidic rain falls to the ground and sinks into the soil. The carbonic acid is able to dissolve certain rocks on or beneath the surface of the Earth. Fortunately, carbonic acid is too weak to be harmful to plants and animals. But it does slowly decompose feldspars and limestone.

SULFURIC ACID The air in certain areas is polluted with sulfur oxides. Sulfur oxides are a byproduct of the burning of coal as a source of energy. These compounds dissolve in rainwater to form sulfuric acid. Rain that contains sulfuric acid is one type of acid rain. Sulfuric acid is a much stronger acid than carbonic acid. Sulfuric acid corrodes, or wears away, rocks, metals, and other materials very quickly. What effects do you predict sulfuric acid would have on monuments and buildings?

PLANT ACIDS You have read before that plants can be agents of mechanical weathering. Plants can also cause chemical weathering. Plants produce weak acids that dissolve certain minerals in rocks.

For example, mosses produce weak acids. Mosses are low-growing plants that resemble a soft green carpet. Mosses often grow in damp areas. As they grow, the acids they produce seep into rocks and dissolve some of the minerals. Gradually, the rocks break into smaller pieces. Lichens are another type of living thing that produces weak acids capable of dissolving the minerals in rocks. The chemical weathering produced by mosses and lichens is important in the formation of soil.

Meteorización en acción

1. Coloca un trozo de lana de acero en el exterior de tu escuela, expuesto al aire libre.

2. Coloca otro trozo de lana de acero dentro de tu aula.

3. Examina ambos trozos de estopa durante un mes. Anota tus observaciones cada día.

¿Qué cambios observaste? ¿Cuáles fueron las condiciones que contribuyeron a estas diferencias?

■ Piensa en una manera de proteger un trozo de lana de acero de la meteorización. Con ayuda de tu profesor(a), prepara una investigación para ver si funciona tu método de protección.

Figura 5–6 *Los líquenes, como las plantas, son seres vivos que pueden despedir ácidos. ¿Cómo afectan estos líquenes a las rocas sobre las que crecen?*

El hierro en las rocas se combina con el oxígeno del aire y forma el óxido de hierro, o herrumbre. Es un ejemplo de meteorización química por oxidación. El color de algunas rocas indica que se produce oxidación. Si ocurre esto, el material interno de una roca será de otro color que el material externo. ¿De qué color es el herrumbre?

CARBONATACIÓN Cuando el dióxido de carbono se disuelve en agua, se forma un ácido débil: el ácido carbónico. Es el ácido que le da las burbujas a las gaseosas. Cuando el ácido carbónico reacciona químicamente con otras substancias, se produce la **carbonatación**.

El ácido carbónico se forma cuando el dióxido de carbono del aire se disuelve en la lluvia. Esta lluvia ligeramente ácida cae sobre la superficie y penetra la tierra. El ácido carbónico puede disolver ciertas rocas sobre o debajo de la superficie terrestre. Por suerte, el ácido carbónico es demasiado débil para perjudicar plantas o animales. Pero descompone lentamente al feldespato y a la piedra caliza.

ÁCIDO SULFÚRICO En ciertas áreas, el aire está contaminado con óxidos sulfúricos. Estos óxidos son un producto secundario de la combustión de carbón como fuente de energía. Disueltos en agua de lluvia, estos compuestos forman ácido sulfúrico. La lluvia que contiene ácido sulfúrico es un tipo de lluvia ácida. El ácido sulfúrico es más fuerte que el ácido carbónico. El ácido sulfúrico corroe rápidamente rocas, metales y demás materiales. ¿Qué efectos piensas que tendrá el ácido sulfúrico sobre monumentos y edificios?

ÁCIDOS EN PLANTAS Ya se ha visto antes que las plantas pueden ser agentes de meteorización mecánica. También causan meteorización química. Las plantas producen ácidos débiles que disuelven ciertos minerales en las rocas.

Por ejemplo, los musgos producen ácidos débiles. Los musgos son plantas bajas que semejan una alfombra de un verde claro. Suelen crecer en áreas húmedas. A medida que crecen, los ácidos que producen penetran las rocas y disuelven algunos minerales. Las rocas se parten gradualmente en fragmentos más pequeños. Los líquenes son otro tipo de seres vivos que producen ácidos débiles capaces de disolver minerales en las rocas. La meteorización química producida por musgos y líquenes es importante para la formación del suelo.

Rate of Weathering

The rate of weathering, or how fast weathering takes place, depends on several factors. One factor is the composition of the rocks. Two different types of rock in the same climate can weather differently, depending on the minerals that make up each rock type. If the minerals in a rock resist chemical weathering, the rock is called a **stable rock.**

The stability of a rock can vary, depending on the climate in which that rock is found. Limestone, for example, weathers very little in a dry, warm climate. But in a wet climate, moisture in combination with weak acids can completely dissolve limestone.

Granite is a stable rock in cool, dry climates. But in tropical climates, granite decomposes relatively quickly. The abundant rainfall hastens the breakdown of feldspars, a main ingredient of granite. The feldspars become clay minerals, which are too weak to hold the rock together. The more moisture there is in an area, the faster rocks will weather.

The amount of time that rock is exposed on the Earth's surface also affects its rate of weathering. A very old rock that has not been exposed to the various forces of weathering can remain almost unchanged. But if a newly formed rock is immediately deposited on the Earth's surface, it will begin to weather right away.

The amount of exposed surface area on a rock also affects its rate of weathering. As rocks are broken down into many small pieces, more rock surfaces are exposed and more weathering takes place. In rocks that contain many joints or cracks, various chemicals easily come in contact with the rock surfaces and break them down.

Figure 5–7 *Granite weathers slowly in the cool, dry climate of Yosemite National Park (left). In tropical climates, granite weathers more quickly (right).*

Velocidad de la meteorización

La velocidad de la meteorización depende de varios factores. Uno es la composición de las rocas. Los diferentes tipos de rocas en un mismo clima pueden tener una meteorización diferente, según los minerales que componen cada tipo de roca. Si los minerales de una roca resisten la meteorización química, la roca se llama **roca estable**.

La estabilidad de una roca varía según el clima en el que se halla. La piedra caliza tiene una meteorización muy lenta en un clima seco y cálido. Pero en un clima húmedo, la combinación de la humedad con ácidos débiles pueden disolver la piedra caliza por completo.

El granito es una roca estable en climas frescos y secos. Pero en climas tropicales se descompone rápidamente. La lluvia abundante acelera la descomposición del feldespato, ingrediente principal del granito. Los feldespatos se convierten en minerales arcillosos demasiado débiles para sostener a la roca. A mayor humedad, más rápida meteorización de las rocas.

El tiempo que una roca está expuesta en la superficie terrestre afecta también su velocidad de meteorización. Una roca antigua que no ha estado expuesta a las fuerzas de la meteorización puede permanecer invariable. Pero si una roca recién formada es depositada de inmediato en la superficie terrestre, comenzará rápidamente a ser afectada por la meteorización.

La cantidad de superficie expuesta de una roca afecta también su velocidad de meteorización. A medida que las rocas se descomponen en fragmentos pequeños, más superficies rocosas están expuestas y se produce una meteorización mayor. En rocas con muchas grietas, las substancias químicas se ponen en contacto con la superficie y descomponen esas rocas.

ACTIVIDAD

PARA DESCUBRIR

Velocidades de meteorización

1. Pon una tableta antiácida en una hoja de papel doblada. Ponte anteojos de seguridad. Golpea cuidadosamente la tableta con un martillo, hasta que la tableta se haya partido en trocitos.

2. Pon la tableta partida en un vaso. Coloca una tableta entera en otro vaso.

3. Agrega 10 ml de agua en ambos vasos al mismo tiempo. Observa ambas reacciones hasta el final. Anota tus observaciones.

¿Qué diferencias observaste en la velocidad de reacción?

■ ¿Qué relación encuentras en esta actividad?

■ Desarrolla una hipótesis que relacione los resultados de esta actividad con la meteorización en la naturaleza.

Figura 5–7 *El granito tiene una meteorización lenta en el clima fresco y seco del Yosemite National Park (izquierda). En climas tropicales, la meteorización del granito es más rápida (derecha).*

1. What is weathering? Describe the two types.
2. In what two ways do plants contribute to the weathering of rocks?
3. Identify several factors that influence the rate at which weathering occurs.

Connection—*Ecology*
4. A limestone statue of a dog is placed in a park in Miami, Florida. What types of natural forces would affect the weathering of this statue?

Guide for Reading

Focus on this question as you read.

▶ *How does soil form?*

Figure 5–8 *Almost all living things depend on soil. Plants require minerals from the soil in order to live and grow. Why is this bison, as well as other animals, dependent on soil? Many living things make their home in the soil. The mole's broad, shovel-shaped paws are just one adaptation for its life underground.*

5-2 Soil Formation

The weathering of rocks on the Earth's surface results in the formation of soil. **Soil is formed when rocks are continuously broken down by weathering.** As rocks weather, they break into smaller pieces. These pieces are broken down into even smaller pieces to form soil.

The formation of soil is extremely important to most living organisms. Plants depend on soil directly as a source of food. Soil supplies plants with minerals and water needed for growth. Animals depend on soil indirectly for the materials they need to live. Some animals eat plants; other animals eat animals that eat plants. You may already know that a lion

5–1 Repaso de la sección

1. ¿Qué es la meteorización? Describe los dos tipos.
2. ¿De qué dos maneras contribuyen las plantas a la meteorización de las rocas?
3. Identifica varios factores que influencian la velocidad de la meteorización.

Conexión—*Ecología*

4. Hay una estatua de un perro hecha con piedra caliza en un parque de Miami, Florida. ¿Qué tipo de fuerzas naturales afectaría la meteorización de esta estatua?

Guía para la lectura

Piensa en esta pregunta mientras lees.

▶ *¿Cómo se forma el suelo?*

Figura 5–8 *Casi todos los seres vivos dependen del suelo. Las plantas requieren minerales del suelo para vivir y crecer. ¿Por qué depende este bisonte, como tantos otros animales, del suelo? Muchas cosas vivas habitan el suelo. Las amplias garras del topo, en forma de pala, son simplemente una de las adaptaciones para su vida subterránea.*

5–2 Formación del suelo

La meteorización de las rocas en la superficie terrestre produce la formación del suelo. **El suelo se forma cuando las rocas son desmenuzadas continuamente por la meteorización.** Las rocas se parten en fragmentos más pequeños. Estos a su vez se quiebran en trozos más pequeños hasta formar el suelo.

La formación del suelo es muy importante para los organismos vivos. Las plantas dependen del suelo para su alimentación. El suelo les provee de minerales y agua para su crecimiento. Los animales dependen del suelo por los materiales que necesitan para vivir. Algunos animales comen plantas, otros comen animales que comen plantas.

eats other animals. But even a mighty lion depends on plants that grow in soil. The zebras and gnus that are food for a lion eat plants. In this way a lion depends on soil for its survival.

Sometimes soil remains on top of its parent rock, or the rock from which it was formed. This soil is called **residual** (rih-ZIHJ-oo-uhl) **soil.** Residual soil has a composition similar to that of the parent rock it covers. Some soil is moved away from its parent rock by water, wind, glaciers, and waves. Soil that is moved away from its place of origin is called **transported soil.** Transported soil can be very different in composition from the layer of rock it covers. In either case, the layer of rock beneath the soil is called **bedrock.**

Living organisms help to form soil. Some organisms produce acids that chemically break down rocks. Mosses and lichens are two examples that you should recall from the previous section. Certain bacteria in the soil cause the decay of dead plants and animals. Decay is the breaking down of plants and animals into the substances they are made of. This decaying material is called **humus** (HYOO-muhs). Humus is a dark-colored material that is important for the growth of plants. Some of the chemicals

ACTIVITY DOING

Humus

1. Obtain some topsoil from a forest or a grassy area. You may even be able to get a sample of topsoil from a garden center.

2. Carefully sort through the soil. Use a magnifying glass to separate the small particles of soil from the particles of organic material.

What types of soil particles are in your sample? What kinds of organic particles are in your topsoil?

Figure 5–9 *Soil formation begins when solid parent rock is broken down into smaller pieces by weathering (left). As weathering continues, the rock is broken down further into soil particles (center). Under certain conditions, a thick layer of soil will develop above the parent rock (right).*

KEY

Residual soil

Partially weathered rock

Parent rock

Sabrás que el león se come a otros animales. Pero hasta el poderoso león depende de las plantas que crecen en el suelo. Las cebras y los ñúes que alimentan al león comen plantas. Por eso, para sobrevivir, el león depende del suelo.

A veces el suelo permanece por encima de la roca madre, o roca sobre la que se formó. Este suelo se llama **suelo residual**, y tiene una composición similar a la de la roca madre que cubre. Partes del suelo suelen ser removidos de su roca madre por el agua, viento, glaciares u olas. El suelo que ha sido alejado de su lugar de origen se llama **suelo transportado**. Este suelo puede tener una composición diferente a la de la capa de roca que cubre. La capa de roca debajo del suelo se llama **lecho de roca**.

Los organismos vivos ayudan a formar el suelo. Algunos organismos producen ácidos que descomponen químicamente a las rocas. Musgos y líquenes son dos ejemplos que debes recordar de la sección anterior. Algunas bacterias en el suelo causan la descomposición de plantas y animales muertos en sus substancias originales. Este material en descomposición se llama **humus**. El humus es un material de color oscuro, importante para el crecimiento de las plantas.

Figura 5–9 *La formación del suelo comienza cuando una roca madre sólida es fragmentada en trozos pequeños por la meteorización (izquierda). La meteorización avanza, y la roca es partida en partículas de suelo (centro). Bajo ciertas condiciones, una capa gruesa de suelo se formará por encima de la roca madre (derecha).*

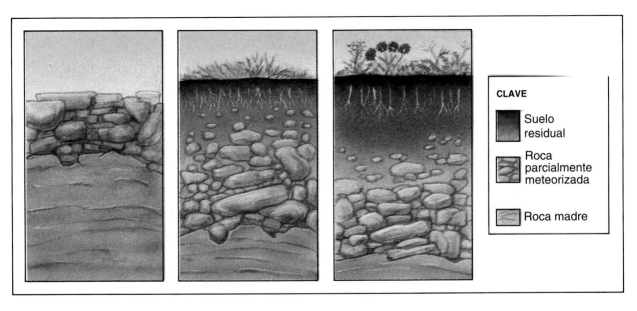

CLAVE

Suelo residual

Roca parcialmente meteorizada

Roca madre

PROBLEM Solving

Plants in Pots

José and Carol spent a day in a commercial greenhouse. Walking up and down the rows of plants, the two friends noticed that different kinds of soils were used to grow various plants. For example, the soil in pots that had cactuses growing was very sandy. The pots that held tropical plants had a dark brown soil rich in humus.

On their return home, the two friends wondered about their observations. What could explain the differences they observed in the kinds of soils used to grow different plants?

Designing an Experiment

Design an investigation to determine if the kind of soil used to grow a particular kind of plant is important. If you decide to do this investigation and have your teacher's approval, keep a picture record of your observations.

produced during the process of decay speed up the breakdown of rocks into soil.

Living things such as moles, earthworms, ants, and beetles help to break apart large pieces of soil as they burrow through the ground. The burrows allow water to move rapidly through the soil. The water speeds up weathering of the underlying rock.

5–2 Section Review

1. How is soil formed?
2. Compare residual soil and transported soil.
3. What is humus? Why is it important for plant growth?

Critical Thinking—*Applying Concepts*

4. Plants get water and minerals needed for growth from soil. What do animals get from soil?

PROBLEMA
a resolver

Plantas en macetas

José y Carol pasan el día en un invernadero. Al caminar entre las hileras de plantas, los dos amigos notan los diferentes tipos de suelo donde crecen las plantas más diversas. El suelo en las macetas que contenían cactus era muy arenoso. Las macetas con plantas tropicales tenían un suelo marrón oscuro rico en humus.

Al regresar a casa, los dos amigos analizaron sus observaciones. ¿Qué explicaría las diferencias observadas en los tipos de suelos usados para hacer crecer plantas diferentes?

Diseñar un experimento

Diseña un experimento para determinar si es importante el tipo de suelo usado para hacer crecer un tipo de planta determinado. Si decides investigarlo, y tu profesor(a) te da permiso, mantén un registro fotográfico de tus observaciones.

Algunos químicos producidos durante el proceso de composición aceleran la descomposición de las rocas en el suelo.

Los seres vivos como topos, lombrices de tierra, hormigas y escarabajos ayudan a desprender el suelo mientras cavan la tierra. El agua acelera la meteorización de la roca subyacente.

5–2 Repaso de la sección

1. ¿Cómo se forma el suelo?
2. Compara el suelo residual con el suelo transportado.
3. ¿Qué es el humus? ¿Por qué es importante para el crecimiento de las plantas?

Pensamiento crítico—*Aplicar conceptos*

4. Las plantas obtienen del suelo el agua y los minerales que necesitan para su crecimiento. ¿Qué obtienen los animales del suelo?

5-3 Soil Composition

Pieces of weathered rock and organic material, or humus, are the two main ingredients of soil. Organic material is material that was once living or was formed by the activity of living organisms. Rock particles form more than 80 percent of soil. Air and water are also present in soil.

Clay and quartz are the most abundant minerals in soil. Because clay and quartz are very stable minerals, they exist in the greatest quantities. Potassium, phosphorus, and the nitrogen compounds called nitrates are important chemicals in soil. Because these chemicals are vital to plant growth, they are included in the fertilizers added to soil.

Air and water fill the spaces between soil particles. These spaces are called **pore spaces.** Plants and animals use the water and air in these spaces, as well as the minerals dissolved in the water. Pore spaces are important for healthy plant roots. Plant roots need oxygen, which they get from the air in the pore spaces.

The composition of soil varies from place to place. The type of rock broken down by weathering determines the kinds of minerals in the soil. For example, soil formed largely from a parent rock of limestone will be different from soil formed from a parent rock of sandstone.

The type of weathering also affects the composition of soil. Mechanical weathering produces soil with a composition similar to the rock being weathered. Chemical weathering produces soil with a composition different from that of the rock being weathered. Why do you think this is so?

Soil Texture

The type of weathering also affects soil texture. Texture refers to the size of individual soil particles. Soil particles vary from very small to large.

Both mechanical and chemical weathering first break rocks down into gravel. Gravel particles are between 2 and 64 millimeters in diameter. Both types of weathering then break gravel down into

Guide for Reading

Focus on these questions as you read.

▶ *What are the two main ingredients of soil?*
▶ *What are some characteristics of each soil horizon?*

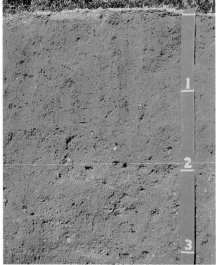

Figure 5-10 *The reddish, sandy soil is low in humus. How can you tell that the silty clay soil is high in humus?*

5–3 Composición del suelo

Los pedazos de roca meteorizada y de material orgánico, o humus, son los dos componentes principales del suelo. Material orgánico es el que estuvo vivo o se formó por la actividad de organismos vivos. Partículas rocosas componen más del 80 por ciento del suelo. El aire y el agua también componen el suelo.

La arcilla y el cuarzo son los más abundantes en el suelo. Como ambos minerales son estables, existen en grandes cantidades. El potasio, el fósforo y los nitratos son químicos importantes en el suelo. Como son vitales para el crecimiento de las plantas, se los incluye en los fertilizantes.

El aire y el agua llenan los espacios entre las partículas del suelo. Estos espacios se llaman **espacios porosos**. Las plantas y los animales usan el agua y el aire de estos espacios, y también los minerales disueltos en el agua. Los espacios porosos son importantes para las raíces saludables de las plantas. Las raíces de las plantas necesitan oxígeno, el que obtienen del aire de los espacios de poros.

La composición del suelo varía de lugar a lugar. El tipo de roca que se descompone por la meteorización determina los tipos de minerales. Así, el suelo que se forma de la roca madre de una piedra caliza será diferente del suelo que se forma de la roca madre de una arenisca.

El tipo de meteorización afecta la composición del suelo. La meteorización mecánica produce un suelo con una composición similar a la de la roca que está siendo meteorizada. La meteorización química produce suelo con una composición diferente a la que está siendo meteorizada. ¿Por qué sucede esto?Las partículas de arena tienen menos de 2 milímetros de diámetro.

Textura del suelo

El tipo de meteorización afecta la textura del suelo. Textura significa el tamaño de las partículas individuales. Van desde muy pequeñas a muy grandes.

Ambas meteorizaciones, la mecánica y la química, primero rompen las rocas en grava. Las partículas de grava tienen desde 2 hasta 64 milímetros de diámetro. Ambas meteorizaciones luego rompen la grava hasta

Guía para la lectura

Piensa en estas preguntas mientras lees.

▶ *¿Cuáles son los dos ingredientes principales del suelo?*

▶ *¿Cuáles son algunas características de cada estrato del suelo?*

Figura 5–10 *El suelo rojizo y arenoso tiene poco humus. ¿Cómo determinas que el suelo arcilloso es rico en humus?*

sand. Sand particles are less than 2 millimeters in diameter.

Silt is made of very small broken crystals of rock formed in the same way as sand is. Silt particles are less than 1/16 of a millimeter in diameter. Clay is the smallest soil particle produced by chemical and mechanical weathering. Clay particles are smaller than silt particles. They are, in fact, less than 1/256 millimeter in diameter.

Soil Horizons

As soil forms, it develops separate soil layers called horizons (huh-RIGH-zuhns). Each soil **horizon** is different. Imagine making a vertical slice through these horizons. You would observe one horizon piled on top of another. Such a view is called a cross section. A cross section of the soil horizons is called a **soil profile.** A soil profile shows the different layers of soil. A soil profile is shown in Figure 5–11.

Soil that has developed three layers is called mature soil. It takes many thousands of years and the proper conditions for soil to develop three layers. Some soil contains only two layers. This soil is called immature soil. Immature soil has been formed more recently than mature soil has.

Figure 5–11 *As soil forms, it develops distinct layers called horizons (right). What horizons can you identify in the forest soil profile (left)?*

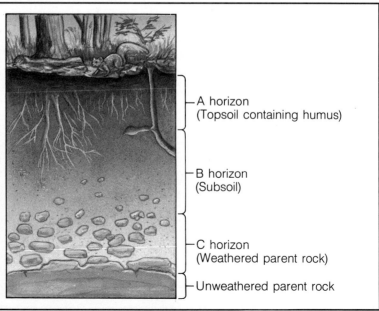

formar arena. Las partículas de arena tienen menos de 2 milímetros de diámetro.

El limo proviene de pequeños cristales de roca, formados como la arena. Sus partículas tienen menos de 1/16 parte de un milímetro de diámetro. La arcilla es la partícula más pequeña producida por meteorización química y mecánica. Sus partículas son más pequeñas que las de limo. Son de apenas 1/256 de un milímetro de diámetro.

Estratos del suelo

Al formarse el suelo, se desarrolla separándose en capas llamadas estratos. Cada estrato es diferente. Imagina realizando un corte vertical a través de estos estratos. Observarías a un estrato apilado sobre otro estrato. A esto se le llama corte transversal. Un corte transversal de los estratos del suelo se llama un **perfil del suelo**. Este muestra las diferentes capas del suelo. Puedes ver un ejemplo en la figura 5–11.

El suelo que ha desarrollado tres capas se denomina suelo maduro. Para desarrollarlo se necesitan miles de años y las condiciones apropiadas. Algunos suelos sólo tienen dos capas. A este suelo se le llama suelo inmaduro. El suelo inmaduro se ha formado más recientemente que el suelo maduro.

J ■ 124

Figura 5–11 *Mientras se forma el suelo, desarrolla capas definidas llamadas estratos (derecha). ¿Qué estratos puedes identificar en el perfil del suelo del bosque? (izquierda)*

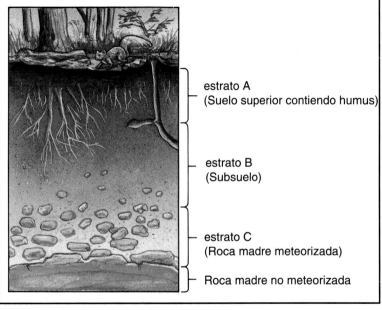

estrato A
(Suelo superior contiendo humus)

estrato B
(Subsuelo)

estrato C
(Roca madre meteorizada)

Roca madre no meteorizada

The uppermost layer of mature soil is called the A horizon. The A horizon is a dark-colored soil layer in which much activity by living organisms takes place. Bacteria, earthworms, beetles, and other organisms in this horizon constantly add to the soil through the process of decay. These organisms also break apart large pieces of soil as they move through the ground.

The soil in the A horizon is called **topsoil.** Topsoil consists mostly of humus and other organic materials. Humus supplies minerals essential for plant growth. Because humus is spongy, it stores water. It also contains many pore spaces through which air and water can reach plant roots. Topsoil is the most fertile part of the soil. Plants are able to grow well in the fertile, or nutrient-rich, soil of the A horizon.

Water that soaks into the ground washes some minerals from the A horizon into the second layer of soil, or the B horizon. This process is called **leaching** (LEECH-ihng). The B horizon is just below the A horizon. In addition to leached-out minerals, the B horizon is made of clay and some humus. The soil in the B horizon is called **subsoil.** Subsoil is formed very slowly. The B horizon may take more than 100,000 years to form!

The third layer of soil is called the C horizon. The C horizon consists of partly weathered rock. The C horizon extends down to the top of the unweathered parent rock. The composition of soil in the C horizon is similar to that of the parent rock.

Whether all three soil horizons develop depends on several factors. Time is one of the most important factors in soil formation. The longer a rock is exposed to the forces of weathering, the more it is broken down. Mature soil is formed if all three layers have had time to develop.

In some places, the upper layers of soil are removed, and the rocks below the soil are exposed. The weathering process then forms new soil from the exposed rocks. This recently formed soil is immature because there has not been enough time for all three soil layers to form. For example, soil in the northern regions, where glacial erosion has taken place, is immature soil. The glaciers that covered the area removed much of the soil from the top horizons. Since then, weathering has produced new soil.

Figure 5–12 *A backyard garden can be a source of vegetables, flowers, and fun. How does the soil in a garden affect the plants grown there? Why do many people add topsoil to their garden?*

La capa superior del suelo maduro se llama estrato A. El estrato A es una capa de suelo de color oscuro donde hay mucha actividad de organismos vivos. Bacterias, lombrices de tierra, escarabajos y otros organismos ayudan a este suelo a través del proceso de descomposición. Estos organismos, a medida que se mueven por la tierra, separan trozos grandes de suelo.

El suelo en el estrato A se llama **capa superior.** Consiste de humus y de otros materiales orgánicos. El humus provee de los minerales esenciales para el crecimiento de las plantas. Como es esponjoso, almacena agua. Contiene muchos espacios porosos por los que el aire y el agua alcanzan las raíces de las plantas. En este suelo fértil las plantas crecen muy bien.

El agua que se filtra en la tierra lava algunos de los minerales del estrato A hasta la segunda capa del suelo, u horizonte B. Este proceso se llama **lixiviación**. El estrato B está debajo del estrato A. Además de minerales lixiviación, el estrato B se compone de arcilla y humus. El suelo en el estrato B se llama **subsuelo**. El subsuelo se forma muy lentamente. ¡El estrato B puede tardar más de 100.000 años en formarse!

La tercera capa del suelo se llama estrato C. El estrato C consiste de roca parcialmente meteorizada. Se extiende hacia abajo, hasta la parte superior de la roca madre no meteorizada. Su composición es similar a la de la roca madre.

El desarrollo de los tres estratos del suelto depende de varios factores. El tiempo es fundamental para la formación del suelo. Cuanto más tiempo esté expuesta una roca a la meteorización, más se descompondrá. El suelo maduro se forma si las tres capas tuvieron tiempo en desarrollarse.

En algunos lugares las capas superiores de suelo son removidas, dejando expuestas a las rocas. La meteorización produce suelo nuevo a partir de las rocas expuestas. Este suelo recién formado es inmaduro porque no hubo tiempo suficiente para que se formen las tres capas. Por ejemplo, el suelo en las regiones del norte, donde hubo erosión glacial, es suelo inmaduro. Los glaciares que cubrían la zona removieron mucho suelo de los estratos superiores. La meteorización ha producido suelo nuevo.

Figura 5–12 *Un jardín puede producir vegetales, flores y mucha alegría. ¿Cómo afecta el suelo del jardín a las plantas que crecen allí? ¿Por qué muchos le agregan mantillo a sus jardines?*

ACTIVIDAD
PARA HACER

Estudiando un perfil del suelo

1. Usa una pala para cavar a medio metro y obtener una muestra de suelo de jardín o del de tu vecino. Recuerda pedir permiso antes de cavar. Trata de no alterar mucho el suelo, o no podrás observar las capas diferentes del suelo.

2. Observa la muestra de suelo. Responde a las preguntas siguientes:

a. ¿Qué profundidad tiene la capa superior? ¿Qué color tiene?

b. ¿Qué profundidad tiene el subsuelo? ¿Qué color tiene?

c. ¿En qué difiere el suelo de las dos capas?

d. ¿Encontraste la capa de la roca madre? Si así fuera, describe esta capa.

¿Tu muestra de suelo es de suelo maduro?

Figure 5–13 *The soil that once covered this rock has been removed by large moving sheets of ice known as glaciers. The broad horizontal groove in the rock was carved by a large stone embedded in the bottom of a slowly moving glacier (right). Soil may also be removed by the action of heavy rains or floods (left).*

ACTIVITY

READING

Blowing Sands

One of the great tragedies of the first half of the twentieth century was the creation of the dust bowl. John Steinbeck wrote about the lives of people who lived in the area of the dust bowl in a powerful novel called *The Grapes of Wrath*. You might like to read this moving novel that details the triumph of the human spirit over disastrous living conditions.

Climate is another important factor in the formation of soil. In areas with heavy rainfall and warm temperatures, weathering takes place more rapidly. Organisms are more plentiful in the soil in these areas. They speed up the chemical and mechanical weathering of rocks. Heavy rainfall in tropical regions of the world washes much of the topsoil away. But because many plants and animals live in this climate, soil that is washed away is replaced quickly.

The type of rock in an area also affects soil formation. Some rocks do not weather as rapidly as others do. Rocks that do not break down easily do not form soil rapidly. For example, in some climates it takes a long time for granite to break down. So soil formation from granite in these climates is relatively slow. But sandstone breaks and crumbles into sand very quickly. Soil formation from the weathering of sandstone is rapid.

The surface features of the region also determine the speed at which soil is formed. On very steep slopes, rainwater drains rapidly. The rainwater does not have a chance to sink into the soil layers, so little weathering takes place.

5–3 Section Review

1. What is a soil horizon?
2. Describe a typical soil profile.
3. What two factors affect soil composition?

Critical Thinking—*Relating Concepts*
4. Some people buy topsoil from a garden center to add to their own garden soil. Why is this added topsoil beneficial for plant growth?

Figura 5–13 *El suelo que solía cubrir esta roca fue removido por enormes masas móviles de hielo llamadas glaciares. El gran corte horizontal en la roca fue cavado por una piedra enorme metida en la base de un glaciar de desplazamiento lento (derecha). El suelo también es removido por lluvias abundantes o por inundaciones (izquierda).*

ACTIVIDAD

PARA LEER

Viento y arena

Una de las grandes tragedias de la primera mitad del siglo veinte fue la creación de las regiones áridas del sur de los Estados Unidos. John Steinbeck escribió sobre la vida de la gente que habitaba una de estas zonas en la poderosa novela *The Grapes of Wrath*. Querrás leer esta novela emocionante en la que el espíritu humano logra triunfar por sobre unas condiciones de vida desastrosas.

El clima es otro factor importante en la formación del suelo. En áreas de lluvia abundante y temperaturas cálidas, se acelera la meteorización. Los organismos son más abundantes en el suelo de estas áreas. Ellos aceleran la meteorización química y mecánica de las rocas. La lluvia abundante en regiones tropicales del mundo elimina mucho suelo superior. Pero como en este clima habitan muchas plantas y animales, el suelo es reemplazado rápidamente.

El tipo de roca en un área afecta también la formación del suelo. Algunas rocas no se meteorizan tan rápido como otras. Las rocas que no se descomponen fácilmente no forman suelo de manera rápida. En algunos climas el granito tarda en descomponerse; por eso la formación de suelo a partir de granito en estos climas es lenta. Pero la arenisca se transforma en arena de inmediato. La meteorización de la arenisca permite una formación rápida del suelo.

Las características de la superficie de la región determinan también la velocidad de formación del suelo. En laderas muy empinadas, el agua de lluvia se drena rápidamente. El agua de lluvia no se filtra en las capas del suelo, y por eso hay poca meteorización.

5–3 Repaso de la sección

1. ¿Qué es un estrato del suelo?
2. Describe un perfil típico del suelo.
3. Describe los dos factores que afectan a la composición del suelo.

Pensamiento crítico—*Aplicar conceptos*
4. Algunas personas compran mantillo en un vivero para añadirlo al suelo de su jardín. ¿Por qué es beneficioso para el crecimiento de las plantas?

CONNECTIONS

A Search for Soil to Produce Food

If you could fly over a *tropical rain forest,* you would notice a thick covering of trees. In fact, the trees grow so thick that you would not see the plants that grow low to the ground. And obviously, from the air, you wouldn't even catch the tiniest glimpse of the soil.

From your observations, you might logically conclude that the soil in a tropical rain forest is rich and fertile—good soil for plants to grow in. If you were a farmer, it might seem to you that the land here could produce abundant crops.

Appearances in a tropical rain forest are deceiving, however. When the forest is cleared to make room for crops or for pastures, something strange and terrible happens.

The first year or two, crops or grasses grow well. But with each successive year, the growth of the crops or grasses is greatly diminished. The soil loses its fertility, and the loss is permanent. Why does this happen?

The answer lies in two apparent opposites: fire and rain. Tropical forests are cleared by what is called a *slash-and-burn* technique. The ashes from the burned forest act like fertilizer, adding minerals to the soil. This is why crops and grasses can be grown on newly cleared areas. In a year or two, however, heavy rains wash the minerals from the soil. The rains even wash away the soil itself. In between the rains, the soil bakes in the sun and develops a hard crust that discourages plant growth.

The rains are not a problem in an undisturbed tropical rain forest. There, the loss of minerals is balanced by the formation of humus. The thick vegetation prevents soil from washing away. The native plants also keep the soil moist and loose, so a crust does not form.

But rains eventually destroy the land that was cleared for cropland and pastures. More forest lands are slashed-and-burned, and this sad cycle continues. Meanwhile, the abandoned fields and pastures become scrubland or deserts.

CONEXIONES

Búsqueda de tierra para producir alimentos

Si pudieras volar sobre una *selva tropical*, notarías un manto espeso de árboles. Los árboles crecen tan rápidamente que no podrías ver las plantas que crecen en el suelo. Obviamente, desde el aire, no podrías ver nada del suelo.

Según tus observaciones, concluirías pensando que, en una selva tropical, el suelo es rico y fértil—buen suelo para que crezcan las plantas. Si fueras agricultor(a), pensarías que esta tierra daría cosechas abundantes.

En una selva tropical las apariencias engañan. Cuando el bosque abre paso a los cultivos o a la pastura, sucede algo extraño y terrible.

Durante el primer año, los cultivos o los pastos crecen bien. Pero en cada año sucesivo, este crecimiento disminuye considerablemente. El suelo pierde fertilidad y esa pérdida es permanente. ¿Por qué?

La respuesta está en dos elementos aparentemente opuestos : el fuego y la lluvia. Los bosques tropicales se despejan con una técnica llamada

"cortar e incendiar." Las cenizas de un bosque incendiado actúan como fertilizante, agregando minerales al suelo. Por eso los cultivos y los pastos pueden crecer en áreas libres de árboles. En uno o dos años las lluvias abundantes eliminan los minerales del suelo. Las lluvias incluso causan la eliminación del suelo. Entre lluvias, el suelo expuesto al sol se seca y forma una costra que rechaza el crecimiento de plantas.

Las lluvias no son un problema en una zona imperturbable del bosque tropical. Allí la pérdida de minerales está balanceada por la formación de humus. La vegetación densa evita la eliminación del suelo. Las plantas nativas mantienen al suelo húmedo, sin costra.

Pero las lluvias destruyen eventualmente la tierra que fue despejada para los cultivos y las pasturas. Por desgracia, se siguen destruyendo e incendiando los bosques. Mientras tanto, los campos abandonados se vuelven chaparrales o desiertos.

Laboratory Investigation

Observing the Effect of Chemical Weathering on Rocks

Problem

What rocks are affected by carbonated water—a form of carbonic acid?

Materials *(per group)*

8 baby food jars
carbonated water
masking tape
2 fragments of each of the following rocks:
limestone, marble, granite, sandstone

Procedure 🧪

1. Fill four baby food jars three-fourths full of carbonated water. Fill the remaining four baby food jars three-fourths full of tap water. Carefully place the jars on your desk.

2. Use masking tape to label the jars: limestone and carbonated water, limestone and tap water, marble and carbonated water, marble and tap water, granite and carbonated water, granite and tap water, sandstone and carbonated water, sandstone and tap water.

3. Place the appropriate rock fragment into each labeled jar.

4. Observe the effects. Record your observations in a chart similar to the one shown.

5. Continue to observe the rock specimens. After 20 minutes, record your observations again.

6. Let the jars stand overnight. Observe them again the next day. Record any changes in the rock fragments.

Observations

1. Which samples show that a change has taken place?

2. For each sample, how did the effects produced by carbonated water compare with the effects produced by tap water?

Analysis and Conclusions

1. What evidence supports the idea that a chemical change has occurred?

2. What is the effect of time on the rate of weathering?

3. How does carbonic acid affect rocks?

4. **On Your Own** Obtain some other rock samples. Perform a similar investigation to determine the effect of carbonic acid on these rock samples. Then using all your rock samples, design an experiment to determine whether temperature has an effect on chemical weathering.

Rock	Carbonated Water			Tap Water		
	Initial	20 min	24 hr	Initial	20 min	24 hr
Limestone						
Marble						
Granite						
Sandstone						

Investigación de laboratorio

Observar el efecto de la meteorización química sobre las rocas

Problema

¿Qué rocas se ven afectadas por agua carbonatada—una forma de ácido carbónico?

Materiales *(para cada grupo)*

8 frascos de comida para bebés

agua carbonatada

cinta adhesiva

2 fragmentos de cada una de las rocas siguientes: piedra caliza, mármol, granito, arenisca

Procedimiento 🧪

1. Llena cuatro frascos con tres cuartas partes de agua carbonatada. Llena los cuatro frascos restantes con tres cuartas partes de agua corriente. Pon los frascos en tu escritorio.

2. Usa la cinta adhesiva para identificar los frascos: caliza y agua carbonatada, caliza y agua corriente, mármol y agua carbonatada, mármol y agua corriente, granito y agua carbonatada, granito y agua corriente, arenisca y agua carbonatada, arenisca y agua corriente.

3. Pon la roca apropiada en cada frasco con etiqueta.

4. Observa los efectos. Anota tus observaciones en una tabla similar a la que se muestra.

5. Continúa observando las muestras de rocas. Luego de 20 minutos, anota tus observaciones nuevamente.

6. Deja los frascos así toda la noche. Obsérvalos de nuevo al día siguiente. Anota cualquier cambio en las rocas.

Observaciones

1. ¿En qué muestras se ve que se produjeron cambios?

2. En cada muestra, ¿cómo se comparan los efectos producidos por el agua carbonatada con los producidos por el agua corriente?

Análisis y conclusiones

1. ¿Qué evidencia apoya la idea de que se produjo un cambio químico?

2. ¿Qué efecto tiene el tiempo en la velocidad de la meteorización?

3. ¿Cómo afecta a las rocas el ácido carbónico?

4. **Por tu cuenta** Consigue otras muestras de rocas. Con una investigación similar, determina el efecto de ácido carbónico sobre estas muestras. Usa todas tus muestras de rocas, y diseña un experimento para determinar si la temperatura afecta a la meteorización química, o no.

Roca	Agua carbonatada			Agua corriente		
	Inicial	20 min	24 hr	Inicial	20 min	24 hr
Piedra caliza						
Mármol						
Granito						
Arenisca						

Study Guide

Summarizing Key Concepts

5–1 Weathering

▲ Mechanical weathering causes rocks to be broken into smaller pieces, but the chemical makeup of the rocks is not changed.

▲ The agents of mechanical weathering are temperature, frost action, organic activity, gravity, and abrasion.

▲ Chemical weathering causes a change in the mineral composition of rocks.

▲ Chemical weathering is caused by water, oxidation, carbonation, sulfuric acid, and acids produced by plants.

▲ The rate of weathering depends on the composition of the rock, the amount of time the rock is exposed on the Earth's surface, and the amount of exposed surface area of the rock.

5–2 Soil Formation

▲ Soil is formed when rocks are continuously broken down by weathering.

▲ Soil forms above a solid layer of rock called bedrock.

▲ Residual soil remains on top of its parent rock. Transported soil is moved from its place of origin.

▲ Humus is the material formed from the decay of plants and animals.

5–3 Soil Composition

▲ The two main ingredients of soil are pieces of weathered rock and organic material.

▲ Air and water fill the pore spaces between particles of soil.

▲ The type of rocks broken down by weathering determines the kinds of minerals in the soil.

▲ As soil forms, it develops separate layers, or horizons. A cross section of the soil horizons is called a soil profile.

▲ A typical soil profile has an A horizon, or topsoil, a B horizon, or subsoil, and a C horizon.

Reviewing Key Terms

Define each term in a complete sentence.

5–1 Weathering
- weathering
- mechanical weathering
- exfoliation
- frost action
- root-pry
- landslide
- abrasion
- chemical weathering
- oxidation
- carbonation
- stable rock

5–2 Soil Formation
- residual soil
- transported soil
- bedrock
- humus

5–3 Soil Composition
- pore space
- horizon
- soil profile
- topsoil
- leaching
- subsoil

Guía para el estudio

Resumen de conceptos claves

5–1 Meteorización

▲ La meteorización mecánica desmenuza las rocas en fragmentos pequeños, pero no cambia su composición química.

▲ Los agentes de la meteorización mecánica son: temperatura, acción del hielo, actividad orgánica, gravedad y abrasión.

▲ La meteorización química modifica la composición mineral de las rocas.

▲ La meteorización química es causada por agua, oxidación, carbonatación, ácido sulfúrico y ácidos producidos por las plantas.

▲ La velocidad de la meteorización depende de la composición de la roca, la cantidad de tiempo que la roca está expuesta en la superficie terrestre y la cantidad de superficie expuesta de la roca.

5–2 Formación del suelo

▲ El suelo se forma cuando las rocas son desmenuzadas continuamente por la meteorización.

▲ El suelo que se forma sobre una capa sólida de roca se llama lecho de roca.

▲ El suelo residual permanece por encima de su roca madre. El suelo transportado ha sido alejado de su lugar de origen.

▲ Humus es el material formado por la descomposición de plantas y animales.

5–3 Composición del suelo

▲ Los dos ingredientes principales del suelo son pedazos de roca meteorizada y material orgánico.

▲ El aire y el agua llenan los espacios porosos entre las partículas del suelo.

▲ El tipo de rocas que se descomponen por meteorización determina el tipo de minerales en el suelo.

▲ Al formarse el suelo, desarrolla capas separadas o estratos. Un corte transversal del estratos del suelo se llama perfil del suelo.

▲ Un perfil típico del suelo tiene un estrato A, o suelo superior, un estrato B, o subsuelo, y un estrato C.

Repaso de palabras claves

Define cada palabra o palabras con una oración completa.

5–1 Meteorización
meteorización
meteorización mecánica
exfoliación
acción del hielo
penetración de la raíz
desprendimiento
abrasión
meteorización química
oxidación
carbonatación
roca estable

5–2 Formación del suelo
suelo residual
suelo transportado
lecho de roca
humus

5–3 Composición del suelo
espacio poroso
estrato
perfil del suelo
suelo superior
lixiviación
subsuelo

Chapter Review

Content Review

Multiple Choice

Choose the letter of the answer that best completes each statement.

1. The breaking off of rock pieces in curved sheets parallel to the rock's surface is
   a. oxidation.　　c. root-pry.
   b. carbonation.　　d. exfoliation.
2. Rocks can be broken apart by
   a. organic activity.　c. frost action.
   b. root-pry.　　d. all of these.
3. The wearing away of rocks by solid particles carried by wind, water, and other forces is called
   a. exfoliation.　　c. oxidation.
   b. abrasion.　　d. gravity.
4. Most chemical weathering is caused by
   a. air pollution.　c. sulfuric acid.
   b. water.　　d. gravity.
5. The decayed parts of plants and animals in soil are called
   a. humus.　　c. residual soil.
   b. topsoil.　　d. mature soil.

6. If the minerals in a rock enable the rock to resist chemical weathering, the rock is described as
   a. stable.　　c. organic.
   b. soluble.　　d. residual.
7. The solid rock layer beneath the soil is called
   a. transported soil.　c. residual rock.
   b. bedrock.　　d. mature soil.
8. The size of individual soil particles is called soil
   a. profile.　　c. texture.
   b. horizon.　　d. porosity.
9. The process in which water washes minerals from one soil horizon to another is called
   a. leaching.　　c. exfoliation.
   b. oxidation.　　d. claying.

True or False

If the statement is true, write "true." If it is false, change the underlined word or words to make the statement true.

1. When gravity pulls loosened rocks down a mountain cliff, a <u>landslide</u> occurs.
2. When the chemical makeup of rocks is changed, <u>mechanical</u> weathering occurs.
3. A rock that dissolves easily in water is said to be <u>stable</u>.
4. Rain that contains <u>humus</u> is called acid rain.
5. <u>Transported</u> soil has a composition similar to that of the bedrock it covers.
6. <u>Clay and quartz</u> are the most abundant minerals in soil.
7. The largest particles found in soil are <u>silt</u>.
8. The soil in the B horizon is called <u>topsoil</u>.

Concept Mapping

Complete the following concept map for Section 5–1. Refer to pages J6–J7 to construct a concept map for the entire chapter.

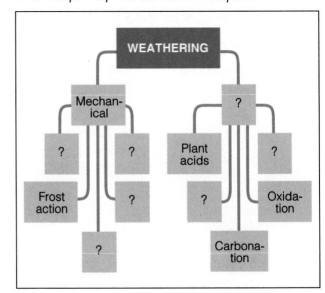

Repaso del capítulo

Repaso del contenido

Selección múltiple

Selecciona la letra de la respuesta que mejor complete cada frase.

1. Las piezas de una roca se desprenden en capas curvas paralelas a la roca; eso se llama
   a. oxidación.
   b. carbonatación.
   c. penetración de la raíz.
   d. exfoliación.

2. Las rocas pueden partirse por
   a. actividad orgánica.
   b. penetración de la raíz.
   c. acción del hielo.
   d. todo lo anterior.

3. La destrucción de las rocas en partículas sólidas arrastradas por el viento, el agua u otra fuerza se llama
   a. exfoliación.
   b. abrasión.
   c. oxidación
   d. gravedad.

4. Casi siempre la meteorización química se debe a
   a. contaminación del aire.
   b. agua.
   c. ácido sulfúrico.
   d. gravedad.

5. Las partes en descomposición en plantas y animales en el suelo se llaman
   a. humus.
   b. mantillo.
   c. suelo residual.
   d. suelo maduro.

6. Si los minerales en una roca le permiten a la roca resistir la meteorización química, la roca se describe como
   a. estable.
   b. soluble.
   c. orgánica.
   d. residual.

7. La capa rocosa sólida que está debajo del suelo se llama
   a. suelo transportado.
   b. lecho de roca.
   c. roca residual.
   d. suelo maduro.

8. El tamaño de partículas individuales de suelo se llama
   a. perfil.
   b. estrato.
   c. textura .
   d. porosidad.

9. El proceso mediante el cual el agua lava minerales de un estrato del suelo a otro se llama
   a. lixiviación.
   b. oxidación.
   c. exfoliación.
   d. arcillado.

Verdadero o falso

Si la afirmación es verdadera, escribe "verdad." Si es falsa, cambia las palabras subrayadas para que sea verdadera.

1. Cuando la gravedad empuja rocas hacia abajo,es un <u>desprendimiento</u>.

2. Cuando se cambia la composición química de las rocas, se produce la meteorización <u>mecánica</u>.

3. Una roca que se disuelve fácilmente en el agua se dice que es <u>estable</u>.

4. La lluvia que contiene <u>humus</u> se llama lluvia ácida.

5. El suelo <u>transportado</u> tiene una composición similar a la del lecho de roca que cubre.

6. <u>Arcilla y cuarzo</u> son los minerales más abundantes en el suelo.

7. Las partículas más grandes del suelo son de <u>limo</u>.

8. El estrato B se llama <u>capa superior</u>.

Mapa de conceptos

Completa el mapa de conceptos siguiente para la sección 5–1. Para hacer un mapa de conceptos de todo el capítulo, consulta las páginas J6–J7.

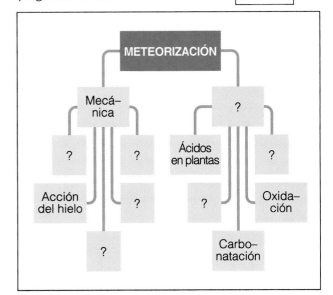

Concept Mastery

Discuss each of the following in a brief paragraph.

1. What is the difference between mechanical and chemical weathering?
2. How is the weathering of rocks helpful to life on Earth?
3. Briefly describe how soil is formed.
4. What is acid rain? How does it contribute to weathering?
5. Some scientists say the "soil is alive." What does this statement mean?
6. What is the difference between residual soil and transported soil?
7. Why are pore spaces important for good plant growth?
8. How does weathering affect the texture of soil?
9. Describe a typical soil profile.
10. Compare the following types of soil particles: gravel, sand, silt, and clay.

Critical Thinking and Problem Solving

Use the skills you have developed in this chapter to answer each of the foillowing.

1. **Relating concepts** Why would frost action not be a major cause of weathering in polar climates?
2. **Making predictions** Predict what would happen if you rubbed a piece of granite with sandpaper. If you rubbed a piece of sandstone. What type of weathering is simulated in this activity?
3. **Analyzing data** In an experiment to measure soil's ability to hold water, particle size and the amount of humus the soil contained were tested. The accompanying data table shows the results.

    Use the data to construct a graph that represents the relationship between the amount of water retained and the size of the soil particles.

    Based on your graph, describe a type of soil that would supply water for plant roots during a period of little rainfall.

4. **Making inferences** How would you determine if a soil was formed by mechanical or by chemical weathering?
5. **Relating concepts** If you overwater a potted plant for a period of time, the plant will probably die. However, in nature plants do not usually die after periods of heavy rain. Explain why this is so.
6. **Using the writing process** Many farmers and scientists are concerned that topsoil is being washed away from the land at a dangerous rate. They feel that we are in danger of losing one of our most valuable assets. Yet few people outside the scientific and farming community seem concerned. Write a letter to your representative in Congress, voicing your concern about this problem. Make sure you explain why it is important to protect our valuable soil resources.

	Small Particles		Medium Particles		Large Particles	
	With humus	**Without humus**	**With humus**	**Without humus**	**With humus**	**Without humus**
Water retained by soil	50.0 mL	20.8 mL	44.6 mL	13.6 mL	39.8 mL	10.2 mL

Dominio de conceptos

Comenta cada uno de los puntos siguientes en un párrafo breve.

1. ¿Cuál es la diferencia entre meteorización mecánica y química?
2. ¿En qué le resulta útil a la vida terrestre la meteorización de las rocas?
3. Brevemente describe cómo se forma el suelo.
4. ¿Qué es la lluvia ácida? ¿Cómo contribuye a la meteorización?
5. Algunos científicos dicen que el "suelo está vivo." ¿Qué significa?
6. ¿Cuál es la diferencia entre suelo residual y suelo transportado?
7. ¿Por qué son importantes los espacios porosos para un buen crecimiento de las plantas?
8. ¿De qué manera afecta la meteorización la textura del suelo?
9. Describe un perfil típico del suelo.
10. Compara los tipos siguientes de partículas del suelo: grava, arena, limo y arcilla.

Pensamiento crítico y solución de problemas

Usa las destrezas que has desarrollado en este capítulo para resolver lo siguiente.

1. **Relacionar conceptos** ¿Por qué la acción del hielo no sería una causa principal de meteorización en climas polares?
2. **Realizar predicciones** Predice qué sucedería si frotaras un pedazo de granito contra papel de lija. Y si frotaras un pedazo de arenisca. ¿Qué tipo de meteorización se simula en esta actividad?
3. **Analizar datos** Para medir la habilidad del suelo de contener agua, se examinaron el tamaño de las partículas y la cantidad de humus en el suelo. La tabla siguiente muestra los resultados.

   Usa los datos para construir un gráfico que represente la relación entre la cantidad de agua retenida y el tamaño de partículas del suelo.

   Basándote en tu gráfico, describe un tipo de suelo que proveería de agua a las raíces de las plantas durante un período de lluvias escasas.
4. **Hacer inferencias** ¿Cómo determinarías si un suelo fue formado por meteorización mecánica o química?
5. **Relacionar conceptos** Si le echas demasiada agua a una planta en una maceta, la planta morirá probablemente. Sin embargo, en la naturaleza, las plantas usualmente no mueren después de abundantes lluvias. Explícalo.
6. **Usar el proceso de la escritura** Muchos granjeros y científicos están preocupados porque la capa superior del suelo es lavada de la tierra a niveles alarmantes. Temen perder un tesoro valioso. Aparte de ellos, no mucha gente parece preocupada por el tema. Escríbele una carta a tu representante en el Congreso, mostrando tu preocupación por este problema. Asegúrate de explicar por qué es tan importante proteger nuestros valiosos recursos del suelo.

	Partículas pequeñas		Partículas medianas		Partículas grandes	
	Con humus	Sin humus	Con humus	Sin humus	Con humus	Sin humus
Agua retenida por el suelo	50.0 mL	20.8 mL	44.6 mL	13.6 mL	39.8 mL	10.2 mL

Erosion and *Deposition*

6

Guide for Reading

After you read the following sections, you will be able to

6–1 Changing the Earth's Surface
■ Define the terms erosion and deposition.

6–2 Gravity
■ Describe the types of erosion caused by gravity.

6–3 Wind
■ Identify the effects of wind erosion and deposition.

6–4 Running Water
■ Explain why water is the major cause of erosion.

6–5 Glaciers
■ Distinguish among the different features of glacial deposition.

6–6 Waves
■ Describe the changes in the Earth's surface caused by waves.

To the people of the Huaylas Valley, the glacier (a huge mass of ice and snow perched on the steep northwest face of Peru's highest peak) was a familiar sight. The people hardly took notice of the glacier. It had been there for as long as they could remember—creeping forward when fed by winter snows and shrinking back when warmed by summer temperatures. For this glacier, named Glacier 511 by Peruvian geologists, was only one of hundreds that dotted the Andes Mountains.

Then at 6:13 PM on January 10, 1962, Glacier 511 stirred. A great mass of ice about 182 meters long and nearly 1 kilometer wide broke loose. As it hurtled down the cliff, it picked up tons of rock material. It plowed up chunks of granite as large as houses. It swept up everything in its path. Within 8 minutes, the wall of ice, snow, rock, and mud had covered a distance of 16 kilometers and buried an estimated 4000 people from 9 villages. It had demonstrated the awesome power of moving ice.

Glaciers—along with winds, waves, running water, and gravity—constantly reshape the Earth's surface. In this chapter you will learn about the effects of these powerful forces of nature.

Journal *Activity*

You and Your World Have you ever visited the Grand Canyon or seen pictures of it? It is a remarkable place. In your journal, write a postcard to a friend describing a visit, real or imaginary, to the Grand Canyon. Try to capture in words the immense size of the canyon.

◀ *A glacier, similar to Glacier 511, sits peacefully above a village in the Huaylas Valley of Peru.*

Erosión y sedimentación

Guía para el estudio

Después de leer las secciones siguientes, vas a poder

6–1 Cambios en la superficie terrestre
- Definir los términos erosión y sedimentación.

6–2 Gravedad
- Describir los tipos de erosión causados por la gravedad.

6–3 Viento
- Identificar los efectos de viento, erosión y sedimentación.

6–4 Agua en movimiento
- Explicar por qué el agua es la mayor causa de erosión.

6–5 Glaciares
- Distinguir entre las diferentes características de la sedimentación glacial.

6–6 Olas
- Describir los cambios en la superficie terrestre causados por las olas.

Para la población del valle de Huaylas, el glaciar (una masa enorme de hielo y nieve enclavada en la ladera noroeste de la cumbre más elevada de Perú) les resultaba familiar. Casi ni se fijaban en él. Estaba allí desde siempre—avanzando cuando lo alimentaban las nieves invernales y retrocediendo cuando lo acariciaban las temperaturas estivales cálidas. Denominado Glaciar 511 por los geólogos peruanos, era sólo uno de los cientos que salpicaban la cadena montañosa de los Andes.

A las 6:13 p.m. del 10 de enero de 1962, se sacudió el Glaciar 511. Una masa grande de hielo, de unos 182 metros de largo y casi un kilómetro de ancho se había soltado. Mientras descendía por la ladera recogía toneladas de material rocoso. Arrancó pedazos de granito tan grandes como casas. Barrió con todo. En apenas 8 minutos, la pared de hielo, nieve, roca y lodo había cubierto una distancia de 16 kilómetros y enterrado a unas 4000 personas de 9 poblados. El hielo en acción mostraba su inmenso poder.

Los glaciares, los vientos, las olas, la corriente de agua y la gravedad cambian constantemente la superficie terrestre. En este capítulo aprenderás sobre los efectos de estas fuerzas poderosas de la naturaleza.

Diario *Actividad*

Tú y tu mundo ¿Alguna vez has visitado o visto fotografías del Grand Canyon? Es un lugar notable. En tu diario, escribe una tarjeta postal a un(a) amigo(a) describiendo una visita, real o imaginaria, al Grand Canyon. Trata de describir con tus palabras la inmensidad del cañón.

Un glaciar, similar al Glaciar 511, descansa pacíficamente junto a un poblado en el valle de Huaylas, en Perú.

6–1 Changing the Earth's Surface

Millions of years ago, the Colorado River flowed slowly across a broad flat area in present day Arizona. If you were to visit the area today, you would see a huge gorge called the Grand Canyon. The Grand Canyon was carved out of the Earth by **erosion** (ih-ROH-zhuhn). Erosion is the process by which weathered rock and soil particles are moved from one place to another. In Chapter 5 you learned that weathering is the breaking down of rocks and other materials on the Earth's surface. Erosion carries away the products of weathering.

Rocks and soil particles carried away by erosion are deposited in other places. Over time, these materials build up to create new landforms. The process by which sediments are laid down in new locations is called **deposition** (dehp-uh-ZIHSH-uhn). Both erosion and deposition change the shape of the Earth's surface. Erosion moves materials from place to place. Deposition builds new landforms. Weathering, erosion, and deposition form a cycle of forces that wear down and build up the Earth's surface.

Erosion can be caused by gravity, wind, running water, glaciers, and waves. These are the five agents of erosion. An agent of erosion is a material or force that moves sediments from place to place.

Figure 6–1 *For millions of years, the Colorado River carved a huge gorge out of a once broad, flat area of the Earth's surface. Today, a small raft is dwarfed by the tall cliffs of the Grand Canyon.*

6–1 Section Review

1. What are the five agents of erosion? How does erosion change the Earth's surface?
2. What is deposition? How does deposition change the surface of the Earth?

Critical Thinking—*Relating Concepts*

3. A girl using a garden hose to water a vegetable bed notices that a slight depression forms where the water hits the ground. She also notices that excess water running down a cement path is brown. Relate these observations to the formation of the Grand Canyon.

Guía para la lectura

*Piensa en esta pregunta
mientras lees.*

▶ *¿Cuáles son los agentes
de erosión en la
superficie terrestre?*

6–1 Cambios en la superficie terrestre

Hace millones de años, el río Colorado corría lentamente a través de la región amplia y plana que es hoy Arizona. Si visitaras esta zona en la actualidad, verías una cañada enorme llamada el Grand Canyon. El Grand Canyon fue cavado en la tierra por la *erosión*. La erosión es el proceso por el cual la roca meteorizada y las partículas del suelo son acarreadas de un lugar a otro. En el capítulo 5 aprendiste que la meteorización es la destrucción de rocas y de otros materiales en la superficie terrestre. La erosión se lleva los productos de la meteorización.

Las rocas y partículas del suelo llevadas por la erosión se depositan en otros lugares. Estos materiales crean accidentes geográficos nuevos. El proceso por el cual los sedimentos se depositan se llama **sedimentación**. La erosión y la sedimentación cambian la forma de la superficie terrestre. La erosión mueve materiales de un lugar a otro. La sedimentación crea nuevas formas en la tierra. La meteorización, la erosión y la sedimentación desgastan y le dan forma a la superficie terrestre.

La erosión puede ser causada por la gravedad, el viento, el agua corriente, los glaciares y las olas. Éstos son los cinco agentes de la erosión. Son materiales o fuerzas que mueven sedimentos de un lugar a otro.

Figura 6–1 *Durante millones de años el río Colorado cavó una cañada enorme de lo que solía ser una zona plana en la superficie terrestre. Hoy una balsa luce diminuta ante la inmensidad del Grand Canyon.*

6–1 Repaso de la sección

1. ¿Cuáles son los cinco agentes de la erosión? ¿Cómo cambia la erosión a la superficie de la Tierra?
2. ¿Qué es la sedimentación? ¿Cómo cambia la sedimentación a la superficie de la Tierra?

Pensamiento crítico—*Aplicar conceptos*

3. Una niña riega su huerta con una manguera y nota que se forma una ligera depresión cuando el agua llega al suelo. También nota que el excedente de agua que corre hacia abajo por el camino de cemento es marrón. Relaciona esto con la formación del Grand Canyon.

6–2 Gravity

Gravity pulls rocks and soil down slopes. The downhill movement of sediments caused by gravity is called **mass wasting.** Mass wasting can occur rapidly or slowly. In either case, sediments come to rest at the bottom of a slope in a formation called a talus. You have read about a talus in Chapter 5.

One example of rapid mass wasting is a landslide. A landslide is a tumbling of soil, rocks, and boulders down a slope. A landslide can be caused by an earthquake, a volcanic eruption, or the weakening of supporting rocks as a result of heavy rain. Once a landslide begins, it can move millions of tons of rocks down a slope and cause tremendous damage.

A mudflow is another example of rapid mass wasting. A mudflow usually occurs after a heavy rain. The rain mixes with the soil to form mud. The mud begins to slide downhill, picking up more soil and becoming thicker. A mudflow can move just about anything in its path—including boulders and houses.

Sometimes a block of rock or soil on the face of a steep slope will slip down so that its upper surface is tilted backward as it moves. This type of mass wasting is called slump. Slump, which may involve more than one block of material, is also known as slope failure. Can you see why?

Guide for Reading

Focus on this question as you read.

▶ *How does gravity cause erosion?*

Figure 6–2 *Loose rocks can be moved down a hill by the force of gravity in a form of mass wasting known as a landslide (left). A mudslide (center) and a slump (right) are two other examples of earth movement due to gravity.*

6–2 Gravedad

La gravedad hace que las rocas y el suelo se deslicen hacia abajo en las laderas. El movimiento descendente de los sedimentos, causado por la gravedad, se llama **pérdida de masa**. Ésta puede ser rápida o lenta. Los sedimentos descansan en la base de la ladera, en una formación llamada talud. Leíste acerca del talud en el capítulo 5.

Un ejemplo de pérdida de masa rápida es un desprendimiento. Un desprendimiento es un derrumbamiento de suelo, rocas y canto rodado, de la ladera hacia abajo. Puede ser causado por un terremoto, una erupción volcánica o el debilitamiento de rocas de soporte debido a lluvias abundantes. Una vez que comienza un desprendimiento, puede mover millones de toneladas de rocas y causar daños tremendos.

Un alud de lodo es otro ejemplo de pérdida de masa rápida. Ocurre generalmente después de lluvias copiosas. La lluvia se mezcla con el suelo y forma lodo. El lodo se desliza hacia abajo, recoge más suelo y se espesa. Un alud de lodo puede mover todo en su trayecto—incluyendo casas y rocas.

A veces, frente a una pendiente empinada, un bloque de roca o de suelo se desliza hacia abajo, con su superficie superior inclinada hacia atrás. Esta pérdida de masa se llama deslizamiento. Puede incluir a más de un bloque de material. También se conoce como falla de ladera. ¿Puedes ver porqué?

Guía para la lectura

Piensa en esta pregunta mientras lees.

▶ *¿Cómo causa la gravedad erosión?*

Figura 6–2 *Las rocas sueltas pueden ser movidas hacia abajo por la fuerza de la gravedad a través de una pérdida de masa llamada desprendimiento (izquierda). Un alud de lodo (centro) y un deslizamiento (derecha) son otros dos ejemplos de movimientos terrestres causados por la gravedad.*

Earthflows and soil creep are two examples of slow mass wasting. An earthflow usually occurs after a heavy rain. A mass of soil and plant life slowly slides down a slope. Soil creep is the slowest kind of mass wasting. Alternating periods of freezing and thawing, animal activity, or water movement disturb the soil particles. As the particles begin to move, gravity pulls them slowly downhill.

6–2 Section Review

1. How does gravity cause erosion?
2. What is rapid mass wasting? Give two examples.
3. What is slow mass wasting? Give two examples.

Critical Thinking—*Language Arts*
4. Why is mass wasting an appropriate term?

Guide for Reading

Focus on this question as you read.

▶ *Where does wind cause the greatest amount of erosion?*

ACTIVITY

DISCOVERING

Jump Start

1. Put 15 Ping-Pong balls together on the floor. The balls represent sand grains.
2. Pick up one of the balls. Bounce it onto the others. What happens?

■ How do most sand grains move?

■ Is a camel rider in a sandstorm doomed? Explain.

6–3 Wind

Have you ever seen a person lose his or her hat to a brisk gust of wind? If so, you know that wind is a powerful force—often powerful enough to move materials from one place to another. Certain locations are more easily affected by wind erosion than others are. **Wind is the most active agent of erosion in deserts, in plowed fields, and on beaches.** In these places loose material is exposed at the Earth's surface. This loose material can easily be picked up and carried by the wind.

Types of Wind Erosion

Wind erodes the Earth's surface in two ways. Wind removes loose materials such as clay, silt, and sand from the land. This type of wind erosion is called deflation (dih-FLAY-shuhn). Fine particles are carried many meters up into the air. Larger particles rise only a few centimeters. Do you know why?

As the wind blows, the larger particles roll or bounce along the ground. These particles slowly wear away exposed rocks. The particles often act like

El flujo de tierra y el escurrimiento de terreno son pérdidas de masa lentas. Ocurren después de lluvias copiosas. Una masa de suelo y plantas se desliza lentamente hacia abajo por la ladera. El escurrimiento del terreno es la forma más lenta de pérdida de masa. Períodos de heladas y deshielo, actividad animal o movimiento del agua afectan a las partículas del suelo. Éstas se mueven, y la gravedad las empuja lentamente barranca abajo.

6-2 Repaso de la sección

1. ¿Cómo la gravedad causa erosión?
2. ¿Qué es la pérdida rápida de masa? Da dos ejemplos.
3. ¿Qué es la pérdida lenta de masa? Da dos ejemplos.

Pensamiento crítico—*Artes del lenguaje*
4. ¿Por qué es pérdida de masa un término apropiado?

Guía para la lectura

Piensa en esta pregunta mientras lees.

▶ *¿Dónde causa el viento la mayor cantidad de erosión?*

ACTIVIDAD
PARA AVERIGUAR

Andando a los saltos

1. Pon 15 pelotitas de ping-pong juntas en el piso. Representan granos de arena.

2. Lanza una de las pelotas contra las otras. ¿Qué sucede?

■ ¿Cómo se mueven casi todos los granos de arena?

■ ¿Puede perderse alguien montando un camello en una tormenta de arena? Explícalo.

6-3 Viento

¿Alguna vez viste a una persona perder su sombrero por una ráfaga de viento? Entonces sabrás que el viento es una fuerza tan poderosa que hasta puede mover materiales de un lugar a otro. Hay zonas más afectadas que otras por la erosión del viento. **El viento es el agente más activo de erosión en los desiertos, los campos de cultivo y las playas.** En estos lugares el material suelto está expuesto en la superficie terrestre. Este material puede ser recogido y transportado fácilmente por el viento.

Tipos de erosión eólica

El viento erosiona la superficie terrestre de dos maneras. Remueve partículas sueltas de la tierra, tales como arcilla, limo y arena. Este tipo de erosión eólica se llama deflación. Partículas finas son lanzadas varios metros al aire. Las más grandes sólo se elevan unos centímetros. ¿Sabes por qué?

Al soplar el viento, las partículas más grandes ruedan o saltan a lo largo de la superficie, desmenuzando las rocas expuestas. Éstas partículas actúan como pulidoras de arena, cortando y

a sandblaster, cutting and polishing rocks. This type of wind erosion is called abrasion. In nature the rock particles worn away by abrasion are carried away by the wind. What effect can these particles have on other rock surfaces?

The amount of erosion caused by wind depends on the size of the particles being carried, the speed of the wind, and the length of time the wind blows. It also depends on the resistance of the rocks exposed to the wind.

In many desert regions wind erosion forms wind caves by wearing away less-resistant material. Sometimes wind erodes desert sands down to the depth where water is present. With water available on the surface, trees, shrubs, and grasses grow. Then a green, fertile area within a desert, called an oasis (oh-AY-suhs), forms.

Deposits by Wind

The amount of rock and soil particles carried by wind depends on the speed of the wind. The faster the wind blows, the more particles it can carry. The slower the wind blows, the fewer particles it can carry. As the speed of the wind decreases, the particles it can no longer carry are deposited.

DUNES   In desert areas and along shorelines, windblown sand is often deposited near rocks and

Figure 6–3 *Wind erosion carved these beautiful caves in Sandstone Canyon, Arizona. In some places in a desert, wind erodes sand away to a depth where water is present. With water, plants are able to grow and eventually an oasis forms.*

puliendo rocas. Este tipo de erosión eólica se llama abrasión. En la naturaleza, el viento se lleva las partículas rocosas desgastadas por la abrasión. ¿Qué efecto pueden tener estas partículas en otras superficies rocosas?

La cantidad de erosión causada por el viento depende del tamaño de las partículas que lleva, de la velocidad y de la duración del viento. Depende también de la resistencia de las rocas expuestas al viento.

En muchas regiones desérticas la erosión eólica forma cavernas de viento, al desgastar material menos resistente. El viento puede erosionar arenas desérticas hasta la profundidad del nivel del agua. Con agua en la superficie, crecen árboles, arbustos y pasto. Dentro del desierto surge un área verde y fértil: el oasis.

Sedimentos por el viento

La cantidad de partículas rocosas y de suelo arrastradas por el viento depende de la velocidad del mismo. Cuanto más velocidad tenga el viento, más partículas llevará. Al tener menos velocidad, llevará menos partículas. Al disminuir la velocidad del viento, se sedimentarán las partículas que no puede arrastrar.

DUNAS En áreas desérticas y a lo largo de las costas, la arena llevada por el viento es depositada junto a rocas

Figura 6–3 *La erosión eólica cavó estas hermosas cavernas en el cañón de Sandstone, Arizona. En algunos lugares desérticos, el viento erosiona la arena hasta encontrarse con agua. Con el agua, crecen plantas y forman eventualmente un oasis.*

Figure 6–4 *Formed by wind-blown sand, a dune on the shore of Lake Michigan is populated by a variety of plants. A dune formed by wind-blown sand in Death Valley shows no plant life. What accounts for this difference in the two dunes?*

Figure 6–5 *This loess deposit is a nearly vertical cliff of sand and silt. Does a loess deposit show any visible layers?*

bushes. Wind blowing over these deposits is slowed down. More sand is deposited. The mounds of sand continue to grow and to form **sand dunes.** A sand dune is a mound of sand deposited by wind. Sand dunes are very important features of a beach area. They protect the area on the side of the dune away from the ocean from further wind erosion. Small plants often grow on a sand dune. The roots and stems of these plants hold the sand in place. In this way the plants protect the dune from erosion. On some dunes, you may have seen signs cautioning you to avoid stepping on or removing plants. Can you now explain why these signs are important?

Sand dunes vary in size and in shape. Figure 6–6 shows how a sand dune forms. Notice that the side of the dune facing the wind has a gentle slope. Sand is carried up the gentle slope, or windward side, to the crest, or top of the dune. At the crest, the sand is dropped by the wind. The sand slides down the other side. This side of the dune, the slip face, has a steep slope.

As the wind blows, sand dunes move across the areas where they form. They move in the direction the wind is blowing. A sand dune moves by being eroded on one side and built up on the other side. Sometimes moving sand dunes cover buildings, farmlands, and trees.

LOESS Some fine particles of sand and silt are not deposited in dunes. Instead, they are deposited by the wind many kilometers from where they were picked up. When many layers of fine sand and silt are deposited in the same area, **loess** (LOH-ehs) is formed. Loess deposits are very fertile.

Deposits of loess are light in color and may be many meters thick. Loess deposits are found near the northern and central parts of the Mississippi River Valley. They are also found in northeast China.

Figura 6–4 *Formada por arena llevada por el viento, una duna junto al lago Michigan se ve cubierta por una variedad de plantas. Otra duna formada por arena llevada por el viento en Death Valley no tiene plantas. ¿A qué se debe esa diferencia?*

Figura 6–5 *Este depósito de loess es un acantilado vertical de arena y limo. ¿Un depósito de loess tiene capas visibles?*

y arbustos. La velocidad del viento disminuye sobre estos depósitos. Se deposita más arena. Los montículos de arena crecen y forman **dunas.** Una duna es un montículo depositado por el viento. Las dunas son formaciones muy importantes en las playas. Protegen el área del lado de la duna alejado del océano de una mayor erosión eólica. En una duna generalmente crecen pequeñas plantas. Sus raíces y tallos protegen a la duna de la erosión. En algunas dunas verás señales advirtiéndote que evites pisar o remover plantas. ¿Puedes explicar ahora por qué son tan importantes estas señales?

Las dunas varían en tamaño y forma. La figura 6–6 muestra cómo se forman. Fíjate que el lado que enfrenta al viento tiene una pendiente suave. La arena es llevada hacia la cresta o cima de la duna. En la cresta, la arena es soltada por el viento y desciende por el otro lado. Este lado de la duna, la cara de deslizamiento, tiene una pendiente empinada.

A medida que sopla el viento, las dunas se mueven por las áreas en donde se forman. Se mueven en la dirección del viento, siendo erosionadas en un lado y reconstruídas en el otro. A veces las dunas de arena en movimiento cubren edificios, tierras agrícolas y árboles.

LOESS Algunas partículas finas de arena y limo no se depositan en dunas, sino que son depositadas por el viento a muchos kilómetros de su lugar de origen. Cuando se depositan muchas capas de arena fina y limo, se forma el **loess.** Los depósitos de loess son muy fértiles.

Los depósitos de loess son de color claro y pueden tener varios metros de grosor. Depósitos de loess pueden encontrarse cerca del norte y centro del valle del río Mississippi y en el noreste de China. Fuertes tormentas de arena en el desierto de Gobi en Asia formaron depósitos de loess de cientos de metros de espesor.

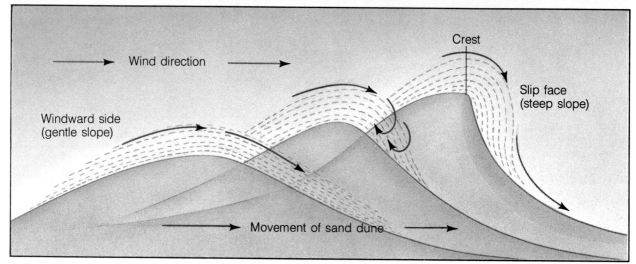

Figure 6–6 *A sand dune forms as material carried by the wind moves up the gentle slope, or windward side, of the dune and accumulates at the crest. Then this material moves down the steep slope, or slip face, of the dune and forms a series of layers. In this same way, a sand dune moves across the area where it forms. On what side of the dune does erosion take place? Deposition?*

Large dust storms in the Gobi desert in Asia have formed loess deposits hundreds of meters thick.

A windbreak is often used to decrease wind erosion and aid in wind deposition. A windbreak is a barrier that causes the wind to slow down. What happens when the wind slows down? When wind speed is decreased, the load carried by the wind is dropped. Fences are often used as windbreaks. So are plants. Consequently, many farmers surround their fields with bushes or trees to help stop wind erosion.

6–3 Section Review

1. Where is wind the most active agent of erosion?
2. How are deflation and abrasion different?
3. What are two kinds of deposits caused by wind?

Connection—*Ecology*
4. At certain beaches, you can often observe a short fence made of thin slats of vertical wood held together at the top and bottom by thin strands of wire. These fences are not tall enough or strong enough to make effective barriers to animals or people. They have an important function, however. Propose a hypothesis that explains what these fences are used for.

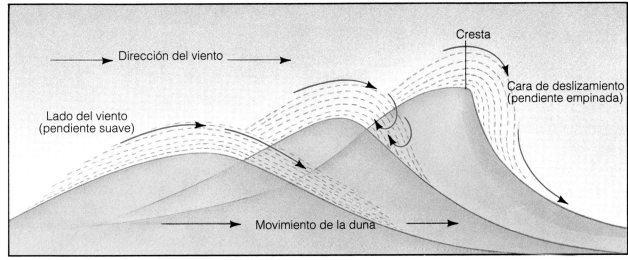

Figura 6–6 *Una duna de arena se forma cuando el material llevado por el viento se mueve subiendo una pendiente suave–o lado del viento–de la duna y se acumula en la cresta. Este material desciende por la pendiente empinada, o cara de deslizamiento, de la duna y forma capas. Del mismo modo, una duna de arena se mueve por el área en donde se formó. ¿De qué lado de la duna se produce la erosión? ¿La sedimentación?*

Un guardavientos se usa para reducir la erosión eólica y ayudar en la deposición del viento. Un guardavientos es una barrera que desacelera el viento. ¿Qué sucede en este caso? Cuando decrece la velocidad del viento, cae la carga llevada por el viento. Se usan cercas y plantas como guardavientos. Por eso muchos granjeros rodean sus campos de árboles y arbustos para ayudar a frenar la erosión eólica.

6–3 Repaso de la sección

1. ¿Dónde es el viento el mayor agente de erosión?
2. ¿En qué se diferencian deflación y abrasión?
3. ¿Cuáles son dos tipos de depósitos causados por el viento?

Conexión—*Ecología*
4. En ciertas playas puedes observar a menudo cercas bajas hechas de tablillas sostenidas arriba y abajo por alambre fino. Estas cercas no sirven como barreras contra personas o animales. Sin embargo, cumplen con una función muy importante. Propone una hipótesis que explique por qué se usan estas cercas.

ctivity Bank

Down by the Old Mill Stream, p. 180

Running Water and Erosion

1. After a heavy rain, collect a sample of runoff in a clear plastic container.

2. Let the water stand for about 10 minutes.

3. Observe the bottom of the container for sediments carried by the runoff.

4. Collect and observe samples from several other areas.

Are there any differences in the samples? Was the runoff from one particular area carrying more sediments than the runoff from other areas? Explain your answer.

6–4 Running Water

From gently falling raindrops to rushing rivers, running water changes more of the Earth's surface than any other agent of erosion. **Running water is the major cause of erosion.**

Rivers, streams, and runoff are forms of running water. Runoff is water that flows over the Earth's surface, usually after a rainfall or a spring thaw. Runoff flows into streams and rivers.

Runoff and Erosion

When rain falls on the surface of the Earth, three things can happen to the water. The rain can evaporate, it can sink into the ground, or it can flow over the land surface as runoff.

When water moves across the Earth's surface as runoff, it picks up and carries particles of clay, sand, and gravel. Because of gravity, the water and sediments move downhill. As the water and sediments move downhill, they cut into the soil and form tiny grooves, called rills. As erosion continues, the rills become wider and deeper. Eventually, gullies form. Gullies act as channels for runoff. You may have seen gullies on slopes alongside highways. Where else might you see gullies caused by erosion?

The amount of runoff is affected by several factors. One factor is the amount of rainfall in an area. In areas with a high average rainfall, there is a lot of runoff. When there is a lot of runoff, there is a lot of erosion.

The amount of runoff is also affected by the amount of plant growth in an area. Plant roots hold soil particles in place. The soil absorbs some of the water. The plant roots also absorb some of the water. Areas with little plant growth have greater runoff and therefore greater erosion. Soil with little plant life can easily be washed away since there are few roots to hold the soil in place.

The shape of the land also affects the amount of runoff. Areas that have steep slopes have the greatest amount of runoff. On a steep slope the water moves too fast to soak into the ground. As the water

Pozo de actividades

La corriente de agua en el viejo molino, p. 180

ACTIVIDAD

PARA HACER

Corrientes de agua y la erosión

1. Luego de una lluvia copiosa, pon agua de desagüe en un envase plástico transparente.

2. Deja el agua en reposo por unos 10 minutos.

3. Observa si en el fondo del envase hay sedimentos en el agua de desagüe.

4. Recoge y observa varias muestras de otras áreas.

¿Existe alguna diferencia en las muestras? ¿El agua de desagüe de un área contenía más sedimentos que el de otras áreas? Explica tu respuesta.

6–4 Agua en movimiento

Desde una lluvia delicada hasta un río precipitado, el agua en movimiento modifica a la superficie terreste más que cualquier otro agente de erosión. **El agua en movimiento es la mayor causa de erosión.**

Ríos, corrientes y desagües son formas de agua en movimiento. El agua de desagüe fluye sobre la superficie terrestre, usualmente después de la lluvia o el deshielo primaveral, y desemboca en corrientes y ríos.

Agua de desagüe y erosión

Cuando llueve sobre la superficie terrestre, al agua pueden sucederle tres cosas. Puede evaporarse, puede penetrar el suelo o puede fluir sobre la superficie como agua de desagüe.

Cuando el agua se mueve por la superficie terrestre como agua de desagüe, recoge y lleva partículas de arcilla, arena y grava. Por efecto de la gravedad, el agua y los sedimentos descienden, y en su paso quiebran el suelo y forman surcos llamados riachuelos. La erosión continúa y los riachuelos se vuelven más anchos y profundos. Se forman hondonadas que actúan como cauces para el agua de desagüe. Habrás visto seguramente hondonadas en laderas junto a las carreteras. ¿En qué otro lugar verías hondonadas causadas por la erosión?

La cantidad de agua de desagüe se ve afectada por varios factores. Uno de ellos es la cantidad de lluvia caída en un área. En áreas con un promedio alto de lluvias, hay una gran cantidad de agua de desagüe. Cuando hay mucha agua de desagüe, hay mucha erosión.

La cantidad de agua de desagüe también se ve afectada por el crecimiento vegetal en el área. Las raíces mantienen a las partículas del suelo en su lugar. El suelo y las raíces absorben parte del agua. Las áreas con poco crecimiento vegetal tienen más agua de desagüe y mayor erosión. Un suelo con poco crecimiento vegetal es arrastrado más fácilmente porque hay pocas raíces para mantener el suelo en su lugar.

La forma del terreno afecta también la cantidad de agua de desagüe. Áreas con laderas empinadas tienen la mayor cantidad de agua de desagüe; el agua se mueve demasiado rápido para penetrar la tierra. A medida que

Figure 6–7 *Farmers often lose land to the forces of erosion. This gully was once a stream bed. What happened to the soil in this area?*

moves rapidly downhill, a lot of erosion takes place. If land surfaces have adequate plant life and are properly cared for, little erosion will occur. Why is it important to control runoff?

Streams and Erosion

Gullies formed by runoff are actually tiny stream valleys. When runoff from several gullies comes together, a larger stream forms.

Streams are important agents of erosion because they carry large amounts of sediments. The soil particles and rock materials carried by a stream are called the stream's **load.** Large and fast-moving streams can carry big loads.

Sediments in a stream's load are transported in different ways. Large, heavy sediments, such as pebbles and boulders, are pushed or rolled downstream. Lighter sediments, such as silt or clay, are picked up and carried along by the force of the moving water. Still other sediments, such as salts, dissolve in the stream water.

Streams cause erosion by abrasion. Sediments carried by streams constantly collide with rocks, chipping away pieces and wearing down the rocks.

Sometimes the layers of rocks beneath a stream are eroded by abrasion. If the stream flows first over hard rock layers and then over soft rock layers, a waterfall will form. This is because abrasion wears away the soft rocks faster than it does the hard rocks. In time, the level of the stream flowing over the soft rocks is lower than the level of the stream flowing over the hard rocks. A waterfall results.

ACTIVITY READING

The Good Earth

Although Pearl Buck was born in the United States, she spent a good part of her life in China. One of her novels, *The Good Earth,* describes the effects of river floods on the lives of people. You might enjoy reading this book, considered to be a classic by many people.

You might be interested to learn that Pearl Buck was also the first woman to win the Nobel prize for literature—a very great honor indeed.

Figura 6–7 *Los granjeros pueden perder tierras debido a la erosión. Esta hondonada había sido el lecho de una corriente. ¿Qué sucedió con el suelo en esta zona?*

el agua desciende rápidamente, se produce mucha erosión. Si la superficie está cuidada y tiene buen crecimiento vegetal, habrá poca erosión. ¿Por qué es tan importante controlar el agua de desagüe?

Corrientes y erosión

Las hondonadas formadas por el agua de desagüe son pequeños valles de corrientes. Cuando se une el agua de desagüe de varias hondonadas, forma una corriente grande.

Las corrientes son agentes importantes de erosión porque arrastran cantidades grandes de sedimentos. Las partículas del suelo y los materiales rocosos llevados por una corriente se llaman **carga**. Las corrientes grandes y veloces pueden acarrear cargas importantes.

Los sedimentos en la carga de la corriente son transportados de maneras diversas. Los sedimentos pesados, como piedras y canto rodado, son empujados corriente abajo. Los sedimentos más ligeros, tales como el limo o la arcilla, son recogidos y arrastrados por el agua en movimiento. Otros sedimentos, tales como las sales, se disuelven en el agua de la corriente.

Las corrientes causan erosión por abrasión. Los sedimentos llevados por las corrientes chocan contra las rocas, rompiéndolas y desgastándolas.

A veces las capas rocosas que están debajo de una corriente son erosionadas por abrasión. Si la corriente fluye primero sobre capas de roca dura y luego sobre capas de roca blanda, se forma un salto de agua. La abrasión desgasta antes a la roca suave que a la roca dura. Cuando el nivel de la corriente que fluye sobre las rocas suaves es inferior al nivel de la corriente que fluye sobre las rocas duras, se forma un salto de agua.

ACTIVIDAD

PARA LEER

La buena Tierra

Aunque Pearl Buck nació en los Estados Unidos, ella pasó gran parte de su vida en China. Una de sus novelas, *The Good Earth*, describe los efectos de las inundaciones en la vida de la gente. Podrás disfrutar leyendo este libro, considerado por muchos como un clásico.

Te interesará saber que Pearl Buck fue también la primera mujer en ganar el Premio Nóbel de literatura—sin duda, un gran honor.

Figure 6–8 *As abrasion wears away underlying rock layers unevenly, a waterfall forms.*

Development of a River System

As you have just read, runoff forms rills. Rills deepen and widen to form gullies. Gullies then join to form streams. Finally, streams join to form rivers. Rivers usually begin in mountains or hills. The downward pull of gravity gives them energy to cut away the land and form valleys. Rivers are important agents of erosion because they affect a large area.

The network of rills, gullies, streams, and rivers in an area is called a **drainage system.** You can compare the pattern of channels in a drainage system to the pattern of branches on a tree. The small twigs of a tree that grow from small branches are like the rills and gullies that join to form streams. The small branches are connected to larger branches just as the small streams flow into larger streams. These larger streams are called **tributaries** (TRIHB-yoo-tehr-eez). The tributaries flow into the main river in much the same way as the larger branches are joined to the trunk of the tree. The main river is like the tree trunk. In time the main river empties into another river, a lake, or an ocean at a place called the mouth of the river.

The area drained by a main river and its channels is called a **drainage basin.** The land that separates one drainage basin from another is called a divide. One of the largest divides is the Continental Divide, located about 80 kilometers west of Denver, Colorado. The Continental Divide is a continuous line that runs north and south the length of North America. West of the divide, all water eventually flows into the Pacific Ocean. East of the divide, all water eventually flows into the Atlantic Ocean.

Figure 6–9 *The pattern of a drainage system can be seen in this satellite photograph. What does this branching system resemble?*

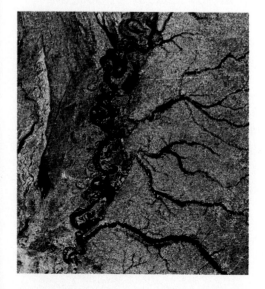

Figura 6–8 *Cuando la abrasión desgasta rocas subyacentes en forma despareja, se forman saltos de agua.*

Desarrollo de un sistema de ríos

El agua de desagüe forma riachuelos. Éstos se vuelven anchos y profundos y forman hondonadas. Éstas se unen y forman corrientes. Las corrientes se unen y forman ríos. Los ríos suelen comenzar en montañas o cerros. Con la fuerza descendente de la gravedad, cortan la tierra y forman valles. Los ríos son agentes importantes de erosión, porque afectan áreas grandes.

La red de riachuelos, hondonadas, corrientes y ríos en un área se llama **sistema de drenaje.** Compara el patrón de canales en un sistema de drenaje con el patrón de las ramas de un árbol. Las ramitas son como los riachuelos y las hondonadas que se unen para formar corrientes. Las ramas pequeñas están conectadas a las ramas más grandes tal como las corrientes menores fluyen hacia las corrientes mayores. Estas corrientes mayores se llaman **tributarias.** Las tributarias fluyen hacia el río principal de la misma manera que las ramas más grandes se unen al tronco del árbol. El río principal es como el tronco del árbol. El río principal desemboca en otro río, lago u océano en un lugar llamado la desembocadura del río.

El área drenada por el río principal y sus canales se llama la **cuenca de drenaje.** La tierra que separa a una y otra cuenca de drenaje se llama divisoria. Una de las más grandes es la Divisoria Continental, a unos 80 kilómetros al oeste de Denver, Colorado. La Divisoria Continental es una línea continua que corre al norte y al sur, a lo largo de América del Norte. Al oeste de la divisoria, toda el agua fluye hacia el Océano Pacífico. Al este de la divisoria, toda el agua fluye hacia el Océano Atlántico.

Figura 6–9 *El patrón de un sistema de drenaje puede verse en esta fotografía desde un satélite. ¿A qué se parece este sistema de ramificación?*

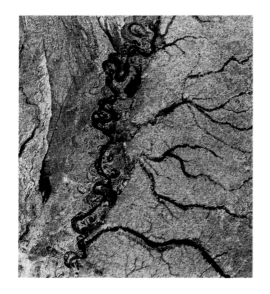

A divide starts off as a wide area. But as the drainage system of a river develops, the divide becomes narrower. Sometimes a drainage system will cut through its divide and steal runoff from another drainage basin.

A drainage system grows larger by deepening its channels, widening its valleys, and adding more rills and gullies to its system. The river grows larger and faster, and the river valley grows deeper and wider. In time the river reaches a balance between the processes of erosion and deposition.

Life Cycle of a River

An **immature river,** or young river, is a river in an early stage of development. An immature river cuts a valley with steep sides into the Earth's surface. The valley is typically V-shaped, and the river covers almost the entire valley floor. The waters of an immature river flow very quickly over rocks, producing rapids. Waterfalls are also commonly found in immature rivers. These rivers erode the surrounding areas rapidly. What size particles do you think an immature river is able to carry?

A river that has been developing for many thousands of years is called a **mature river.** Because of continuous erosion, the rapids and waterfalls have largely disappeared. The river has also eroded much of the valley floor. The valley walls are far from the river itself. The floor of the valley is broad and flat. What shape do you think such a valley is described as having? The course of the river has also become curved and winding, forming loops called **meanders** (mee-AN-derz). The river has slowed down, so erosion has slowed down. What size particles do you think a mature river is able to carry?

Figure 6–10 *The Upper Bow River, in Banff National Park, Canada, is an example of an immature river (right). The Niobrara River in Nebraska is an example of a mature river (left). How are these two rivers different?*

Una divisoria comienza como un área muy ancha. Mientras se desarrolla el sistema de drenaje de un río, la divisoria se hace más angosta. El sistema de drenaje puede atravesar su divisoria y apropiarse de agua de desagüe de otra cuenca de drenaje.

Un sistema de drenaje crece profundizando sus canales, ensanchando sus valles y agregando a su sistema más riachuelos y hondonadas. El río crece en caudal y en velocidad, y el valle del río se vuelve más ancho y profundo. El río alcanza eventualmente un balance entre los procesos de erosión y de sedimentación.

Ciclo de vida de un río

Un **río inmaduro**, o río joven, es un río en una edad temprana de desarrollo. Un río inmaduro corta el valle con laderas empinadas en la superficie de la Tierra. El valle es en forma de V y el río cubre casi todo el suelo del valle. Las aguas de un río inmaduro fluyen rápidamente sobre rocas, produciendo rápidos, y también saltos de agua. Estos ríos erosionan rápidamente las áreas circundantes. ¿Qué tamaño de partículas crees que puede arrastrar un río inmaduro?

Un río que se ha desarrollado por varios miles de años se llama **río maduro**. Debido a la erosión continua, los rápidos y saltos de agua casi han desaparecido. El río ha erosionado también una gran parte del suelo del valle. Las paredes del valle están lejos del río. El suelo del valle es ancho y plano. ¿Cómo crees que se describe la forma de este valle? El curso del río se ha vuelto sinuoso y con curvas llamadas **meandros**. El río se ha aquietado y se deceleró la erosión. ¿Qué tamaño de partículas crees que puede arrastrar un río maduro?

Figura 6–10 *El río Upper Bow, en el Banff National Park, Canadá, es un ejemplo de río inmaduro (derecha). El río Niobrara en Nebraska es un ejemplo de río maduro (izquierda) ¿En qué se diferencian estos dos ríos?*

Deposits by Rivers

A stream or river carries a large amount of sediments. In places where the stream or river slows down, sediments are deposited. Some of the larger sediments settle on the riverbed, or the bottom of the river channel. Some sediments are deposited along the river bank, or the side of the river. These deposits constantly change surrounding land areas.

Sediments are usually deposited on a river bank where a river bends, or curves. This is because the speed of a river decreases at a bend. Rivers tend to erode material on the outside of the curve and deposit it on the inside. The outside of the curve receives the full impact of the current. The water on the inside of a river bend moves more slowly.

OXBOW LAKES Sometimes the meanders of a river form large, U-shaped bends. Erosion along such bends can cut these bends off from the river. Deposited sediments dam up the ends of the meander. A small lake called an **oxbow lake** is formed. An oxbow lake is separated from the river. Figure 6–11 shows how an oxbow lake forms.

ALLUVIAL FANS When a river leaves the mountains and runs out onto a plain, its speed decreases. Nearly all the sediments the river is carrying are dropped. They build up to form an **alluvial fan.** The sediments spread out from the river channel in a fanlike shape.

DELTAS Large amounts of sediments deposited at the mouth of a large river that flows into a lake or an ocean form a **delta.** A delta forms because the river's speed decreases as it runs into the body of

Figure 6–11 *An oxbow lake is often formed when a meander is cut off from the rest of the river. What type of river might have oxbow lakes along its course?*

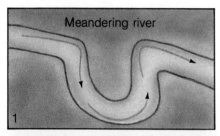

Meandering river

1

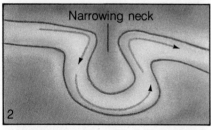

Narrowing neck

2

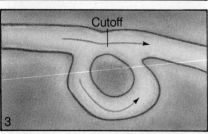

Cutoff

3

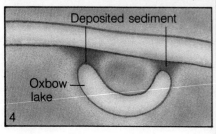

Deposited sediment

Oxbow lake

4

Sedimentos de ríos

Una corriente o un río llevan una gran cantidad de sedimentos. Allí donde la corriente o el río se desacelera, deposita sedimentos. Algunos de los sedimentos más grandes se depositan en el lecho del río o en el fondo del canal del río. Otros se depositan en la ribera del río. Estos depósitos cambian constantemente las tierras circundantes.

Los sedimentos suelen depositarse en la ribera de un río donde éste se curva. Ello se debe a que la velocidad del río disminuye en una curva. Los ríos tienden a erosionar material en el exterior de la curva y a depositarlo en el interior. El exterior de la curva recibe todo el impacto de la corriente. En el interior de la curva, el agua corre más lenta.

LAGOS DE RECODO Los meandros de un río pueden formar recodos grandes en forma de U. La erosión a lo largo de estos recodos puede aislarlos del río. Los sedimentos depositados encierran los extremos del meandro. Se forma un lago pequeño, aislado del río, llamado **lago de recodo.** La figura 6–11 muestra cómo se forma un lago de recodo.

ABANICOS ALUVIALES Cuando un río deja montañas y corre hacia la planicie, su velocidad decrece. Casi todos los sedimentos llevados por el río son depositados. Forman un **abanico aluvial.** Los sedimentos se esparcen desde el canal del río en forma de abanico.

DELTAS Un **delta** está formado por cantidades grandes de sedimentos depositados en la boca de un gran río que fluye hacia un lago o un océano. Un delta se forma porque la velocidad del río decrece cuando entra en aguas estancadas. El río no puede llevar tanto

Figura 6–11 *Un lago de recodo se forma usualmente cuando un meandro es aislado del resto del río. ¿Qué tipo de río puede tener lagos de recodo en su recorrido?*

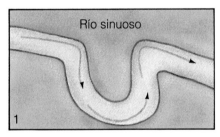

Río sinuoso

1

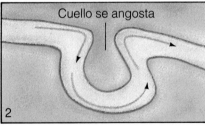

Cuello se angosta

2

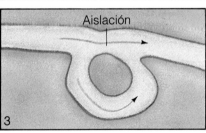

Aislación

3

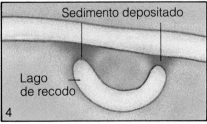

Sedimento depositado

Lago de recodo

4

standing water. The river cannot carry as much material when it is moving slowly. So it deposits much of the sediments. Sediments deposited during flood stages can gradually build up above the river's normal water level.

FLOOD PLAINS AND LEVEES On both sides of a mature river or stream, flat areas called **flood plains** form. After heavy rains or spring thaws, the river overflows its banks and covers the flood plain. Sediments are deposited on the plain. Repeated flooding causes sediments to build up. Flood plains have fertile soil. For example, the flood plains on either side of the Mississippi River are very fertile areas as a result of the periodic flooding of the river. What might be a good use for these areas?

Sediments deposited on a flood plain usually consist of fine particles. The larger particles, which settle first, are deposited along the sides of the river. These larger particles accumulate to form ridgelike deposits called **levees** (LEHV-eez).

Figure 6–12 *An alluvial fan forms when a river leaves the mountains and slows down as it runs out onto a plain (right). As a large river flows into a lake or ocean, its speed decreases and it deposits large amounts of sediments. These deposits form a delta (left).*

6–4 Section Review

1. What is the major cause of erosion?
2. What factors affect the amount of runoff?
3. What is a drainage system? A drainage basin?
4. Compare an immature river to a mature river.
5. How are deltas and flood plains formed?

Connection—*Ecology*

6. Flood plains have fertile soil and can produce good crops. However, flood plains might not be good places to build houses. Explain why.

material cuando se desplaza lentamente, por eso
deposita muchos sedimentos. Los sedimentos
depositados durante una inundación pueden crecer
por sobre los niveles normales de agua.

LLANURAS ALUVIALES Y DIQUES   A ambos lados de
una corriente o un río maduro se forman áreas bajas
llamadas **llanuras aluviales**. Después de lluvias copiosas
o deshielos, el río se sale de su cauce y cubre la llanura
aluvial. Se depositan sedimentos en la llanura. Con cada
inundación se depositan más y más sedimentos. Las
llanuras aluviales tienen suelo fértil. Las llanuras
aluviales a ambos lados del río Mississippi son fértiles
por las inundaciones periódicas causadas por el río.
¿Cuál puede ser un buen uso para estas áreas?

Los sedimentos depositados en llanuras aluviales
suelen consistir de partículas finas. Las partículas
grandes son depositadas a ambas márgenes del río.
Estas partículas grandes se acumulan para formar
depósitos en forma de lomas llamadas **diques**.

Figura 6–12 *Un abanico aluvial se
forma cuando un río deja las
montañas y decrece su velocidad
cuando corre hacia una planicie
(derecha). Cuando un gran río
fluye hacia un lago o un océano, su
velocidad disminuye y deposita
cantidades grandes de
sedimentos. Estos depósitos
forman un delta (izquierda).*

6–4 Repaso de la sección

1. ¿Cuál es la mayor causa de erosión?
2. ¿Qué factores afectan la cantidad de agua
   de desagüe?
3. ¿Qué es un sistema de avenamiento? ¿Una cuenca
   de avenamiento?
4. Compara un río inmaduro con un río maduro.
5. ¿Cómo se forman los deltas y las llanuras aluviales?

Conexión—*Ecología*
6. Las planicies aluviales tienen suelo fértil y pueden
   producir buenos cultivos. Sin embargo no son
   ideales para construir casas. Explica por qué.

6–5 Glaciers

A **glacier** (GLAY-shuhr) is a large mass of moving ice and snow. Glaciers form where there are many large snowfalls and the temperatures remain very cold. Some glaciers form in high mountains where the snow that falls in the winter does not completely melt in the summer. The snow builds up over the years and gradually turns to ice. These glaciers move very slowly through valleys down the mountains. These glaciers are called valley glaciers.

Other glaciers form in the polar regions of the world. Some of these glaciers are huge sheets of ice called continental glaciers or icecaps. They often cover millions of square kilometers. See Figure 6–13. What areas of the Earth do you think are covered with continental glaciers?

Glacial Ice and Erosion

A glacier is one of the most powerful agents of erosion. **Glacial ice erodes by abrasion and by plucking away at the rock beneath it.**

As a glacier moves through a valley, rock materials of all sizes—from immense boulders to tiny particles of clay—are carried along and pushed in front of it. Rock materials carried by a glacier are called glacial debris. Some glacial debris is frozen into the ice of the glacier. The glacier gains more debris as it scrapes materials from the valley walls.

A glacier may carry along large boulders as well as smaller particles of rocks. These make up the

Figure 6–13 *Valley glaciers are long, narrow sheets of ice that move down steep mountain slopes (left). Continental glaciers are huge sheets of ice that cover vast areas of the Earth's polar regions (right). What continent is covered almost entirely by a glacier?*

6–5 Glaciares

Un **glaciar** es una masa inmensa de hielo y nieve en movimiento. Se forma donde hay caída abundante de nieve y las temperaturas permanecen bajas. Algunos glaciares se forman en las altas montañas, donde la nieve del invierno no se derrite en verano. La nieve se acumula y se convierte en hielo. Estos glaciares se desplazan lentamente entre valles, bajando por las montañas. Estos glaciares se llaman glaciares de valle.

Otros glaciares se forman en las regiones polares del mundo. Algunos de ellos son capas gigantescas de hielo llamadas glaciares continentales o casquetes glaciares. Suelen cubrir millones de kilómetros cuadrados. Observa la figura 6–13. ¿Qué áreas de la Tierra crees que están cubiertas por glaciares continentales?

Hielo glacial y erosión

Un glaciar es uno de los agentes de erosión más poderosos. **El hielo glacial erosiona por abrasión y por el arrastre de las rocas debajo de él.**

Un glaciar acarrea y empuja materiales rocosos, desde canto rodado hasta partículas de arcilla. Los materiales rocosos arrastrados por un glaciar se llaman desecho glacial. Parte de este desecho se congela dentro del hielo del glaciar. El glaciar acumula más desecho al raspar materiales de las paredes de los valles.

Un glaciar puede arrastrar cantos rodados inmensos y partículas pequeñas de rocas. Estos componen la

Figura 6–13 *Los glaciares del valle son capas de hielo largas y estrechas que descienden por la ladera de la montaña (izquierda). Los glaciares continentales son capas de hielo enormes que cubren vastas regiones polares (derecha). ¿Qué continente está casi completamente cubierto por un glaciar?*

glacier's load. The load of a glacier helps to wear down the land surface by grinding and polishing the rock it passes over. The moving glacier scrapes away soil and carves distinctive grooves into rocks as it moves over an area. Glacial erosion changes V-shaped mountain valleys into U-shaped mountain valleys.

During the Ice Age, huge icecaps covered a large part of North America. The Rocky Mountains, the mountains of New England, and many of the states in the Northeast and Midwest were at one time covered by glaciers. Glacial erosion caused many of the surface features that are present in these areas. For example, the Great Lakes were formed by glaciers.

Deposits by Glaciers

When the lower end of a glacier reaches a warm area, the ice at the front begins to melt. The glacier continues to move forward, but it may be melting so rapidly at the front that it appears to be moving backward. Such a glacier is said to be retreating. As it retreats, rocks and debris are deposited.

Rocks and soil deposited directly by a glacier are called **till.** Till is a mixture of material that varies in size from large boulders to very fine clay particles. Till is not sorted out by the action of running water. In other words, the material in till is not separated into layers according to its size.

Other glacial deposits are sorted out by running water from melting glaciers. The coarse and fine materials are separated into layers. Both sorted and unsorted materials are found in different features of the land formed by glaciers.

MORAINES When a glacier melts and retreats, it leaves behind till. The till forms a ridge called a **moraine.** There are different types of moraines. Till deposited at the front end of a glacier is called a terminal moraine. Till deposited along the sides of a glacier is called a lateral moraine.

Scientists can find out about glaciers that have melted by studying moraines. The rocks found in a moraine are evidence of where the glacier formed. Rocks can be carried great distances by glaciers. The position of a terminal moraine indicates how far the glacier advanced before retreating.

Figure 6–14 *This boulder in New York City's Central Park shows grooves etched by rocks carried along by retreating glaciers. You might be surprised to learn that much of New York City was covered by a glacier during the last Ice Age. The Great Lakes were also formed by the action of glaciers.*

carga del glaciar. Esta carga ayuda a desgastar la superficie terrestre puliendo la roca sobre la que pasa. El glaciar móvil raspa el suelo y cava surcos en las rocas. La erosión glaciar transforma valles montañosos con forma de V en valles montañosos con forma de U.

Durante la Edad de Hielo, capas de hielo inmensas cubrían gran parte de América del Norte. Las Montañas Rocosas, las montañas de New England y muchos de los estados del noreste y del mediooeste estuvieron cubiertos por glaciares. La erosión glacial marcó muchos rasgos en la geografía actual. Los Great Lakes se formaron por glaciares.

Sedimentos de los glaciares

Cuando el extremo inferior de un glaciar alcanza un área cálida, el hielo frontal comienza a derretirse. El glaciar sigue avanzando, pero puede derretirse tan rápido frontalmente que parece que estuviera retrocediendo. A medida que retrocede, se van depositando rocas y desecho.

Las rocas y tierra depositados directamente por un glaciar se llaman **till**. Éstos son una mezcla de materiales, desde cantos rodados hasta partículas de arcilla. El till no es separado por el agua corriente. El material que lo integra no se separa en capas según su tamaño.

Otros sedimentos glaciales son separados por el agua corriente de los glaciares que se derriten. Los materiales finos se separan en capas. Los materiales, separados y no separados, se hallan en fenómenos geográficos formados por glaciares.

MORRENAS Cuando un glaciar se derrite y retrocede, deja el till atrás. El till origina una formación llamada **morrena**. Hay varios tipos de morrenas. El till depositado en la parte frontal del glaciar se llama morrena terminal. El till depositado a los costados de un glaciar se llama morrena lateral.

Estudiando las morrenas, los científicos aprenden sobre glaciares que se han derretido. Las rocas halladas en una morrena son evidencia de dónde se formó el glaciar. Las rocas pueden ser llevadas lejos por los glaciares. La posición de una morrena terminal indica cuánto avanzó el glaciar antes de retroceder.

Figura 6–14 *Este canto rodado en el Central Park de New York City muestra estrías formados por rocas arrastradas por glaciares que retroceden. Sorprende saber que gran parte de New York City estuvo cubierto por un glaciar durante la Edad de Hielo. Los Great Lakes se formaron también por acción de los glaciares.*

Figure 6–15 *Till left behind when a glacier melts and retreats forms ridges called moraines. Where is a lateral moraine located? A terminal moraine?*

DRUMLINS A **drumlin** is an oval-shaped mound of till. Its tip points in the direction that the glacier was moving. Scientists believe that drumlins are formed as deposits of till are rounded by the glacial ice.

MELTWATER DEPOSITS When valley glaciers stop advancing, melting ice forms streams that flow out from the glacier. These streams are called **meltwater** streams. The meltwater carries away sand and gravel. The sand and gravel sediments are deposited along the meltwater stream in long trainlike deposits called valley trains. The meltwater may also form small lakes and ponds near the glacier. Many present-day rivers were originally meltwater streams.

Sediments deposited by rivers of glacial meltwater form areas called **outwash plains.** Outwash plains are fan-shaped and form in front of terminal moraines. Outwash plains are very fertile land areas. Today many farms can be found in outwash plains.

ICEBERG DEPOSITS Valley glaciers and continental glaciers sometimes reach the sea. When this happens, the glaciers form cliffs of ice and snow. Parts of the glaciers break off and drift into the sea. These glacial parts are called **icebergs.** The continental glaciers of Greenland and Antarctica are the major sources of icebergs.

Figure 6–16 *What appear to be gently rolling hills are actually glacial deposits called drumlins. A drumlin is an oval-shaped mound of till. What is till?*

Figura 6–15 *Cuando un glaciar se derrite y retrocede, el till que queda produce formaciones llamadas morrenas. ¿Dónde hay una morrena lateral? ¿Y una morrena terminal?*

DRUMLINS Un **drumlin** es un montículo de till ovalado. Apunta hacia la dirección en la que se movía el glaciar. Según los científicos, se forma cuando los depósitos de till son redondeados por el hielo glacial.

SEDIMENTOS DE AGUA DE FONDO Los glaciares de valles detienen su avance y el hielo derretido forma corrientes que fluyen hacia fuera del glaciar. Son las corrientes de **agua de deshielo,** que arrastran sedimentos de arena y grava. Éstos se depositan en largos depósitos, llamados trenes del valle. El agua de deshielo puede formar lagos y lagunas cerca del glaciar. Muchos ríos se originaron como corrientes de agua de deshielo.

Los sedimentos depositados por ríos de agua de deshielo glacial forman las **llanuras fluvio-glaciáricas**. Tienen forma de abanico, se forman frente a las morrenas terminales, y son muy fértiles. Hay muchas granjas en llanuras fluvio-glaciáricas.

SEDIMENTOS DE TÉMPANOS DE HIELO Los glaciares de valles y los glaciares continentales pueden alcanzar el mar y formar acantilados de hielo y nieve. Partes del glaciar se desprenden y caen al mar. Son los **témpanos de hielo**. Los glaciares continentales de Groenlandia y la Antártida son las fuentes principales de los témpanos de hielo.

Figura 6–16 *Lo que semejan ser colinas suaves son depósitos glaciales llamados drumlins. Un drumlin es un montículo de till de forma oval. ¿Qué es un till?*

Icebergs may contain rocks and debris picked up from the land. As the icebergs melt, the rocks and debris are deposited on the ocean floor. These sediments are often found thousands of kilometers from their source.

GLACIAL LAKES Glaciers created many of the lakes in the United States. The Finger Lakes in New York, the Great Lakes, and many smaller lakes were formed by glaciers. Do you know of any other lakes that were formed by glaciers?

Figure 6–17 *Icebergs form when chunks of glacial ice break off and drift into the sea. Often icebergs are a danger to ships. A kettle pond forms when a block of glacial ice, surrounded by or covered with sediments, melts and leaves a hole that fills with water. Kettle ponds can be seen in Yosemite National Park.*

Figure 6–18 *The various land features formed by glacial deposits are shown in this diagram. What are some of these features?*

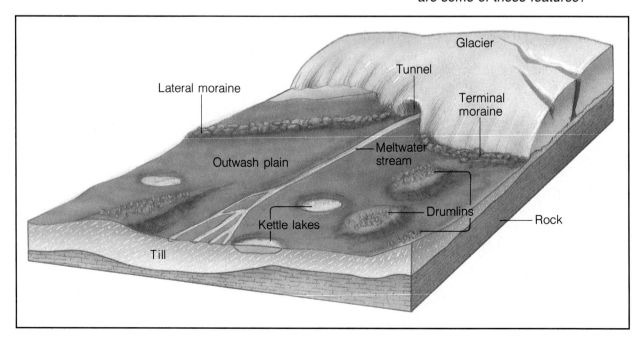

Los témpanos de hielo pueden contener rocas y desechos recogidos del suelo. Los témpanos se derriten, y las rocas y los desechos son depositados en el suelo oceánico. Estos sedimentos suelen encontrarse a miles de kilómetros de sus fuentes.

LAGOS GLACIALES   Los glaciares originaron muchos de los lagos en los Estados Unidos. Los Finger Lakes en New York, los Great Lakes y muchos lagos menores fueron formados por glaciares. ¿Conoces otros lagos originados por glaciares?

Figura 6–17 *Los témpanos de hielo se forman cuando pedazos de hielo glacial se rompen y caen al mar. Estos suelen ser un peligro para los barcos. Una laguna caldera se forma cuando un bloque de hielo glacial, rodeado o cubierto por sedimentos, se derrite y deja un hueco que se llena de agua. Las lagunas caldera pueden verse en el Yosemite National Park.*

Figura 6–18 *En este diagrama se ven los fenómenos geográficos diversos formados por sedimentos glaciales. ¿Cuáles son estos fenómenos?*

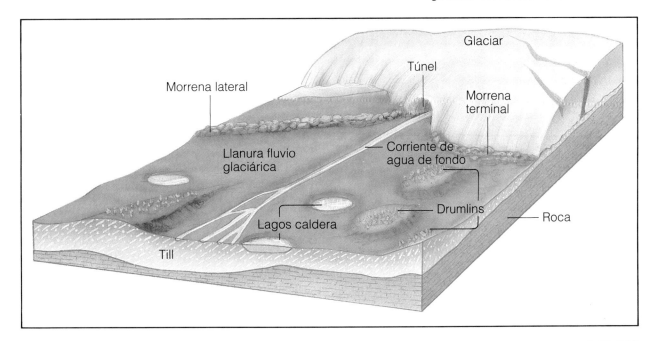

Glacial Erosion

1. Cover a sheet of cardboard with a layer of clay 1 centimeter thick.

2. Rub some sand on top of the clay.

3. Slide an ice cube slowly along a path in the sand. Then hold the ice cube in one place and allow some of it to melt.

Describe the appearance of the sand after the ice cube has slid over it. What do you notice about the ice cube? What happened in the place where you held the cube?

■ How does this activity relate to the erosion processes of glaciers?

Glaciers can form lakes in two ways. Glacial till or deposits of sorted sediments from meltwater sometimes pile up in low-lying river channels and other areas. These deposits keep water from flowing away from the area. The land areas fill with water, and lakes are formed.

Sometimes huge blocks of glacial ice are left behind by a glacier. The ice blocks are surrounded by or covered with sediments deposited by the glacier. When the ice melts, it leaves a depression, or hole, in the ground. The depression fills with water and forms a lake. Lakes formed in this way are called **kettle lakes.** Kettle lakes are usually round and very deep.

6–5 Section Review

1. How does a glacier erode the Earth's surface?
2. Compare a valley glacier and a continental glacier.
3. What is till? A moraine? A drumlin?
4. What are two meltwater deposits?
5. How are glacial lakes formed?

Critical Thinking—*Applying Concepts*
6. While walking in a valley in a national park located near a snow-capped mountain range, Betty noticed large piles of rocks, boulders, sand, and fine clay particles all mixed together. The piles were unlike the small rocks she had previously noticed. Propose a theory to explain Betty's observations.

Guide for Reading

Focus on this question as you read.

▶ *How do waves affect a shoreline?*

6–6 Waves

If you have ever been to an ocean beach, you are probably familiar with waves. Waves are caused by winds, by tides, and sometimes even by earthquakes. Waves can be extremely powerful. **The powerful force of waves constantly erodes and shapes the shoreline.** The shoreline is where a body of water meets the land.

PARA AVERIGUAR

Erosión glacial

1. Cubre una hoja de cartulina con una capa de arcilla de 1 cm de espesor.

2. Frota arena sobre la arcilla.

3. Desliza un cubo de hielo lentamente por un camino en la arena. Sostén el cubo en un punto y deja que parte de él se derrita.

Describe el aspecto de la arena luego de que el cubo de hielo se deslizó sobre ella. ¿Qué notas en el cubo? ¿Qué sucedió en el lugar donde sostuviste el cubo?

■ ¿Cómo se relaciona esta actividad con el proceso de erosión de los glaciares?

Los glaciares forman lagos de dos maneras. El till glacial o sedimentos de agua de fondo pueden apilarse en canales bajos de ríos y en otras áreas. Estos sedimentos evitan que el agua se escurra del área. El terreno se llena de agua y se forman los lagos.

A veces bloques grandes de hielo glacial son dejados atrás por un glaciar. Estos bloques están rodeados o cubiertos por sedimentos depositados por el glaciar. El hielo se derrite, dejando una cavidad o hueco en la tierra. Esta depresión se llena de agua formando un **lago caldera.** Por lo general, los lagos calderas son profundos y de forma redonda.

6–5 Repaso de la sección

1. ¿Cómo erosiona un glaciar a la superficie terrestre?

2. Compara un glaciar del valle con un glaciar continental.

3. ¿Qué es un till? ¿Una morrena? ¿Un drumlin?

4. ¿Cuáles son dos depósitos de agua de fondo?

5. ¿Cómo se forman los lagos glaciales?

Pensamiento crítico—*Aplicar conceptos*

6. Mientras Betty caminaba por un valle, en un parque nacional ubicado cerca de una cadena montañosa, notó acumulaciones inmensas de roca, canto rodado, arena y arcilla fina mezcladas entre sí. Estas acumulaciones no eran parecidas a las rocas pequeñas que ella había visto antes. Propone una teoría para explicar las observaciones de Betty.

Guía para la lectura

Piensa en esta pregunta mientras lees.

▶ *¿Cómo afectan las olas a la línea costera?*

6–6 Olas

Si has estado en una playa oceánica, las olas te resultarán familiares. Las olas son generadas por vientos, mareas y hasta por terremotos. Las olas pueden ser muy poderosas. **La poderosa fuerza de las olas erosiona y modela constantemente la línea costera.** En la línea costera, una extensión de agua se encuentra con la tierra.

Waves and Erosion

Waves cause erosion in several ways. As ocean waves reach shallow water near the shore, they begin to break. As the breaking waves hit the shoreline, their force knocks fragments off existing rock formations. Waves also carry small rocks and sand. The force of the small rocks and sand particles hitting other rocks on the shoreline chips off fragments. What kind of weathering is taking place in these two types of wave erosion?

Another way waves cause erosion is by forcing water into cracks in the rocks at the shoreline. The water causes pressure to build up in the cracks. Over time, the cracks become larger, and the pressure breaks the rocks. Because some rocks dissolve in salt water, the chemical action of salt water also breaks down rocks.

Erosion at the shoreline can occur at different rates. Various conditions cause these different rates. The size and force of the waves hitting the shoreline have an effect on the rate of erosion. Under normal conditions, waves may erode the shoreline at a rate of 1 to 1.5 meters per year. During storms, however, wave action is increased. Larger waves hit the shoreline with greater force. The rate of shoreline erosion may increase to 25 meters in one day. The type of rock that makes up the shoreline also affects the rate of erosion. Some rocks do not erode as quickly as others. How might wave erosion differ along ocean shores and lake shores?

ACTIVITY
CALCULATING

Storm Action

If the rate of shoreline erosion during a storm is 25 meters per day, how many kilometers of shoreline would be eroded if an area had 50 days of storms a year?

Figure 6–19 *The powerful force of waves constantly erodes rocks and reshapes the shoreline. Why are people cautioned about building homes near the shoreline?*

Olas y erosión

Las olas causan varias formas de erosión. Las olas oceánicas comienzan a romperse cuando alcanzan las aguas poco profundas junto a la costa. Al romper contra la línea costera, su fuerza desprende fragmentos de formaciones rocosas preexistentes. Estas olas acarrean rocas y arena. La fuerza de las rocas y de la arena golpean contra otras rocas de la línea costera y desprende fragmentos. ¿Qué tipo de meteorización se lleva a cabo en estos dos tipos de erosión por las olas?

Las olas causan también erosión cuando el agua penetra grietas en las rocas de la línea costera. El agua aumenta la presión en las grietas. Las grietas se agrandan y la presión parte las rocas. Debido a que algunas rocas se disuelven en agua de mar, la acción química del agua de mar destruye también a las rocas.

La erosión de la línea costera puede ocurrir de varias maneras, y ello depende de varias condiciones. El tamaño y la fuerza de las olas que golpean contra la línea costera tienen su efecto en el grado de erosión. Bajo condiciones normales, las olas pueden erosionar la línea de la costa a un promedio de 1 a 1.5 metros por año. Durante las tormentas la acción de las olas puede aumentar. Olas enormes golpean con mayor fuerza. El nivel de erosión de la línea costera puede aumentar a 25 metros en un día. El tipo de roca que compone la línea costera afecta también el grado de erosión. Algunas rocas no se erosionan tan rápido como otras. ¿En qué difiere la erosión de las olas sobre las costas oceánicas de la erosión sobre las costas de los lagos?

ACTIVIDAD PARA CALCULAR

Acción de las tormentas

Si durante una tormenta se erosionan 25 metros diarios de la línea costera, ¿cuántos kilómetros se erosionarían si una zona tuviera 50 días de tormenta por año?

Figura 6–19 *La fuerza poderosa de las olas constantemente erosiona rocas y diseña nuevamente la línea costera. ¿Por qué se le advierte a la gente que quiere edificar junto a la costa?*

Figure 6–20 *Sea stacks are the remains of a cliff that was eroded away by waves. A sea cave is a hollowed-out portion of a sea cliff.*

SEA CLIFFS AND TERRACES Wave erosion forms a variety of features along a shoreline. Erosion by waves sometimes produces steep faces of rock called **sea cliffs.** Over a long period of time the bottom of a sea cliff may be worn away by wave action. Overhanging rocks may break off the top of the cliff and fall into the sea. Waves will then grind the rocks into sand and silt.

As the sea cliff continues to be eroded, the buildup of rocks, sand, and silt forms a flat platform at the base of the cliff. This flat platform is called a **terrace.** As waves move across the terrace, they are slowed down. They strike the cliff with less force. Terraces slow down erosion of sea cliffs.

SEA STACKS AND CAVES As waves erode a sea cliff, columns of resistant rock may be left standing. These columns are called **sea stacks.** Sometimes part of a sea cliff is made of less-resistant rock. When wave action erodes this rock, a cave is formed. A **sea cave** is a hollowed out portion of a sea cliff.

Deposits by Waves

Waves carry large amounts of sand, rock particles, and pieces of shells. At some point waves deposit the material they carry. Sand and other sediments carried away from one part of the shoreline by waves may be deposited elsewhere on the shoreline. The shape of the shoreline is always changing.

BEACHES Eroded rock particles deposited on the shoreline form beaches. Beaches may consist of fine sand or of large pebbles. Some beach materials come directly from the erosion of nearby areas of the shoreline. Other beach materials can come from

Figura 6–20 *Los peñascos costeros son restos de acantilado erosionado por las olas. Una caverna marina es la porción hueca del acantilado.*

ACTIVIDAD

PARA AVERIGUAR

Erosión por las olas

1. Llena un extremo de una fuente con arena y forma con ella una pendiente.

2. Marca en el lado de la fuente donde termina la pendiente de arena.

3. Agrega 1 cm de agua.

4. Haz olas suaves con un trozo de cartulina.

¿Qué cambios observas en la arena?

■ ¿Cómo se relaciona esto con la erosión en las playas?

■ ¿Qué variables en las olas afectarían a la erosión en las playas?

ACANTILADOS Y TERRAZAS DE MAR La erosión de las olas forma accidentes geográficos en la línea costera. Esta erosión puede producir paredones verticales rocosos llamados **acantilados**. Con el tiempo, el fondo de un acantilado puede desgastarse por acción de las olas. Rocas colgantes pueden desprenderse del acantilado y caer al mar. Las olas convertirán las rocas en arena y limo.

Al continuar la erosión del acantilado, el acumulamiento de rocas, arena y limo componen una plataforma en la base del acantilado, llamada **terraza**. Al aproximarse a la terraza, las olas se deceleran. Golpean el acantilado con menos fuerza. Las terrazas reducen la erosión de los acantilados.

PEÑASCOS COSTEROS Y CAVERNAS Las olas erosionan los acantilados, dejando columnas de rocas resistentes llamadas **peñascos costeros**. A veces parte de un acantilado se compone de roca menos resistente. Cuando las olas erosionan esta roca, se forma una caverna, la **caverna marina**, que es una porción hueca de acantilado.

Sedimentos de olas

Las olas acarrean grandes cantidades de arena, partículas rocosas y trozos de conchillas. En algún momento, las olas depositan este material. La arena y otros sedimentos arrastrados por las olas desde la línea costera pueden depositarse en otra parte de la costa. La forma de la línea costera cambia constantemente.

PLAYAS Las partículas de roca erosionada depositadas en la línea costera forman playas. Éstas pueden ser de arena fina o de piedras calizas grandes. Algunos materiales de la playa provienen de la erosión de zonas vecinas a la línea costera. Otros materiales

rivers that carry sediments from inland areas to the sea. Waves transport the sediments from the mouths of rivers to different parts of the shoreline.

The type of material found on a beach varies according to its source. The color of the sand provides a clue to its origin. Beaches along the Atlantic coast have white sand. White sand usually consists of quartz material that originated in the eastern part of the United States. For example, most of the white sand on the Atlantic coast of Florida came from the erosion of the southern Appalachian Mountains. On Hawaii and other islands in the Pacific, some sand is black. This black sand comes from broken fragments of dark, volcanic rocks. Still other beaches may have deposits of shell fragments and coral skeletons.

SAND BARS AND SPITS Waves do not usually move straight into the shore. Instead, they approach the shore at an angle. The water is then turned so it runs parallel to the shoreline. The movement of water parallel to a shoreline is called a **longshore current.**

If the shoreline bends or curves, material carried by waves in a longshore current is deposited in open water. A long, underwater ridge of sand called a **sand bar** forms. If the sand bar is connected to the curving shoreline, it is called a **spit.**

Sometimes large sand bars are formed during the winter. At this time of year waves are large and carry more material away from the beaches. This material is deposited offshore. What do you think happens during the summer?

Figure 6–21 *The sand found on a beach varies according to its source. The color of sand is a clue to its origin and composition. What is the likely origin of white sand? Black sand? Pink sand?*

provienen de ríos que arrastran sedimentos desde zonas interiores hasta el mar. Las olas llevan los sedimentos desde las bocas de los ríos hasta partes diversas de la línea costera.

El tipo de material hallado en una playa varía de acuerdo a su origen. El color de la arena puede ser indicativo de su origen. Las playas de la costa del Atlántico tienen arena blanca. La arena blanca consiste usualmente de material de cuarzo originado en el este de los Estados Unidos. Por ejemplo, la mayor parte de la arena blanca de la costa atlántica de Florida proviene de la erosión de las montañas del sur de los Apalaches. En Hawai y otras islas del Pacífico parte de la arena es negra. Ésta proviene de fragmentos desprendidos de rocas volcánicas oscuras. Otras playas pueden tener fragmentos de conchillas y esqueletos de corales.

BANCOS DE ARENA Y ESPOLONES Las olas no suelen entrar directamente en la costa. Se acercan a la costa en un ángulo. El agua es desviada, y entonces corre paralela a la línea costera. El movimiento del agua, paralelo a la línea costera, se llama **corriente costera**.

Si la línea costera se curva, el material acarreado por las olas en la corriente costera es depositado en aguas abiertas. Se forma una larga acumulación submarina de arena llamada **banco de arena**. Si está conectado a una costa curva, se llama **espolón**.

A veces se forman grandes bancos de arena durante el invierno. En esta época del año las olas son enormes y se llevan más material de las playas y fuera de la costa. ¿Qué crees que sucede durante el verano?

Figura 6–21 *La arena de una playa varía de acuerdo a su origen. Su color es una clave de su origen y de su composición. ¿Cuál será el origen de la arena blanca? ¿De la negra? ¿De la rosada?*

Figure 6–22 *Longshore currents slow down and deposit sand when shorelines curve or bend. What are these deposits called?*

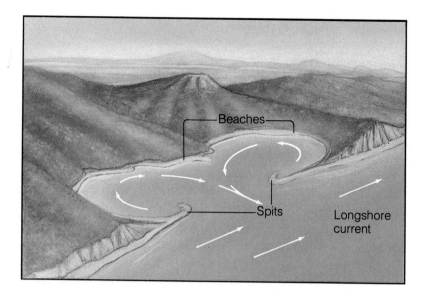

Beaches

Spits

Longshore current

The Shape of a Shoreline

The shape of a shoreline often results from changes in the level of the sea. If the sea level drops, the resulting shoreline has many sea cliffs and terraces. The drop in sea level exposes new areas of shore to wave erosion, which forms many sea cliffs and terraces.

If the sea level rises, the resulting shoreline has many bays and harbors. The rise in sea level floods streams and small rivers, forming bays and harbors.

ACTIVITY

WRITING

What Causes Erosion and Deposition?

In a 300-word essay, describe how the processes of erosion and deposition occur. Use the following words in your essay.

continental glacier
valley glacier
terminal moraine
oxbow lake
sea stack
spits
loess
slip face

6–6 Section Review

1. How do waves affect a shoreline?
2. What is a sea cliff? A sea stack?
3. Why do different beaches have different colored sand?
4. How does a longshore current form sand bars and spits?

Connection—*Ecology*

5. Many people have built houses on beaches. The view of the ocean causes land along the shore to be highly valued. However, many scientists warn against building a house on the beach front. Why do you think the scientists warn against this?

Figura 6–22 *Las corrientes costeras se deceleran y depositan arena cuando la línea costera se curva. ¿Cómo se llaman estos depósitos de arena?*

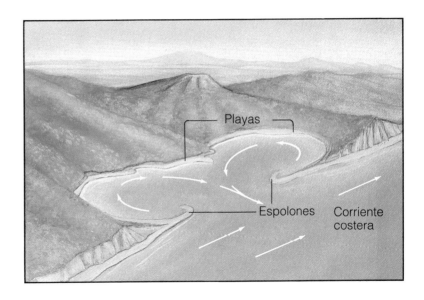

Playas

Espolones

Corriente costera

La forma de una línea costera

La forma de una línea costera es el resultado de cambios en el nivel del mar. Si el nivel del mar baja, la línea costera resultante tiene muchos acantilados y terrazas. La caída del nivel del mar expone nuevas áreas de costa a ser erosionadas por las olas, lo que origina muchos acantilados y terrazas.

Si el nivel del mar sube, la línea costera tiene muchas bahías y puertos. Esto incrementa el caudal de corrientes y ríos, formando puertos y bahías.

Actividad

PARA ESCRIBIR

¿Qué causa la erosión y la sedimentación?

En un ensayo de 300 palabras, describe cómo se producen los procesos de erosión y de sedimentación. Usa las palabras siguientes en tu ensayo.

glaciar continental
glaciar de valle
morrena terminal
lago de recodo
peñasco costero
espolones
loess
cara de deslizamiento

6–6 Repaso de la sección

1. ¿Cómo afectan las olas a la línea costera?
2. ¿Qué es un acantilado? ¿Y un peñasco costero?
3. ¿Por qué playas diferentes tienen colores diferentes de arena la corriente costera?
4. ¿Cómo forma bancos de arena y espolones la corriente costera?

Conexión—*Ecología*
5. Mucha gente construye casas en la playa. La vista al océano hace que una propiedad sea altamente valorada. Sin embargo, muchos científicos advierten que no se deben construir casas en la playa. ¿Por qué crees que los científicos nos dan esta advertencia?

CONNECTIONS

Nature's Gifts From the Nile

Life on Earth often forms webs of great complexity. In this chapter, you have read about the fertility of lands that form a river's flood plains. These lands, renewed by periodic deposits of silt and minerals, are part of the river's bounty of life. The crops produced in fertile flood plains provide food and fibers for millions of people who often live many, many kilometers from the river's banks.

The Nile River performed this life-giving role in ages past. Heavy rains caused the Nile to flood every year. As the river's waters overspilled the banks, land in the flood plains was inundated. Deposits carried by the river were left behind as the water receded. These deposits enhanced the soil's fertility—Egypt could produce enough food to feed its people.

Today progress and technology have altered life along the Nile. The Aswan Dam, completed in 1971, was viewed with hope and promise. It was thought that the dam would control the annual flooding of the Nile, as well as generate enough electricity to power industrial plants that would provide jobs for millions of Egypt's inhabitants. It did all that. But it also altered the web of life that had existed almost unchanged for thousands of years along the river.

Today farmers along the Nile cannot depend on the annual flooding of the Nile to enrich their soil. They must add artificial fertilizers to provide food for their crops. Some scientists have calculated that the power produced by the dam today equals the power needed to make fertilizers for the area's crops. In this case, nature might have known best. The Nile River is controlled by modern technology, and its annual floodings are no more. However, one must wonder if the lives of those living in the area have been improved very much, if at all.

CONEXIONES

Regalos de la naturaleza desde el Nilo

La vida en la Tierra teje tramas de gran complejidad. En este capítulo, has leído sobre la fertilidad de tierras que forman las llanuras aluviales. Estas tierras, renovadas por depósitos periódicos de limo y minerales, son parte de la riqueza del río. Las cosechas de tierras fértiles proveen de comida y fibras a millones de personas que pueden habitar a muchos kilómetros de las riberas.

El río Nilo ha desempeñado este papel en épocas pasadas. Lluvias copiosas provocaban inundaciones del Nilo. El agua se salía de sus cauces y las llanuras aluviales se inundaban. Los sedimentos llevados por el río quedaban atrás, mientras el agua retrocedía. Estos sedimentos aumentaban la fertilidad del suelo—Egipto podía alimentar a su gente.

Hoy, el progreso y la tecnología han alterado la vida en el Nilo. La represa de Aswan, terminada en 1971, fue vista como un símbolo de esperanza. Se pensaba que la represa controlaría las inundaciones anuales del Nilo, y que generaría electricidad suficiente para que las plantas industriales les dieran trabajo a millones de egipcios. Lo logró. Pero también cambió la trama de la vida que se había mantenido casi inalterable a lo largo del río durante miles de años.

Hoy, los granjeros del Nilo no pueden depender de la inundación anual del Nilo para enriquecer su suelo. Deben agregar fertilizantes artificiales para alimentar a sus cultivos. Algunos científicos calcularon que el poder producido por la represa equivale al poder necesario para preparar fertilizantes para toda la región. En este caso, la naturaleza es sabia. El Nilo está controlado por alta tecnología y sus inundaciones no se producen más. Sin embargo, pensemos si la vida de sus pobladores ha mejorado mucho, o nada en absoluto.

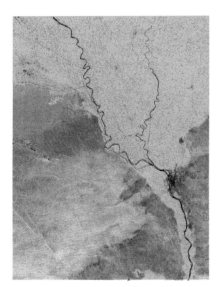

Laboratory Investigation

Observing Erosion and Deposition in a Model Stream

Problem

How is a stream's ability to erode and deposit materials affected by a change in its flow?

Materials *(per group)*

lab table
support, such as books
stream pan (2 cm x 50 cm x 8–10 cm)
sand
2 buckets
2 25-cm lengths of rubber tubing (1 cm in diameter)
screw clamp
food coloring or ink

Procedure

1. Set up a stream table similar to the one shown in the illustration.

2. Raise one end of the large pan slightly, so that the pan forms a very low angle with the table. To start the water flowing, siphon the water out of the bucket. Use the screw clamp to set the water flow at a low volume.

3. As the water runs to the end of the pan, observe and record the changes that occur on the land surface, on the lake, and on the stream itself. Note any deposition features that may form. A drop of food coloring or ink can help to reveal patterns of change.

4. Next, change the slope of the stream, making it steep by increasing the angle between the pan and the table. Observe and record the effects of this change.

5. Now increase the stream's volume by opening the screw clamp or by pouring water down the stream table. Observe and record the effects of this change.

Observations

1. What, if any, deposition features formed?
2. What evidence of erosion did you observe?
3. What changes in the stream occurred when you increased the steepness of the slope of your stream table? When you increased the volume of water?

Analysis and Conclusions

1. What effects does an increase in the speed at which the stream flows have on the processes of erosion and deposition? An increase in stream volume?
2. Why do you think old rivers meander?

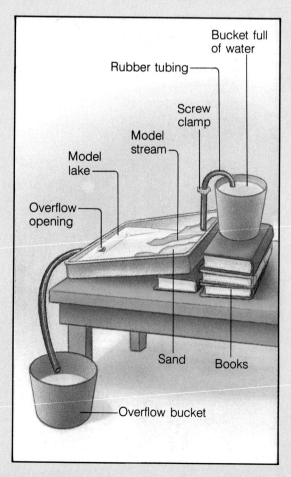

Investigación de laboratorio

Observar la erosión y la sedimentación en una corriente modelo

Problema

¿Cómo afecta el cambio de caudal al poder de la corriente de erosionar y sedimentar materiales?

Materiales *(para cada grupo)*

mesa de laboratorio
elementos de apoyo, como libros
bandeja (2 cm x 50 cm x 8–10 cm)
arena
2 baldes
2 tubos de goma de 25 cm de largo
  (1 cm de diámetro)
abrazadera de tornillo
colorante de comida o tinta

Procedimiento

1. Prepara una mesa para corriente similar a la de la ilustración.

2. Levanta el extremo de la bandeja, para que forme un pequeño ángulo con la mesa. Para que comience a fluir el agua, usa el efecto de sifón. Con una pinza fija un nivel bajo de salida de agua.

3. Mientras el agua corre hacia el borde de la bandeja, observa y registra los cambios producidos en la superficie de la tierra, el lago y la corriente. Fíjate si se han formado sedimentos. Una gota de colorante de comida o tinta te ayudarán a revelar patrones de cambio.

4. Luego, cambia la inclinación de la corriente, aumentando el ángulo entre la bandeja y la mesa. Observa y anota los efectos del cambio.

5. Ahora incrementa el volumen de la corriente abriendo la pinza o echando agua hacia abajo de la mesa. Observa y registra los efectos de este cambio.

Observaciones

1. ¿Se formaron sedimentos? ¿Cuáles?

2. ¿Qué evidencia de erosión pudiste observar?

3. ¿Qué cambios en la corriente se produjeron cuando aumentaste la inclinación de la bandeja? ¿Y cuando incrementaste el volumen de agua?

Análisis y conclusiones

1. ¿Qué efectos tiene un aumento de velocidad de la corriente en los procesos de erosión y de sedimentación? ¿Y un incremento del volumen de la corriente?

2. ¿Por qué los ríos antiguos son sinuosos?

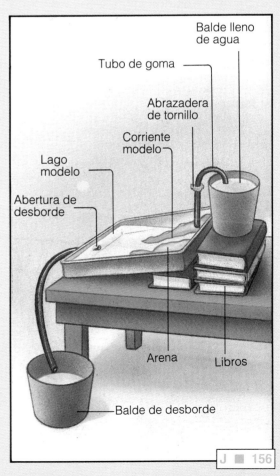

Balde lleno de agua
Tubo de goma
Abrazadera de tornillo
Corriente modelo
Lago modelo
Abertura de desborde
Arena
Libros
Balde de desborde

Summarizing Key Concepts

6–1 Changing the Earth's Surface

▲ Erosion is the process by which weathered rock and soil particles are moved from one place to another.

▲ Deposition is the process by which sediments are laid down in new locations.

▲ The five agents of erosion are gravity, wind, running water, glaciers, and waves.

6–2 Gravity

▲ The downhill movement of sediments caused by gravity is called mass wasting.

6–3 Wind

▲ Wind erodes by deflation and abrasion.

▲ Sand dunes and loess are wind deposits.

6–4 Running Water

▲ Running water in the form of rivers, streams, and runoff is the major agent of erosion.

▲ The network of rills, gullies, streams, and rivers in an area is called a drainage system.

▲ Deposits by rivers include oxbow lakes, alluvial fans, deltas, flood plains, and levees.

6–5 Glaciers

▲ A glacier is a large mass of moving ice and snow. Two types of glaciers are valley glaciers and continental glaciers.

▲ Rocks and soil deposited directly by a glacier are called till.

▲ Other glacial deposits include moraines, drumlins, meltwater streams, outwash plains, icebergs, and lakes.

6–6 Waves

▲ Waves erode and shape the shoreline.

▲ Wave erosion forms sea cliffs, terraces, sea stacks, and sea caves.

▲ Deposits by waves include beaches, sand bars, and spits.

Reviewing Key Terms

Define each term in a complete sentence.

6–1 Changing the Earth's Surface
erosion
deposition

6–2 Gravity
mass wasting

6–3 Wind
sand dune
loess

6–4 Running Water
load
drainage system
tributary
drainage basin
immature river
mature river
meander
oxbow lake
alluvial fan
delta
flood plain
levee

6–5 Glaciers
glacier
till
moraine
drumlin
meltwater
outwash plain
iceberg
kettle lake

6–6 Waves
sea cliff
terrace
sea stack
sea cave
longshore current
sand bar
spit

Resumen de conceptos claves

6–1 Cambios en la superficie terrestre

▲ La erosión es el proceso por el cual la roca meteorizada y las partículas del suelo son acarreadas de un lugar a otro.

▲ La sedimentación es el proceso por el cual los sedimentos son depositados en lugares nuevos.

▲ Los cinco agentes de la erosión son: gravedad, viento, agua corriente, glaciares y olas.

6–2 Gravedad

▲ El movimiento de los sedimentos hacia abajo causado por la gravedad se llama pérdida de masa.

6–3 Viento

▲ El viento erosiona por deflación y por abrasión.

▲ Dunas de arena y loess son sedimentos del viento.

6–4 Agua en movimiento

▲ El agua corriente en forma de ríos, corrientes y agua de desagüe es el principal agente de erosión.

▲ La red de riachuelos, hondonadas, corrientes y ríos en un área se llama sistema de avenamiento.

▲ Los sedimentos de los ríos incluyen lagos semilunares, abanicos aluviales, deltas, planicies aluviales y diques.

6–5 Glaciares

▲ Un glaciar es una masa inmensa de hielo y nieve en movimiento. Los glaciares de valles y los glaciares continentales son dos tipos de glaciares.

▲ Las rocas y el suelo depositados directamente por el glaciar se llaman till.

▲ Otros sedimentos glaciales incluyen: morrenas, drumlins, corrientes de agua de fondo, llanuras fluvio-glaciáricas, témpanos de hielo y lagos.

6–6 Olas

▲ Las olas erosionan y diseñan la línea costera.

▲ La erosión por las olas forma acantilados, terrazas, peñascos costeros y cavernas.

▲ Los sedimentos de las olas incluyen playas, bancos de arena y espolones.

Repaso de palabras claves

Define cada palabra o palabras con una oración completa.

6–1 Cambios en la superficie terrestre
erosión
sedimentación

6–2 Gravedad
pérdida de masa

6–3 Viento
duna de arena
loess

6–4 Agua en movimiento
carga
sistema de drenaje
tributaria
cuenca de drenaje
río inmaduro
río maduro
meandro
lago de recodo
abanico aluvial
delta
planicie aluvial
dique

6–5 Glaciares
glaciar
till
morrena
drumlin
agua de deshielo
llanura fluvio-glaciárica
témpano de hielo
lago caldera

6–6 Olas
acantilado
terraza
peñasco costero
caverna
corriente costera
banco de arena
espolón

Chapter Review

Content Review

Multiple Choice

Choose the letter of the answer that best completes each statement.

1. The process by which sediments are laid down in new locations is called
   a. erosion.
   b. deposition.
   c. abrasion.
   d. mass wasting.
2. Two examples of rapid mass wasting are
   a. slump and soil creep.
   b. landslides and earthflows.
   c. soil creep and earthflows.
   d. landslides and slump.
3. Layers of fine sand and silt deposited in the same area by wind are called
   a. loess.
   b. dunes.
   c. terraces.
   d. till.
4. The network of rills, gullies, and streams that forms a river is called a
   a. drainage basin.
   b. tributary.
   c. levee.
   d. drainage system.
5. Rich, fertile soil deposited on the sides of a river as it overflows forms flat areas called
   a. terraces.
   b. sand bars.
   c. flood plains.
   d. valley trains.
6. A ridge of till deposited as a glacier melts and retreats is called a
   a. moraine.
   b. terrace.
   c. levee.
   d. flood plain.
7. Glacial meltwater forms very fertile deposits of sediments called
   a. flood plains.
   b. outwash plains.
   c. kettle lakes.
   d. drumlins.
8. Columns of resistant rock left as waves erode sea cliffs are called
   a. spits.
   b. sea stacks.
   c. terraces.
   d. sand bars.
9. A sand bar connected to a curving shoreline is called a
   a. terrace.
   b. sea stack.
   c. spit.
   d. drumlin.
10. A shoreline that has many sea cliffs and terraces may indicate that the sea level has
    a. dropped.
    b. risen.
    c. remained constant.
    d. reversed direction.

True or False

If the statement is true, write "true." If it is false, change the underlined word or words to make the statement true.

1. The downhill movements of sediments is called mass wasting.
2. The most active agent of erosion in deserts and on beaches is waves.
3. When wind or water moves slowly, the amount of particles it can carry increases.
4. Areas with little plant growth have more erosion than areas with lots of plant growth.
5. A large deposit of sediment at the mouth of a river is called a levee.
6. Rocks and debris deposited directly by a glacier are called till.
7. Parts of glacial ice that break off and drift into the sea are called drumlins.

Concept Mapping

Complete the following concept map for Section 6–1. Refer to pages J6–J7 to construct a concept map for the entire chapter.

Repaso del capítulo

Repaso del contenido

Selección múltiple

Selecciona la letra de la respuesta que mejor complete cada frase.

1. El proceso por el cual los sedimentos son depositados en lugares nuevos se llama
   a. erosión.
   b. sedimentación.
   c. abrasión.
   d. pérdida de masa.

2. Dos ejemplos de pérdida rápida de masa son
   a. deslizamiento y escurrimiento del terreno.
   b. desprendimientos y flujos de tierra.
   c. escurrimiento del terreno y flujos de tierra.
   d. desprendimientos y deslizamiento.

3. Capas de arena fina y limo depositadas en la misma zona por el viento se llaman
   a. loess.
   b. dunas.
   c. terrazas.
   d. till.

4. La red de riachuelos, hondonadas y corrientes que forman un río se llama
   a. cuenca de drenaje.
   b. tributaria.
   c. dique.
   d. sistema de drenaje.

5. Un suelo rico y fértil de un río, cuando se sale de su cauce, forma áreas bajas llamadas
   a. terrazas.
   b. bancos de arena.
   c. planicies aluviales.
   d. trenes de valle.

6. Una loma de till depositada a medida que un glaciar se derrite y retrocede se llama
   a. morrena.
   b. terraza.
   c. dique.
   d. planicie aluvial.

7. El agua de deshielo glacial forma depósitos de sedimentos muy fértiles llamados
   a. planicies aluviales.
   b. llanuras fluvio-glaciáricas.
   c. lagos caldera.
   d. drumlins.

8. La erosión de los acantilados por las olas deja columnas que se llaman
   a. espolones.
   b. peñascos costero.
   c. terrazas.
   d. bancos de arena.

9. Un banco de arena conectado a una línea costera curva se llama
   a. terraza.
   b. peñasco costero.
   c. espolón.
   d. drumlin.

10. Una costa con muchos acantilados y terrazas puede indicar que el nivel del mar ha
    a. disminuido.
    b. aumentado.
    c. permanecido constante.
    d. invertido su dirección.

Verdadero o falso

Si la afirmación es verdadera, escribe "verdad." Si es falsa, cambia las palabras subrayadas para que sea verdadera.

1. Los movimientos cuesta abajo de los sedimentos se llaman pérdida de masa.

2. Los agentes de erosión más activos en los desiertos y en las playas son las olas.

3. Cuando el viento o el agua se desplazan lentamente, aumenta la cantidad de partículas que transportan.

4. Las áreas con poca vegetación tienen mayor erosión que las que tienen mucha.

5. Un gran depósito de sedimentos en la boca de un río se llama un dique.

6. Las rocas y los sedimentos depositados directamente por un glaciar se llaman till.

7. Partes del glaciar que se desprenden y caen al mar se llaman drumlins.

Mapa de conceptos

Completa el siguiente mapa de conceptos para la sección 6–1. Para hacer un mapa de conceptos de todo el capítulo, consulta las páginas J6–J7.

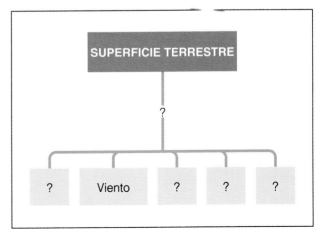

Concept Mastery

Discuss each of the following in a brief paragraph.

1. Explain why the rate of erosion along a shoreline increases during a storm.
2. Explain how both erosion and deposition occur at the same time in the formation of sand dunes.
3. What can scientists learn about glaciers by studying moraines?
4. List several agents of erosion that might affect land areas in a large city. Compare these agents with ones that might affect land areas in the country. Explain why different agents work in different areas.
5. Describe the formation of a waterfall. What role does water play?
6. Explain why farmland near rivers is often very productive.
7. Dams are usually built across rivers and streams. If the dam is large enough, a huge lake may form behind it. In what ways does a dam slow down erosion?
8. Continental glaciers may cause problems in areas that are far away from the site of the glacier. What kind of dangers can continental glaciers pose?
9. Wind erosion in a desert area is usually harmful. In one instance, however, it can be helpful. Explain how wind erosion in the desert can be helpful.

Critical Thinking and Problem Solving

Use the skills you have developed in this chapter to answer each of the following.

1. **Sequencing events** The following steps are stages in the formation of a river system from the time rain falls to the Earth to the time a steadily flowing river forms. The steps, however, are not in order. Read the steps and place them in the proper order.
   a. Runoff from several slopes collects in low places.
   b. Rain falls to the Earth's surface.
   c. Water tumbles in broad sheets.
   d. Branch gullies develop and then become tributaries.
   e. A gully is formed.
   f. A V-shaped valley with streams, waterfalls, and rapids forms.
   g. Erosion lengthens the gullies.
   h. The gully gets larger and collects more water.
2. **Relating concepts** Use glaciers as an example to explain how the erosion of a land area usually involves more than one agent of erosion.
3. **Making inferences** Why would a flood plain be characteristic of a mature river valley and not of an immature river valley?

4. **Applying concepts** What are two ways in which people cause erosion? What are two ways in which people can prevent erosion?
5. **Making diagrams** Make a diagram to show how an immature and a mature river would look in a photograph taken from a high-flying plane. How would each river look in a topographic map?
6. **Using the writing process** In order to protect shorelines, a proposal has been made to prohibit the construction of homes near beach dunes. Write a letter to your governor explaining your views.

Dominio de conceptos

Comenta cada uno de los puntos siguientes en un párrafo breve.

1. Explica por qué el grado de erosión a lo largo de una línea costera aumenta durante una tormenta.
2. Explica cómo se producen simultáneamente la erosión y la sedimentación en la formación de dunas.
3. ¿Qué pueden aprender los científicos sobre los glaciares al estudiar las morrenas?
4. Menciona varios agentes de erosión que pueden afectar terrenos en una gran ciudad. Compara a estos agentes con los que pueden afectar terrenos en el campo. Explica por qué actúan agentes diferentes en áreas diferentes.
5. Describe la formación de un salto de agua. ¿Qué papel juega el agua?
6. Explica por qué la tierra de cultivo cerca de los ríos es casi siempre muy productiva.
7. Las represas se construyen generalmente a través de ríos y corrientes. Si la represa es suficientemente grande, puede formarse un lago enorme. ¿De qué manera una represa desacelera la erosión?
8. Los glaciares continentales pueden causar problemas en áreas alejadas del glaciar. ¿Qué tipo de peligros pueden provocar los glaciares continentales?
9. La erosión eólica en desiertos suele ser perjudicial, menos en una instancia. Explica cómo la erosión eólica en el desierto puede resultar beneficiosa.

Pensamiento crítico y solución de problemas

Usa las destrezas que has desarrollado en este capítulo para resolver lo siguiente.

1. **Ordenar los hechos** Los pasos siguientes son etapas en la formación de un sistema de río, desde el momento en que cae la lluvia en la Tierra hasta que se forma un río caudaloso. Pero, los no están en orden. Léelos y ordénalos correctamente.
   a. El agua de desagüe de diversas laderas se junta en áreas bajas.
   b. La lluvia cae sobre la superficie terrestre.
   c. El agua cae en amplias extensiones.
   d. Se forman canales ramificados y se convierten en tributarias.
   e. Se forma una hondonada.
   f. Se forma un valle en forma de V con corrientes, saltos de agua y rápidos.
   g. La erosión alarga las hondonadas.
   h. La hondonada se agranda y recoge más agua.
2. **Relacionar conceptos** Usa los glaciares como ejemplos para explicar cómo la erosión de la tierra casi siempre involucra a más de un agente de erosión.
3. **Hacer inferencias** ¿Por qué una planicie aluvial sería característica de un valle de río maduro y no de uno inmaduro?

4. **Aplicar conceptos** ¿Cuáles son las dos formas en las que la gente causa erosión? ¿Y sus dos formas de prevenirla?
5. **Preparar diagramas** Prepara un diagrama para mostrar cómo se verían un río maduro y uno inmaduro en una fotografía sacada desde un avión. ¿Cómo lucirían en un mapa topográfico?
6. **Usar el proceso de la escritura** A fin de proteger las líneas costeras, existe una propuesta para prohibir la construcción de casas cerca de dunas en la playa. Escríbele a tu gobernador, dándole tu opinión.

SARA BISEL UNCOVERS THE PAST WITH ANCIENT BONES

You probably know a bone when you see one. And you might even be able to tell the difference between a chicken bone and a steak bone. But if you saw a pile of bones, you probably couldn't tell much more about them. Dr. Sara Bisel is different. She studies bones to reveal a story within the bones—a story of ancient times. Dr. Bisel is an anthropologist, a person who studies the physical characteristics and cultures of people who lived in the past. She has studied chemistry, nutrition, and art. All of these fields help her in her work with bones.

Today, Sara Bisel works in Italy. There she studies the remains of a great disaster that occurred almost two thousand years ago. On August 24, AD 79, Mount Vesuvius, a volcano in southern Italy, erupted. For many people living near the volcano, this day was their last.

Herculaneum, a busy port city on the Bay of Naples, was located at the base of the volcano. The people of Herculaneum fished in the surrounding waters. They stored their fishing boats in stone huts on the beach. In one of the stone huts Sara Bisel made her most important discovery—not boats, but the remains of people who perished during the eruption of Mount Vesuvius. Although these remains are now only silent witnesses to a dreadful event, they tell a story to Sara Bisel.

"Who says dead men don't talk?" Dr. Bisel asks. "These bones will have a lot to say about who these people were and how they lived." For Dr. Bisel uncovers more than bones in her work. She tries to bring the lives of ancient people into focus.

In 1982 Dr. Bisel began to reconstruct the lives of people who hid in the boat shed during the eruption of Mount Vesuvius. That eruption was followed by an avalanche that buried the dead under thirty meters of lava and mud. This volcanic covering sealed the bones from the air. The mud hardened and preserved the skeletons.

Near the boat shed, Dr. Bisel found the remains of a woman she calls Portia. In examining Portia's badly crushed skull, Dr. Bisel concluded that Portia fell from a great height during the eruption. By measuring one of Portia's leg bones, Dr. Bisel was able to determine Portia's height. The condition of the bones also told Dr. Bisel about the kind of life Portia lived. For example, Dr. Bisel analyzed Portia's bones with special chemical tests. These tests could tell if Portia was well nourished and if she had any diseases. The shape and texture of the bones could tell what Portia did for a living. Ridges and rough spots on the arm bones indicated to Dr. Bisel the way in which Portia used her arm muscles. "I think she was a weaver."

▲ **"Who says dead men don't talk?" From bones such as these, Dr. Bisel is reconstructing the lives of people buried during the eruption of Mount Vesuvius in AD 79.**

Sara Bisel works carefully, loosening the fragile bones from their stony resting place. If the bones are treated roughly, they can break as easily as eggshells. She washes each bone and dips it into a liquid plastic solution to preserve it. Next she stores the bones in special yellow plastic boxes. To date, Dr. Bisel has collected the bones of 48 men, 38 women, and 25 children.

Putting the pieces of a skull together requires artistic skills as well as scientific knowledge. Sara Bisel is an expert at solving these complex, three-dimensional puzzles. "Just look at her profile and that delicate nose," Dr. Bisel exclaimed excitedly about Portia's reconstructed skull. "In your mind's eye, spread a little flesh over these bones. She was lovely!"

In one family, Dr. Bisel found four men, three women, and five children. One of the children was very young, only about seven months old the day of the eruption. Because the baby wore jewelry, Dr. Bisel thinks this family was wealthy.

Dr. Bisel, who works six days a week, truly enjoys her interesting job. She takes great delight in reconstructing the skeletons and discovering the stories they silently tell.

WASTING TIME:
The Nuclear Clock Ticks Down

Today, nuclear power plants are producing more than energy. They are producing a potentially deadly form of garbage: nuclear wastes!

By the year 2000, there will be enough nuclear garbage to fill a giant box about 40 meters on each side. Such a "box" would not be much larger than a 13-story building on a square city block. If there will be no more waste than this, what's the grave danger? Why all the fuss? The answer, in a single word, is radiation!

INVISIBLE DANGER

Radiation is invisible energy. And nuclear radiation is *powerful* invisible energy. It is so powerful, in fact, that even small doses over a period of time can permanently harm, or even kill, living things.

Substances such as uranium and plutonium are common fuels for nuclear power plants. Like other fuels, these substances

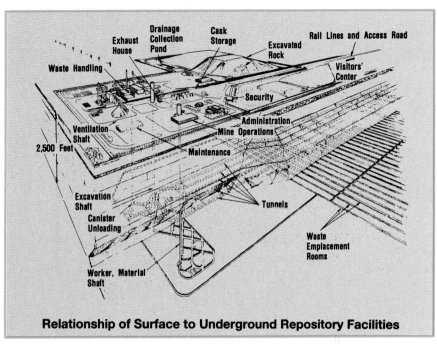

Relationship of Surface to Underground Repository Facilities

leave behind waste materials when they are used. But these wastes are not at all like the ashes that are the waste products of burning wood. Ashes are harmless. Nuclear wastes are extremely hazardous. The deadly radiation they give off can penetrate most ordinary substances. And this radiation can last for hundreds of thousands of years. So the disposal of nuclear wastes, even the smallest amount, is a giant problem.

Obviously, nuclear wastes cannot be disposed of like ordinary garbage. And they cannot be kept in giant containers, either. So how and where can they be safely stored? Scientists and engineers are trying to answer this question. But they cannot take forever to find a solution. For the wastes are piling up. Over the next few years, special tanks located near nuclear power plants will serve as temporary storehouses. But what is needed is a permanent home for these hazardous materials.

SPACE-BOUND GARBAGE

If we cannot find a place on Earth to get rid of nuclear garbage, why not send it into space? Rockets loaded with nuclear wastes could be launched into orbit between the Earth and Venus. Traveling at the right speeds, the rockets could stay in orbit for a million years or more without bumping into either planet. By that time, the nuclear wastes would have become harmless.

Critics of this idea point to its cost and potential danger. An accident during rocket launch could harm thousands of people. These critics believe that the solution is not in the stars but on Earth. Only where can these nuclear burying grounds be found?

▲ **Storage of nuclear wastes requires a complex network of facilities. Here you see an artist's concept of the surface and underground features of a disposal site mined out of rock.**

DOWN-TO-EARTH ALTERNATIVES

The Antarctic ice sheet is more than 2500 meters thick in some places. Could nuclear wastes be buried under this huge, frozen blanket? No, according to some critics of this idea. Not enough is known about the behavior of ice sheets. And what is known is not comforting. For example, ice sheets move rapidly about every 10,000 years. Their movement might allow the wastes to get loose. In addition, nuclear wastes produce a tremendous amount of heat—enough heat, in fact, to melt the ice. Where the ice melted, nuclear radiation might leak out into the oceans and air.

If not the Antarctic ice sheet, then how about a nuclear cemetery under the ocean floor? Thick, smooth rock layers have been building up there for millions of years. Nuclear wastes deposited in these rock layers would probably remain there almost forever.

Places Studied or Now Being Considered for
Terminal Storage of High-Level Nuclear Waste

▲ **Various underground sites are being considered for the storage of nuclear waste material. There are a number of different kinds of rock in which wastes could be put. The map shows where some of these types of rock are located.**

But as with other proposals, there are problems with this idea. At present, the technology to do the job does not exist. And not enough is known about the various forces to which such rock is exposed. For example, the force of hot currents might pull the stored nuclear wastes out of the rock.

ROCK CANDIDATES

With ice sheet cemeteries and underwater graveyards all but impossible, one idea still remains. That idea is to put nuclear wastes in "rooms" dug out of underground rock.

In order to determine the best place to bury nuclear wastes, scientists must know all they can about the rock. Here are the properties scientists have determined are best: The rock must be heat-resistant, strong, and waterproof. The rock must be at least 6100 meters deep. And the ground where the rock exists must be very dry and free from earthquakes.

As you can see from the map, such rock formations exist in the United States. Scientists are now studying many of these formations. They plan to choose the very best location and build a nuclear-waste garbage dump there between the years 1998 and 2006. There are four kinds of rocks that scientists believe will be the best.

Basalt is a volcanic rock that is strong and waterproof. It does not lose its strength when heated. However, basalt formations usually contain seams. Some scientists believe that water, which might carry nuclear wastes, could flow along these seams.

Tuff is another volcanic rock that has some of the properties of basalt. It is being studied in Nevada, where there is little underground water. Scientists point out that there is still much to be learned about tuff.

Granite is a very hard rock that resists heating. But water is found in many granite formations. And in addition, granite is difficult to drill through. So building a nuclear-waste "room" in granite might be a very tough and costly job.

Salt is found in huge underground deposits. Although salt looks solid, it is really a flowing material. Scientists point out that this property of salt helps to seal cracks in salt formations. Unfortunately, salt is often not dry. And when heated, the salt will dissolve in the water and produce a solution called brine. The brine could carry nuclear wastes out of the salt formation.

So far, scientists have been unable to find the perfect graveyard for nuclear wastes. But the search goes on. Unfortunately, in the meantime the wastes pile up.

GAZETTE

EARTHQUAKE

ALARM!

Scientists are beginning to sort out clues that signal trouble within the Earth.

A full moon hung over the quiet lake as the two campers began to settle in for the night. Suddenly a strange glow flooded the sky. One of the men poked the other.

"Did you see that, George?"

"What?" grumbled George, half asleep.

"The light in the sky."

George opened one eye and looked up. But the glow had vanished.

"I don't see anything but the moon. You must have been dreaming."

"Wait a second. Take a look at the lake. That's no dream!"

George couldn't believe his eyes. Hundreds of fish were leaping up out of the lake, their wet scales flashing in the moonlight.

"Something strange is going on here," said a wide-awake George.

▲ ▶ **Earthquakes can cause great harm to property and people. But if earthquakes could be predicted, people, at least, might escape unharmed.**

But something "strange" was not happening. In fact, something pretty common was about to happen. And within minutes it did!

The ground moved. Trees swayed in the still air. A frightening rumble echoed through the surrounding hills.

"Earthquake!" cried George.

In the distance, the lights of the great city went out.

"That's home!" the two campers said at the same time as they leaped to their feet.

"We've got to get to a phone quickly." urged George.

The men ran through the woods until they reached a roadside telephone booth. George dialed the emergency police number.

"Park police. Can I help you?"

"Yes," shouted George. "There's been an earthquake. What happened to the city?"

"Calm down, sir," replied a reassuring voice. "Where have you been for the last two weeks?"

"Camping out in the woods," George answered.

"Then you don't know," said the officer. "An earthquake was predicted 10 days ago. Everyone got out of the city safely. Some

buildings are all smashed up, bridges are down, roads are cracked and bent. But no one got hurt."

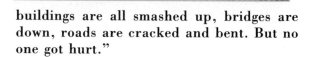

PREDICTING EARTHQUAKES

What kinds of clues can help scientists predict earthquakes? The events observed by George and his friend signal an earthquake but come too late. There are other events that only scientists using special instruments can observe. Let's take a closer look at some of these events, what may cause them, and how they can be detected.

Throughout history, people have reported seeing a strange glow in the sky moments before an earthquake shakes the land. Scientists explain that the forces that cause an earthquake first squeeze rocks within the Earth with incredible pressure. The rocks often respond by giving off electricity and magnetism. This energy "escapes" into the air, causing the eerie glow. Special electronic instruments can detect changes in the magnetic properties of rocks. Such changes might someday be used to help predict an upcoming earthquake.

Something else seems to happen when rocks deep in the Earth are squeezed under great pressure. The rocks crack and give off a radioactive gas called radon. Some of

this gas may enter water in deep wells. Some may escape into the air. In either case, the gas can be detected by instruments that pick up changes in radioactivity. So a sudden increase in the radioactivity of well water or the air may signal a tremor on the way.

What happens when someone squeezes your hand very hard in a handshake? For one thing, your knuckles might crack. Rocks under pressure can do the same thing. Only, unlike the cracking sound knuckles make, the "groans" of rocks are often too low to be heard by the unaided human ear. But specially designed instruments can help scientists listen in on such sounds. The rocks may be trying to tell us something about earthquakes.

Many violent events occur in the Earth when huge sections of rock split apart. Parts of the ground above may tilt or bulge. Other parts may begin to creep past one another. A complex instrument called the tiltmeter can detect changes in the ground's slope as slight as one ten-millionth of a degree, or about half the thickness of this page, over a distance of one kilometer!

Laser beams, which travel at the speed of light, are used to measure creep. A laser beam is fired across a fault, or crack, in the Earth. The beam hits a reflector and bounces back. A special clock times the round trip. If the time of the round trip changes, the distance between the laser "gun" and the reflector has changed. This is a sure sign of creep and a possible warning of greater motions to come.

ANIMAL EARTHQUAKE PREDICTORS

And what about the fish that George and his friend saw leaping out of the nearby lake? How could they, and other animals, help predict earthquakes?

Many animals, such as dogs, can hear sounds that people cannot hear. People have noticed that their pets acted strangely before a quake struck. Changes in the chemical nature of the air are known to affect the brains of rodents such as rats. Scientists have evidence that birds can sense magnetic forces. Sharks are also thought to be sensitive to magnetic forces.

Animals that have these "super senses" might detect and react to changes triggered by a coming earthquake. Scientists are investigating the value of using people to report on strange animal behavior. The scientists have been studying local earthquake data to discover whether animal behavior is related to earthquake activity. Perhaps a pet poodle will one day be used as an earthquake early warning system.

▽ **Scientists use special devices to study earthquakes. Seismographs record the strength of an earthquake and how long it lasts (left). Lasers measure how far the land shifts along a fault (right).**

LO QUE LOS HUESOS DEL PASADO LE CUENTAN

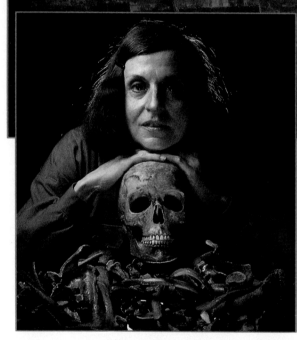

A SARA BISEL

Problablemente reconoces un hueso al verlo. Incluso puedes distinguir entre un hueso de pollo y uno de res. Pero con un montón de huesos no sería fácil distinguirlos. La Dra. Sara Bisel es diferente. Estudia los huesos para descubrir su historia—la historia del pasado. La Dra. Bisel es una antropóloga, es decir, una persona que estudia las características físicas y culturales de las personas que vivieron en el pasado. Ha estudiado química, nutrición y arte. Todas estas materias le ayudan a estudiar los huesos.

Ahora, Sara Bisel trabaja en Italia, donde analiza los restos de un gran desastre ocurrido hace casi dos mil años. El 24 de agosto del año 79 d.C. el Vesubio, un volcán del sur de Italia, entró en erupción. Para muchos de los que vivían cerca del volcán fue el último día.

Herculano, una activa ciudad portuaria en la bahía de Nápoles, estaba al pie del volcán. Sus habitantes pescaban en las aguas de alrededor y guardaban sus barcos en cabañas de piedra en la playa. En una de ellas Sara Bisel hizo su descubrimiento más importante. No se trataba de barcos, sino de restos de personas que perecieron durante la erupción del Vesubio. Ahora, estos testigos silenciosos de la catástrofe le cuentan su historia a Sara Bisel.

—¿Quién dice que los muertos no hablan? —pregunta la Dra. Bisel. —Estos huesos tienen mucho que decir sobre quiénes eran y cómo vivían aquellas personas.—Porque la Dra. Bisel, a través del descubrimiento de huesos, intenta investigar las vidas de los pueblos antiguos.

En 1982, la Dra. Bisel empezó a reconstruir las vidas de los que se refugiaron en el cobertizo durante la erupción del Vesubio. Tras la erupción, una avalancha sepultó a los muertos bajo treinta metros de lava y barro protegiendo a los huesos del aire. El barro se endureció, conservando los esqueletos.

Cerca de ese cobertizo, la Dra. Bisel encontró los restos de una mujer que llamó Porcia. Al examinar su cráneo, en pedazos, la Dra. dedujo que durante la erupción Porcia cayó desde una gran altura. Al medir uno de los huesos de una pierna, se pudo saber la altura de Porcia. La condición de sus huesos le indicó a la Dra. Bisel su tipo de vida. Por ejemplo, la Dra. los sometió a pruebas químicas especiales para saber si Porcia estaba bien alimentada o sufría enfermedades. La forma y estructura de sus huesos mostraban en qué trabajaba. Por las rugosidades y erosiones de los huesos de su brazo la Dra. Bisel opina: —Creo que era tejedora.

▲ "¿Quién dice que los muertos no hablan?" A partir de huesos como éste, la Dra. Bisel reconstruye las vidas de personas que murieron durante la erupción del Vesubio en el año 79 d.C.

Sara Bisel, cuidadosamente, desprende los frágiles huesos de la piedra donde descansan. Si no se tiene cuidado, pueden romperse como cáscaras de huevo. Lava cada hueso, y lo sumerge en una solución líquida de plástico para protegerlo. Luego los guarda en cajas especiales de plástico amarillo. Hasta ahora, la Dra. Bisel ha reunido los huesos de 48 hombres, 38 mujeres y 25 niños.

Para reconstruir un cráneo hacen falta habilidad artística y conocimientos científicos. Sara Bisel es una experta en estos rompecabezas. —Admiren su perfil, qué nariz tan delicada—, exclama, entusiasmada, frente al cráneo reconstruido de Porcia. —Imaginen estos huesos recubiertos de carne. ¡Era muy bonita!

En una familia, la Dra. Bisel encontró cuatro hombres, tres mujeres y cinco niños. Uno de los niños sólo tenía unos siete meses el día de la erupción y, como llevaba joyas, la Dra. Bisel piensa que eran ricos.

La Dra. Bisel, que trabaja intensamente, disfruta mucho reconstruyendo esqueletos y descubriendo las historias que nos cuentan en silencio.

TIEMPO DESPERDICIADO:
El reloj nuclear sigue marcando las horas

En la actualidad, las centrales nucleares producen algo más que energía. Están produciendo un tipo de basura que puede ser mortal: ¡los desechos nucleares!

Hacia el año 2000 habrá suficientes desechos nucleares como para llenar una caja gigante cuadrada de unos 40 metros de lado. Esa "caja" sería como un edificio de 13 pisos. Si sólo es esto, ¿dónde está el peligro?

¿Por qué tanto alboroto? La respuesta, en una sola palabra es: ¡radiación!

PELIGRO INVISIBLE

La radiación es una energía invisible. Y la radiación nuclear es una energía invisible muy potente, tanto, que incluso pequeñas dosis durante cierto tiempo pueden dañar, o incluso matar, a seres vivos.

Sustancias como el uranio y el plutonio son combustibles frecuentes para las centrales nucleares. Al igual que otros combustibles,

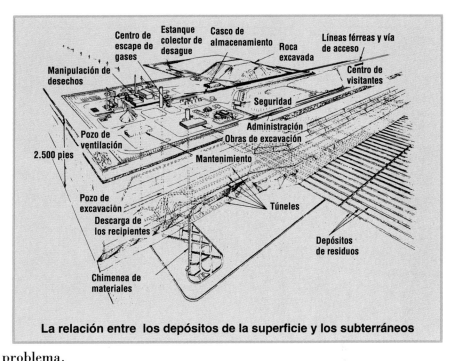

Manipulación de desechos

Centro de escape de gases

Estanque colector de desague

Casco de almacenamiento

Roca excavada

Líneas férreas y vía de acceso

Centro de visitantes

Seguridad

Administración

Obras de excavación

Pozo de ventilación

2.500 pies

Mantenimiento

Pozo de excavación

Túneles

Descarga de los recipientes

Depósitos de residuos

Chimenea de materiales

La relación entre los depósitos de la superficie y los subterráneos

cuando se usan estas sustancias producen residuos. Pero estos desechos no se parecen en nada a las cenizas resultantes de quemar madera que son inofensivas. Los desechos radiactivos son altamente peligrosos. Desprenden una radiación mortífera que puede penetrar la mayoría de las sustancias y puede perdurar cientos de miles de años. Por eso, la eliminación de los desperdicios nucleares, aunque sean pocos, es un gran problema.

Obviamente, estos desperdicios no pueden eliminarse como los demás desechos y tampoco pueden guardarse en recipientes gigantescos. ¿Cómo y dónde pueden guardarse sin peligro?

Científicos e ingenieros tratan de encontrar una respuesta rápidamente, porque los desechos se están acumulando. Durante los próximos años se usarán tanques especiales, cerca de las centrales, como almacenes temporales. Pero se necesita un destino permanente para estos materiales tan peligrosos.

DESECHOS AL ESPACIO

Si no se puede encontrar un almacén para los desechos en la Tierra, ¿por qué no mandarlos al espacio? Se podrían poner en órbita entre la Tierra y Venus naves cargadas de desechos nucleares. Con una velocidad adecuada, podrían permanecer en órbita millones de años, o más, sin chocar con otro planeta. Después, ya serían inofensivos.

Algunos señalan como inconvenientes el coste y el peligro potencial. Un accidente durante su lanzamiento podría dañar a miles de personas. Creen que la solución está en la Tierra y no en las estrellas. Pero, ¿dónde se podrían enterrar?

▲ **El almacenamiento de desperdicios nucleares requiere unas instalaciones muy complejas. Ésta es la visión de un artista de cómo sería un depósito de desperdicios nucleares excavado en la roca.**

ALTERNATIVAS REALISTAS

En algunos sitios la capa de hielo del Antártico tiene más de 2500 metros de espesor. ¿Podrían enterrarse los desperdicios nucleares bajo esa inmensa manta helada? No, dicen algunos críticos, porque no se sabe bastante sobre las capas de hielo y lo que se sabe no es tranquilizador. Por ejemplo, estas capas se mueven rápidamente cada 10,000 años con lo que podrían desprenderse los desperdicios nucleares. Además, estos residuos emiten enormes cantidades de calor, suficiente para derretir el hielo, y producir una fuga radiactiva en los océanos o en el aire.

Y entonces, ¿por qué no un cementerio nuclear bajo el fondo del mar? Allí se han acumulado espesas capas de rocas durante millones de años. Los desperdicios depositados allí podrían permanecer sobre ellas quizá para siempre.

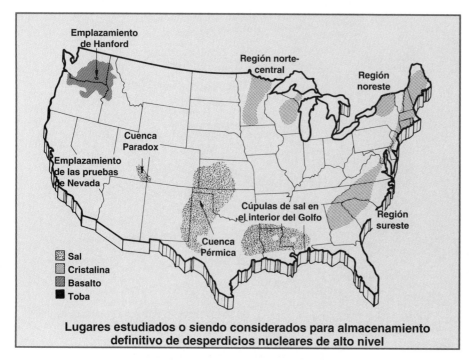

Emplazamiento
de Hanford

Región norte-
central

Región
noreste

Cuenca
Paradox

Emplazamiento
de las pruebas
de Nevada

Cúpulas de sal en
el interior del Golfo

Región
sureste

Cuenca
Pérmica

▨ Sal
▧ Cristalina
▨ Basalto
■ Toba

**Lugares estudiados o siendo considerados para almacenamiento
definitivo de desperdicios nucleares de alto nivel**

▲ **Se están considerando distintos
emplazamientos subterráneos para
almacenar los desperdicios nucleares. Hay
diferentes tipos de roca donde se podrían
poner estos desechos. El mapa muestra la
localización de algunas de estas rocas.**

Pero esta propuesta también plantea
problemas. Por ahora no existe la tecnología
para realizarla, y no se sabe bastante sobre
las distintas fuerzas que actúan sobre esas
rocas. Por ejemplo, la fuerza de las corrientes
calientes podría sacar los desperdicios de
las rocas.

CANDIDATURAS DE ROCAS

Visto que los cementerios en el hielo y los
enterramientos submarinos son prácticamente
imposibles, aún queda una idea: guardar los
desperdicios nucleares en "salas" excavadas
en las rocas.

Para determinar el mejor lugar
donde enterrarlos, los científicos tienen
que saber lo más posible sobre las rocas.
Estas son las propiedades que consideran
más adecuadas: Las rocas deben ser duras
y resistentes al calor y al agua.
Además su profundidad debe ser, al menos,

de 6100 metros y el
suelo donde están debe ser
muy seco y no sufrir
terremotos.

Como muestra el mapa,
estas formaciones de
rocas existen en los Estados
Unidos y los científicos
las están estudiando. El plan
es escoger el mejor
emplazamiento y construir
en él un vertedero de desechos
nucleares entre los años
1998 y 2006. Hay cuatro clases
de rocas consideradas como
las mejores.

El basalto es una roca
volcánica fuerte e impermeable. No pierde su resistencia
al calentarse, pero, en
general, tiene grietas. Algunos
creen que el agua podría fluir
por esas grietas, arrastrando desperdicios
nucleares.

La toba también es volcánica, con
algunas de las propiedades del basalto.
Se está estudiando en Nevada, donde el
agua subterránea es escasa. Pero se sabe
poco de ella.

El granito es una roca muy dura, resistente
al calor. Pero hay agua en muchas de
sus formaciones. Además es difícil perforarlo,
así que construir una "sala" de desperdicios
nucleares en él podría resultar
duro y costoso.

Existen inmensos depósitos de sal
subterráneos. Aunque la sal parece sólida, en
realidad fluye. Según los científicos esto
ayudaría a sellar las grietas de las
formaciones salinas. Pero, con frecuencia, la
sal está húmeda y al calentarse se disolvería
en el agua, formando una solución llamada
salmuera, que arrastraría los desperdicios nucleares.

Hasta ahora los científicos no han
encontrado el cementerio ideal
para estos desperdicios, pero siguen
buscando. Desgraciadamente los desperdicios
siguen acumulándose.

GACETA:
¡ALARMA DE
TERREMOTO!

Los científicos están identificando las señales de peligro del interior de la Tierra.

La luna llena brillaba sobre el plácido lago cuando los dos campistas se preparaban para pasar la noche. De repente, un brillo extraño inundó el cielo. Uno de los hombres sacudió al otro.

—¿Viste eso, George?

—¿Qué?— gruñó George, adormilado.

—La luz en el cielo.

George abrió un ojo y miró hacia arriba. Pero el brillo había desaparecido.

—Sólo veo la luna. Debías estar soñando.

—Espera un momento. Mira al lago. ¡No es un sueño!

George no podía creer lo que veía. Cientos de peces saltaban por encima del lago y sus escamas húmedas centelleaban a la luz de la luna.

—Algo extraño está ocurriendo aquí— dijo George, completamente despierto.

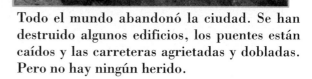

Los terremotos pueden causar graves daños a las personas y a las cosas, pero si pudieran predecirse, las personas, al menos, podrían salvarse.

Pero no sucedía nada "extraño." De hecho algo bastante frecuente estaba a punto de ocurrir. ¡Y ocurrió enseguida!

El suelo tembló. Los árboles se tambalearon en el aire inmóvil. Un estruendo espantoso retumbó por las colinas.

—¡Un terremoto!— gritó George.

A lo lejos las luces de la gran ciudad se apagaron.

—¡Nuestra casa!— dijeron los dos campistas, poniéndose de pie en un salto.

—¡Tenemos que buscar un teléfono inmediatamente!— decidió George.

Los hombres corrieron por el bosque hasta llegar a una cabina telefónica al borde de un camino.

George marcó el número de emergencias de la policía.

—La policía, ¿necesitan ayuda?

—Sí— gritó George. —Ha habido un terremoto. ¿Qué pasó en la ciudad?

—Cálmese— contestó una voz tranquilizadora. —¿Dónde estuvo estas dos semanas?

—Acampando en el bosque— contestó George.

—Entonces no lo sabe,— dijo el policía. —Hace diez días se predijo un terremoto.

Todo el mundo abandonó la ciudad. Se han destruido algunos edificios, los puentes están caídos y las carreteras agrietadas y dobladas. Pero no hay ningún herido.

PREDECIR LOS TERREMOTOS

¿Qué puede ayudar a los científicos a predecir los terremotos? Los hechos observados por George y su amigo avisaron del peligro, pero era demasiado tarde. Hay otros hechos que sólo los científicos pueden observar con instrumentos especiales. Observemos algunos de estos hechos, qué puede causarlos y cómo pueden detectarse.

A lo largo de la historia ha habido personas que dijeron haber visto un resplandor extraño en el cielo antes de un terremoto. Según los científicos, las fuerzas que causan un terremoto primero presionan fuertemente las rocas dentro de la Tierra. Con frecuencia, las rocas reaccionan desprendiendo electricidad y magnetismo. Esta energía se "escapa" al aire, causando ese brillo irreal. Ciertos instrumentos electrónicos especiales pueden detectar cambios en las propiedades magnéticas de las rocas. Tales cambios podrían servir para predecir terremotos.

También, cuando fuertes presiones actúan sobre las rocas en el interior de la Tierra éstas se agrietan y desprenden un gas radioactivo

llamado radón que puede filtrarse en los pozos profundos de agua o salir al aire. Así, este gas puede detectarse con instrumentos que miden los cambios de radiactividad. Por tanto, un cambio brusco en la radiactividad en un pozo o en el aire puede avisar de un temblor.

¿Qué pasa cuando alguien te aprieta la mano muy fuerte? Tus nudillos pueden crujir. A las piedras, bajo presiones fuertes les puede pasar igual. Pero, a diferencia del ruido de los nudillos, los "gruñidos" de las rocas suelen ser demasiado bajos para que el oído humano los escuche. Pero instrumentos especiales pueden ayudar a los científicos a escucharlos. Puede que las rocas estén intentando decirnos algo sobre los terremotos.

Cuando inmensas masas de rocas se separan, se producen en la Tierra perturbaciones violentas. Por encima, el suelo se puede abultar o inclinar. Otras partes pueden deslizarse unas contra otras. Un complicado instrumento, el metro inclinado, puede medir cambios en la inclinación del suelo hasta de una diezmillonésima de un grado, la mitad del grosor de esta página, ¡en un kilómetro a la redonda!

> **Los científicos usan aparatos especiales para estudiar los terremotos. El sismógrafo mide su fuerza y duración (izquierda). El láser mide cuánto se mueve la tierra a lo largo de una falla (derecha).**

Para medir los deslizamientos se usa el rayo láser, que va a la velocidad de la luz. Se lanza un rayo láser a través de una falla o una grieta; choca contra un reflector y vuelve. Un reloj especial mide cuánto tardó en ir y volver. Si el tiempo cambia es que la distancia entre el emisor láser y el reflector cambió. Esto indica un deslizamiento y, quizá, es un aviso de movimientos mayores en el futuro.

ANIMALES QUE PREDICEN DE TERREMOTOS

¿Recuerdan los peces que George y su amigo vieron saltar en el lago? ¿Podrían los animales ayudar a predecir los terremotos?

Muchos animales, como los perros, pueden oír sonidos que los humanos no oímos y los animales domésticos actúan de forma extraña antes de un terremoto. Se sabe que los cambios en la naturaleza química del aire afectan los cerebros de roedores como las ratas. Los científicos han comprobado que los pájaros sienten las fuerzas magnéticas. Lo mismo se piensa de los tiburones.

Los animales con estos "supersentidos" podrían reaccionar con los cambios provocados por un terremoto próximo. Se está investigando la utilidad de que la gente comunique comportamientos extraños de animales. Los científicos intentan descubrir si hay relación entre la actividad sísmica y estos comportamientos. Quizá, un día, se usará un perrito mascota para dar la alarma de los terremotos.

For Further Reading

> If you have been intrigued by the concepts examined in this textbook, you may also be interested in the ways fellow thinkers—novelists, poets, essayists, as well as scientists—have imaginatively explored the same ideas.

Chapter 1: Movement of the Earth's Crust

Cleaver, Vera. *Where the Lilies Bloom.* Philadelphia, PA: Lippincott.

Hintz, Martin. *Norway.* Chicago, IL: Children's Press.

Ibsen, Henrik. *Peer Gynt.* New York: Airmont.

Lammers, George E. *Time and Life: Fossils Tell the Earth's Story.* New York: Hyperion Press.

Lye, Keith. *Mountains.* Englewood Cliffs, NJ: Silver Burdett.

McPhee, John. *Rising from the Plains.* New York: Farrar, Straus & Giroux.

Chapter 2: Earthquakes and Volcanoes

Daggett, R.M. *The Legends and Myths of Hawaii: The Fables and Folk-lore of a Strange People.* Rutland, VT: C.E. Tuttle.

Gilbreath, Alice. *Ring of Fire: And the Hawaiian Islands and Iceland.* Minneapolis, MN: Dillon.

Hills, C.A.R. *A Day that Made History: The Destruction of Pompeii and Herculaneum.* London, England: Dryad Press.

House, James. *The San Francisco Earthquake.* San Diego, CA: Lucent Books.

Nardo, Don. *Krakatoa.* San Diego, CA: Lucent Books.

Chapter 3: Plate Tectonics

Corbalis, Judy. *The Ice-Cream Heroes.* Boston, MA: Little, Brown.

Lampton, Christopher. *Mass Extinctions: One Theory of Why the Dinosaurs Vanished.* New York: Watts.

Miller, Russell. *Continents in Collision.* Alexandria, VA: Time-Life.

Spyri, Johanna. *Heidi.* Teaneck, NJ: Sharon Publications.

Ullman, James Ramsey. *Banner in the Sky.* Philadelphia, PA: Lippincott.

Chapter 4: Rocks and Minerals

Llewellyn, Richard. *How Green Was My Valley.* New York: Dell.

Martin, John H. *A Day in the Life of a High-Iron Worker.* Mahwah, NJ: Troll.

Pope, Elizabeth Marie. *The Sherwood Ring.* Boston, MA: Houghton Mifflin.

Pullman, Philip. *The Ruby in the Smoke.* New York: Knopf.

Roop, Peter, and Connie Roop. *Stonehenge: Opposing Viewpoints.* San Diego, CA: Greenhaven.

Chapter 5: Weathering and Soil Formation

Bacon, Katherine J. *Shadow and Light.* New York: Macmillan.

Cleaver, Vera, and Bill Cleaver. *Dust of the Earth.* New York: Harper & Row Junior Books.

St. George, Judith. *The Mount Rushmore Story.* New York: Putnam.

Steinbeck, John. *The Grapes of Wrath.* New York: Viking.

Thackeray, Sue. *Looking at Pollution.* London, England: Trafalgar Square.

Chapter 6: Erosion and Deposition

Bramwell, Martyn. *Glaciers and Ice Caps.* New York: Watts.

Buck, Pearl S. *The Good Earth.* New York: T.Y. Crowell.

Clark, Walter V. *The Ox-Bow Incident.* New York: New American Library.

Smith, Don. *The Grand Canyon: Journey Through Time.* Mahwah, NJ: Troll.

Steele, David H. *The Pebble Searcher.* London, England: A.H. Stockwell.

Wibberly, Leonard. *Attar of the Ice Valley.* New York: Farrar, Straus & Giroux.

Otras lecturas

Si los conceptos que has visto en este libro te han intrigado, puede interesarte ver cómo otros pensadores—novelistas, poetas, ensayistas y también científicos— han explorado con su imaginación las mismas ideas.

Capítulo 1: El movimiento de la corteza terrestre

Cleaver, Vera. *Where the Lilies Bloom*. Philadelphia, PA: Lippincott.

Hintz, Martin. *Norway*. Chicago, IL: Children's Press.

Ibsen, Henrik. *Peer Gynt*. New York: Airmont.

Lammers, George E. *Time and Life: Fossils Tell the Earth's Story*. New York: Hyperion Press.

Lye, Keith. *Mountains*. Englewood Cliffs, NJ: Silver Burdett.

McPhee, John. *Rising from the Plains*. New York: Farrar, Straus & Giroux.

Capítulo 2: Terremotos y volcanes

Daggett, R.M. *The Legends and Myths of Hawaii: The Fables and Folk-lore of a Strange People*. Rutland, VT: C.E. Tuttle.

Gilbreath, Alice. *Ring of Fire: And the Hawaiian Islands and Iceland*. Minneapolis, MN: Dillon.

Hills, C.A.R. *A Day that Made History: The Destruction of Pompeii and Herculaneum*. London, England: Dryad Press.

House, James. *The San Francisco Earthquake*. San Diego, CA: Lucent Books.

Nardo, Don. *Krakatoa*. San Diego, CA: Lucent Books.

Capítulo 3: Placas tectónicas

Corbalis, Judy. *The Ice-Cream Heroes*. Boston, MA: Little, Brown.

Lampton, Christopher. *Mass Extinctions: One Theory of Why the Dinosaurs Vanished*. New York: Watts.

Miller, Russell. *Continents in Collision*. Alexandria, VA: Time-Life.

Spyri, Johanna. *Heidi*. Teaneck, NJ: Sharon Publications.

Ullman, James Ramsey. *Banner in the Sky*. Philadelphia, PA: Lippincott.

Capítulo 4: Rocas y minerales

Llewellyn, Richard. *How Green Was My Valley*. New York: Dell.

Martin, John H. *A Day in the Life of a High-Iron Worker*. Mahwah, NJ: Troll.

Pope, Elizabeth Marie. *The Sherwood Ring*. Boston, MA: Houghton Mifflin.

Pullman, Philip. *The Ruby in the Smoke*. New York: Knopf.

Roop, Peter, and Connie Roop. *Stonehenge: Opposing Viewpoints*. San Diego, CA: Greenhaven.

Capítulo 5: Meteorización y formación del suelo

Bacon, Katherine J. *Shadow and Light*. New York: Macmillan.

Cleaver, Vera, and Bill Cleaver. *Dust of the Earth*. New York: Harper & Row Junior Books.

St. George, Judith. *The Mount Rushmore Story*. New York: Putnam.

Steinbeck, John. *The Grapes of Wrath*. New York: Viking.

Thackeray, Sue. *Looking at Pollution*. London, England: Trafalgar Square.

Capítulo 6: Erosión y sedimentación

Bramwell, Martyn. *Glaciers and Ice Caps*. New York: Watts.

Buck, Pearl S. *The Good Earth*. New York: T.Y. Crowell.

Clark, Walter V. *The Ox-Bow Incident*. New York: New American Library.

Smith, Don. *The Grand Canyon: Journey Through Time*. Mahwah, NJ: Troll.

Steele, David H. *The Pebble Searcher*. London, England: A.H. Stockwell.

Wibberly, Leonard. *Attar of the Ice Valley*. New York: Farrar, Straus & Giroux.

Activity Bank

Welcome to the Activity Bank! This is an exciting and enjoyable part of your science textbook. By using the Activity Bank you will have the chance to make a variety of interesting and different observations about science. The best thing about the Activity Bank is that you and your classmates will become the detectives, and as with any investigation you will have to sort through information to find the truth. There will be many twists and turns along the way, some surprises and disappointments too. So always remember to keep an open mind, ask lots of questions, and have fun learning about science.

Pozo de actividades

¡Bienvenido al pozo de actividades! Ésta es la parte más excitante y agradable de tu libro de ciencias. Usando el pozo de actividades tendrás la oportunidad de hacer observaciones interesantes sobre ciencias. Lo mejor del pozo de actividades es que tú y tus compañeros actuarán como detectives, y, como en toda investigación, deberás buscar a través de la información para encontrar la verdad. Habrá muchos tropiezos, sorpresas y decepciones a lo largo del proceso. Por eso, recuerda mantener la mente abierta, haz muchas preguntas y diviértete aprendiendo sobre ciencias.

BURNING UP

The Earth's crust can be moved up and down through faulting and folding. It can also move vertically as the result of the interaction of the downward force of the crust and the upward force of the mantle. The balance between these forces constantly changes as surface processes add material to areas of the crust or take materials away. You can get an idea of how a downward force is balanced by an upward force by doing this activity and observing how a change in the amount of matter in an object affects the way it floats.

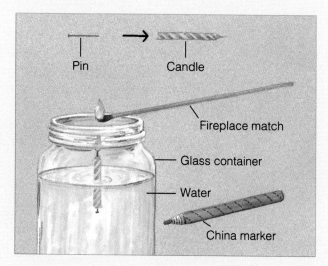

Materials

birthday-cake candle

straight pin

tall glass container (such as a jar, a beaker, or a water glass)

china marker

clock or watch with a second hand

long fireplace matches (If you do not have fireplace matches, you may use regular matches and a spring clothespin or a spring test-tube holder.)

Procedure

1. Carefully and slowly push the pin into the bottom of the candle. **CAUTION:** *Be careful when handling sharp objects.* Continue pushing the pin into the center of the candle until the head of the pin is about 2 mm from the bottom of the candle.

2. Fill the container about three-fourths full with water.

3. Hold the candle by its wick and lower it into the water. **Note:** *Do not let the wick get wet.* The candle should float upright in the water.

4. With the china marker, make a line on the side of the glass to indicate the position of the bottom of the candle.

5. Carefully light the candle. **CAUTION:** *Be careful when working with matches and open flames.* (If you are using regular matches, securely grip the base of the lit match with the clothespin or test-tube holder.) Extinguish the match by dipping it into the water.

6. Every 2 minutes, mark the position of the bottom of the candle on the side of the container.

Analysis and Conclusions

1. What happened to the position of the bottom of the candle?

2. What do you think happened to the weight of the candle?

3. What relationship do you perceive between an object's weight and how high it floats?

4. What does this activity have to do with isostasy?

Pozo de actividades

LA LLAMA QUE CONSUME

La corteza de la Tierra puede moverse hacia arriba y hacia abajo por la formación de fallas y pliegues, o verticalmente por el juego de fuerzas de la corteza, hacia arriba y del manto, hacia abajo. El equilibrio entre ellas cambia constantemente a medida que los procesos de la superficie añaden o retiran materiales en ciertas áreas. Para ver cómo se equilibra una fuerza hacia abajo con una hacia arriba, realiza esta actividad y observa cómo un cambio en la cantidad de materia de un objeto afecta su forma de flotar.

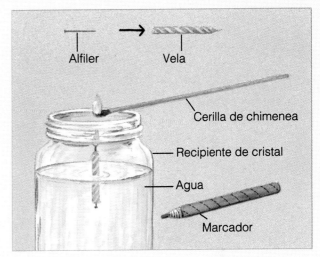

Materiales

vela de cumpleaños

alfiler

recipiente de cristal alto (frasco, cubeta o vaso de agua)

marcador

reloj con segundero

cerillas largas para chimenea (o cerillas normales alargadas con una pinza de ropa o un sujetador de tubos de ensayo.)

Procedimiento

1. Empuja, con cuidado y despacio, el alfiler por el extremo inferior de la vela. **CUIDADO:** *con los objetos punzantes.* Sigue empujando el alfiler hacia el centro de la vela hasta que su cabeza esté a unos dos mm del fondo de ésta.

2. Llena el recipiente de agua en unos tres cuartos de su capacidad.

3. Sostén la vela por la mecha y métela en el agua. **Nota:** *La mecha no debe mojarse.* La vela debe flotar verticalmente en el agua.

4. Con el marcador haz una raya en un lado del cristal para indicar la posición del fondo de la vela.

5. Enciende la vela con cuidado. **CUIDADO:** *Ten cuidado al trabajar con cerillas y objetos encendidos.* (Si se usan cerillas normales, sujeta firmemente su base con la pinza o el sujetador de tubos). Apaga la cerilla, sumergiéndola en el agua.

6. Cada dos minutos, marca la posición del fondo de la vela en un lado del recipiente.

Análisis y conclusiones

1. ¿Cómo varió la posición del fondo de la vela?

2. ¿Qué crees que le ocurrió al peso de la vela?

3. ¿Qué relación ves entre el peso de un objeto y la altura a la que flota?

4. ¿Qué relación tiene esta actividad con la isostasia?

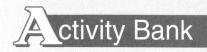
IT'S A BLAST

Impress your family and friends! Create a model volcano that "erupts." All you need is a few everyday ingredients you probably have around your home.

What You Need

bottle (the 296–355 mL glass or plastic ones that contain soda or juice work well)

baking soda

funnel

vinegar

cup

red food coloring

spoon

large, shallow container (such as a plastic dishpan or a disposable aluminum baking pan)

dirt, sand, or clay

What You Do

1. Put the funnel in the mouth of the bottle. Pour baking soda into the funnel until the bottle is about half full. Then remove the funnel and rinse it clean.

Baking soda

Funnel

Bottle

2. Pour vinegar into the cup. The amount of vinegar in the cup should be about the same as the amount of baking soda in the bottle.

3. Add a few drops of red food coloring to the vinegar and stir with the spoon. Add a few more drops, if needed, to make the vinegar bright red in color.

4. Put the bottle in the pan. Mound moist dirt, sand, or clay around the bottle to form a mountain-shaped structure.

Bottle containing baking soda

Dirt

5. Gather your audience. Put the funnel in the mouth of the bottle. Pour in the vinegar, then immediately remove the funnel and step back. What happens?

Share What You Learned

1. How is what you observed similar to what actually happens in certain volcanic eruptions?

2. How might you apply what you observed to unclogging a stopped-up drain?

¡Impresiona a tu familia y amigos! Crea un modelo de volcán que "entra en erupción." Sólo necesitas algunos ingredientes fáciles de encontrar.

Qué necesitas

botella (sirven las de 296–355 mL de cristal o plástico, de refrescos o zumos)

bicarbonato de soda

embudo

vinagre

taza

colorante de alimentos rojo

cuchara

recipiente grande y bajo (bandeja de plástico o bandeja de aluminio para hornear)

Qué vas a hacer

1. Pon el embudo en la boca de la botella. Vierte el bicarbonato por él hasta llenar la mitad de la botella. Quita el embudo y límpialo.

Bicarbonato de soda

Embudo

Botella

2. Vierte vinagre en la taza. La cantidad en la taza debe ser aproximadamente igual a la del bicarbonato que hay en la botella.

3. Añade unas gotas de colorante rojo al vinagre y remueve con la cuchara. Sigue añadiendo hasta que el vinagre tenga un color rojo fuerte.

4. Pon la botella en la bandeja. Moldea el barro, arena o arcilla húmedo alrededor de la botella con forma de montaña.

Botella con bicarbonato de soda

Barro

5. Reune a la audiencia. Pon el embudo en la boca de la botella. Vierte el vinagre y, rápidamente, quita el embudo y aléjate. ¿Qué pasó?

Compartir lo aprendido

1. ¿En qué se parece lo observado a lo que realmente ocurre en algunas erupciones volcánicas?

2. ¿Cómo se podría aplicar lo observado para desatascar un desagüe tapado?

GOING THEIR SEPARATE WAYS

It is not easy to see how some processes work, especially if you cannot observe them directly. Thus it is often helpful to create a model. In this activity you will make a model that helps to show how ocean-floor spreading works.

Procedure

1. Obtain two sheets of unlined notebook paper, scissors, a colored pencil or pen, and a metric ruler.

2. Using the colored pen or pencil, draw stripes across one sheet of paper, parallel to the short sides of the paper. The stripes should vary in spacing and thickness. Fold the paper in half lengthwise. Write the word Start at the top of

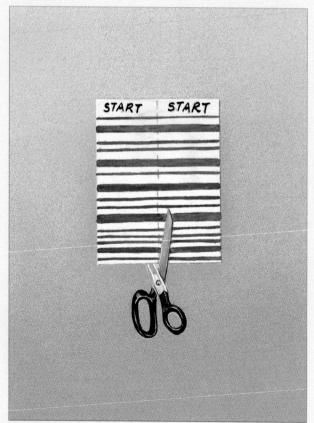

both halves of the paper. Then, using the scissors, cut the paper in half along the fold line to form two strips.

3. Take the second sheet of paper and lightly fold it into eighths, as shown in the accompanying diagram. Unfold the paper. Then fold it in half lengthwise.

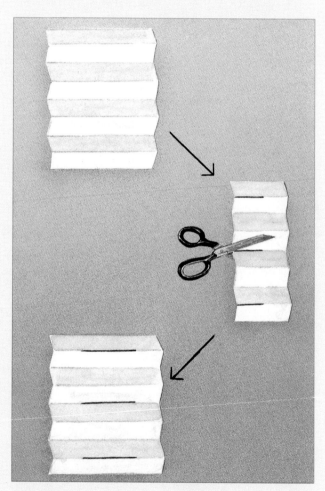

4. Draw lines 5.5 cm long, starting at the fold, on the middle crease and the two creases closest to the ends of the paper. Then use the scissors to cut along the lines you drew. Unfold the paper. You should have three slits in the center of the paper.

No es fácil ver cómo funcionan algunos procesos, especialmente si no se pueden observar directamente. Por ello puede ser útil crear un modelo. En esta actividad harás un modelo que ayude a comprender la expansión del fondo oceánico.

Procedimiento

1. Obtén dos hojas de papel de cuaderno sin rayas, tijeras, lápiz o pluma de color, regla métrica.

2. Con el lápiz o la pluma de color dibuja rayas a lo ancho de una hoja, paralelas a los lados más cortos del papel. Las rayas deben tener diferente espacio y grosor. Dobla la hoja por la mitad a lo largo. Escribe "comienzo" en la parte superior de las dos mitades del papel. Después, con las tijeras, corta el papel en dos por el doblez para formar dos tiras.

3. Dobla la segunda hoja de papel en ocho partes, como muestra el diagrama. Desdobla el papel. Luego dóblalo en dos a lo largo.

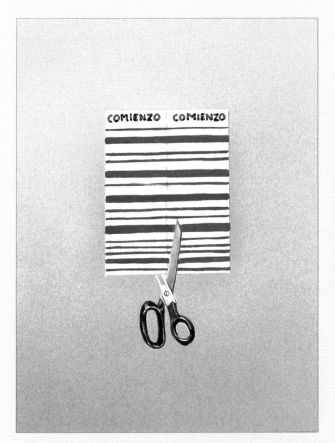

4. Traza 3 líneas de 5.5 cm de largo, comenzando en el borde doblado y a lo largo del doblez central, y los dos más cercanos a los extremos. Corta, con las tijeras, por las líneas dibujadas. Desdobla el papel y quedarán tres cortes en el centro.

5. Put the two striped strips of paper together so that the Start labels touch one another. Insert the strips up through the center slit, then pull them toward the side slits.

6. Insert the ends of the strips into the side slits. Pull the ends of the strips and watch what happens at the center slit.

7. Practice pulling the strips through the slits until you can make the stripes come up and go down at the same time.

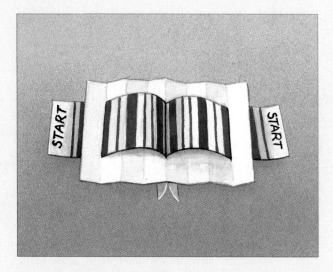

Analysis and Conclusions

1. What does the center slit represent?
2. What do the side slits represent?
3. What kind of plate boundaries are demonstrated in the model?
4. What do the striped strips represent?
5. What do the stripes on the strips represent?
6. Describe the process of ocean-floor spreading in your own words.
7. Why are models useful in studying scientific concepts?

5. Pon las dos tiras rayadas de papel juntas, de forma que los dos comienzos se toquen. Inserta las tiras por el corte central y tira hacia los lados.

6. Inserta los extremos de las tiras por los cortes laterales. Tira de ellos y observa qué ocurre en el corte central.

7. Practica tirando de las tiras por los cortes hasta conseguir que suban y bajen al mismo tiempo.

Análisis y conclusiones

1. ¿Qué representa el corte central?
2. ¿Qué representan los cortes laterales?
3. ¿Qué tipo de bordes de placas demuestra este modelo?
4. ¿Qué representan las tiras rayadas?
5. ¿Qué representan las rayas en las tiras?

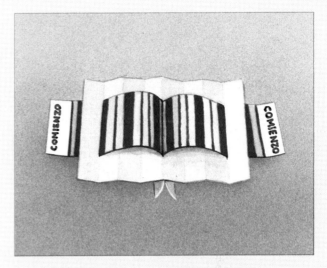

6. Con tus propias palabras describe el proceso de la expansión del fondo oceánico.

7. ¿Por qué son útiles los modelos para estudiar conceptos científicos?

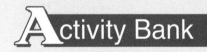

GROWING A CRYSTAL GARDEN

All minerals are made up of crystals. Crystals are solids made up of atoms or molecules that are arranged in a definite, orderly, repeating pattern. If crystals are given enough room to grow, they will develop forms whose flat sides and sharp edges reflect the orderly internal structure of the crystals. In this activity you will observe the development of crystals that have plenty of room to grow.

Materials

old newspapers

clean clear plastic jar (such as the ones used for peanut butter)

liquid laundry bluing

table salt

ammonia

measuring spoons

spoon

large, clean plastic container (such as those that contain margarine or frozen dessert-topping)

charcoal briquette

crumpled paper towel

piece of sponge

porous rocks—such as sandstones, pumice, or lava rocks (optional)

pieces of brick or clay flowerpots (optional)

Procedure 📷

1. Assign roles to each member of the group. Possible roles include: Recorder (the person who records observations and coordinates the group's presentation of results), Materials Manager (the person who makes sure that the group has all the materials it needs), Maintenance Director (the person who coordinates cleanup), Principal Investigator (the person who reads instructions to the group, makes sure that the proper procedure is being followed, and asks questions of the teacher on behalf of the group), and Specialists (people who perform specific tasks such as arranging the collected objects in the plastic container or preparing the chemical mixture). Your group may divide up the tasks differently, and individuals may have more than one role, depending on the size of your group.

2. Soak the rocks and pieces of brick or clay in water overnight.

3. Spread old newspapers over your work area.

4. Put the charcoal, paper towel, sponge, rock, and pieces of brick or clay flowerpots into the plastic container.

5. Sprinkle 1 tablespoon of salt over the objects in the container.

6. Measure 3 tablespoons of water, 3 tablespoons of bluing, and 3 tablespoons of salt into the jar. With the spoon, stir the ingredients together slowly until they are well mixed. Then add 1 tablespoon of ammonia and stir it in well. **CAUTION:** *Ammonia has irritating fumes. Keep ammonia away from your face and avoid inhaling the fumes. Follow the safety instructions on the bottle.*

CÓMO HACER UN JARDÍN DE CRISTALES

Todos los minerales están hechos de cristales. Los cristales son sólidos compuestos por átomos o moléculas organizados en un patrón ordenado, definido y repetido. Si los cristales tienen espacio suficiente para crecer, presentarán lados planos y bordes filosos que reflejan el orden de su estructura interna. En esta actividad, observarás el desarrollo de los cristales en un espacio amplio.

Materiales

periódicos

recipiente de plástico limpio y transparente (como los de manteca de maní)

añil para la ropa, en líquido

sal

amoníaco

cucharas graduadas

cuchara

recipiente grande y limpio de plástico (como los de margarina o postres helados)

ladrillito de carbón

toalla de papel, arrugada

trozo de esponja

rocas porosas—como arenisca, piedra pómez o roca de lava (optativo)

trozos de ladrillo o de maceta de arcilla (optativo)

Procedimiento 🧰

1. Asigna tareas a cada miembro del grupo, por ejemplo: Relator (el que anota las observaciones y coordina la presentación de los resultados), Administrador del material (el que se asegura de que el grupo tiene todos los materiales necesarios), Director de mantenimiento (el que coordina la limpieza), Jefe de investigación (el que lee las instrucciones al grupo, se asegura de que se sigue el procedimiento adecuado y hace preguntas al profesor(a), representando al grupo). Especialistas (los que realizan tareas específicas como colocar los objetos en el recipiente de plástico o preparar la mezcla química). Según la dimensión del grupo se pueden repartir las tareas de otra forma, o cada individuo puede tener más de una tarea.

2. Remoja en agua las rocas y trozos de ladrillo o arcilla durante toda la noche.

3. Extiende los periódicos en la zona de trabajo.

4. Pon el carbón, la toalla de papel, la esponja, las rocas y los trozos de ladrillo o maceta en el recipiente.

5. Rocía una cucharada de sal sobre los objetos en el recipiente.

6. Mide 3 cucharadas de agua, 3 de añil y 3 de sal en la jarra. Con la cuchara, remueve lentamente hasta mezclar bien los ingredientes. Añade una cucharada de amoníaco y remueve bien. **CUIDADO:** *El amoníaco produce vapores irritantes. Mantenlo alejado de la cara y evita respirar los vapores. Sigue las instrucciones de seguridad de la botella.*

7. Spoon the mixture over the materials in the container. **Note:** *Try to leave as little of the mixture as possible on the bottom of the container. The more mixture at the bottom of the container, the slower the crystals will grow. If you have only a few objects, you may have some of the mixture left over.* Clean up any spills immediately.

8. Place your container on old newspapers in a place where it is out of drafts and will not be disturbed. Observe your container once or twice a day for about three days. Record your observations. Make drawings of what you see.

Observations and Conclusions

1. How do the contents of your container change over time?

2. What do the crystals look like?

3. Where do the materials in the crystals come from?

4. Compare your results to those obtained by your classmates. Are your results similar? Are they different? Why do you think this might be the case?

5. Many factors affect the results of this experiment. Name the three factors that you think are the most important. Explain why you selected these factors.

7. Con la cuchara vierte la mezcla sobre los materiales en el recipiente. **Nota:** *Procura dejar la menor cantidad posible de la mezcla en el fondo del recipionte, cuanta más quede más lentamente se formarán los cristales. Si los objetos son pocos quizá sobre algo de la mezcla.* Limpia inmediatamente lo que se derrame.

8. Coloca el recipiente sobre los periódicos, donde no haya corrientes de aire y nadie lo toque. Observa el recipiente una o dos veces al día durante unos tres días. Anota las observaciones y dibuja lo que veas.

Observaciones y conclusiones

1. ¿Cómo fue cambiando el contenido del recipiente con el tiempo?

2. ¿Qué aspecto tienen los cristales?

3. ¿De dónde proceden los materiales de los cristales?

4. Compara los resultados con los obtenidos con otros compañeros. ¿Son parecidos o diferentes? ¿Por qué crees que pueden ser diferentes?

5. Diferentes factores afectan el resultado de este experimento. Nombra los tres que consideres más importantes y explica por qué los seleccionaste.

ONE ORE IN THE WATER

Many of the metals we use are pure elements—they contain only one kind of atom. But in nature, most substances exist as combinations of different kinds of atoms. How are the desirable metal atoms separated from the other, less desirable atoms? Discover one method by doing the following activity.

What You'll Need

black copper oxide
powdered charcoal
test tube
test-tube holder
Bunsen burner
jar

What You'll Do

1. Put some copper oxide and powdered charcoal into a test tube.

2. Holding the test tube with a test tube holder, carefully heat the copper oxide and charcoal over a Bunsen burner. **CAUTION:** *Make sure you know the proper way to light and use a Bunsen burner. Be very careful when working with an open flame. Always point the mouth of the test tube away from you and others.*

3. Pour the heated mixture into a jar of water.

What You'll Discover

1. What happened when you poured the heated mixture into the water?

2. Why do you think this occurred?

3. How can metals such as copper be removed from ores such as copper oxide?

4. Thin deposits of nearly pure metal are sometimes found in places where solid rock has come into contact with hot magma rising from deep within the Earth. Using what you have learned about removing metal from ores in this activity, explain why these deposits form.

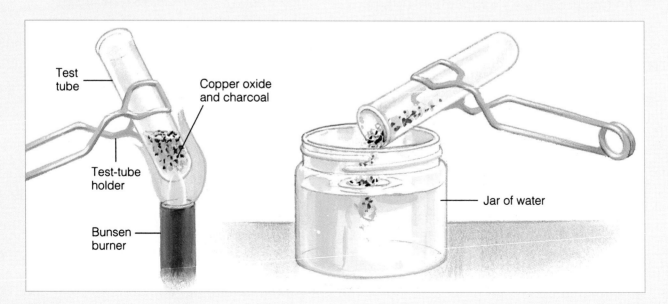

Test tube

Copper oxide and charcoal

Test-tube holder

Bunsen burner

Jar of water

Muchos de los metales que usamos son elementos puros, con un sólo tipo de átomo. Pero en la naturaleza, la mayoría de las sustancias existen como combinaciones de diferentes clases de átomos. ¿Cómo se separan los átomos que nos interesan de los que interesan menos? En esta actividad vamos a descubrir un modo de hacerlo.

Qué necesitas

óxido de cobre negro
carbón en polvo
tubos de ensayo
sujetador de tubo de ensayo
mechero Bunsen
frasco

Qué vas a hacer 🧪 🔥 👁

1. Pon un poco de óxido de cobre y carbón en polvo en el tubo de ensayo.

2. Sujetando el tubo de ensayo con el sujetador, calienta cuidadosamente el óxido de cobre y el carbón en el mechero Bunsen. **CUIDADO:** *Asegúrate de que sabes cómo encender y usar el mechero Bunsen. Mucho cuidado al trabajar con la llama. No orientes nunca la boca del tubo de ensayo hacia tu cara o la de otra persona.*

3. Vierte la mezcla calentada en un frasco con agua.

Qué vas a averiguar

1. ¿Qué pasó cuando vertiste la mezcla calentada en el agua?

2. ¿Por qué crees que ocurrió esto?

3. ¿Cómo se pueden separar metales, tales como el cobre, de menas, como el óxido de cobre?

4. A veces se encuentran depósitos finos de metal casi puro allí donde la roca sólida ha entrado en contacto con el magma caliente surgiendo de las profundidades de la Tierra. Explica por qué se forman estos depósitos, usando lo aprendido en esta actividad sobre la separación de un metal de su mena.

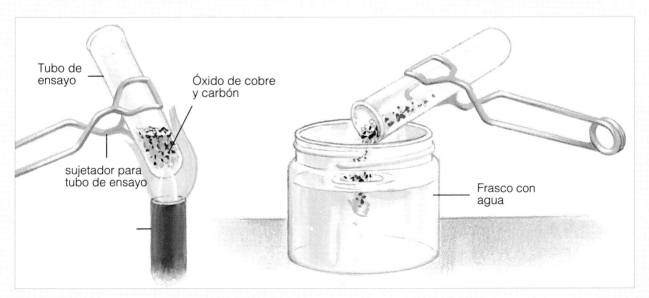

Tubo de ensayo

Óxido de cobre y carbón

sujetador para tubo de ensayo

Frasco con agua

TURNED TO STONE

Fossils, some of the most interesting formations associated with sedimentary rock, are the preserved remains or traces of organisms that lived long ago. Fossils give us a glimpse into the past and reveal how organisms have evolved, or changed over time. In this activity you will discover how fossils are formed by making models of several different kinds of fossils.

Part A: Casting Call

1. Obtain a shell with a distinct texture and shape, petroleum jelly, plaster of Paris, two plastic spoons, food coloring, and two paper cups.

2. Fill a paper cup about two-thirds full with water. Add dry plaster of Paris to the water a little at a time, stirring with a spoon. Stop adding plaster when the mixture is about the consistency of honey.

3. Coat the shell with a thin layer of petroleum jelly. Press the shell into the surface of the plaster. Allow the plaster of Paris to dry overnight. What does the dry plaster look like?

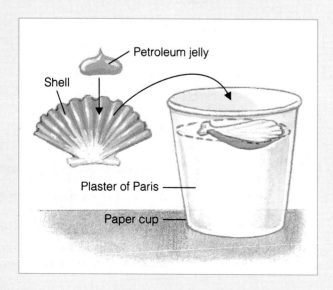

Petroleum jelly

Shell

Plaster of Paris

Paper cup

4. Under certain conditions, the shell, bone, or other fossil-forming structure dissolves after the sediments surrounding it have been cemented and compacted into rock. Represent this process by removing the shell. What do you observe? Imagine that a shell was completely buried in sediments and dissolved after the sediments had turned to rock. What kind of impression would it leave in the rock?

5. Coat the surface of the plaster of Paris with a thin layer of petroleum jelly.

6. Fill a paper cup about halfway with water. Mix another batch of plaster of Paris, as you did in step 1. Stir a few drops of food coloring into the fresh plaster. Slowly pour the fresh, colored plaster into the cup containing the hardened, white plaster. What does the colored plaster represent?

7. Allow the plaster to dry overnight. Carefully tear away the paper cup. Gently pry apart the colored and uncolored blocks of plaster. Describe the two blocks of plaster.

■ Fossils such as the one simulated in the white plaster are known as molds. Why is this name appropriate?

■ Fossils such as the one simulated by the colored plaster are known as casts. Why is this name appropriate? (*Hint:* Look up the word cast in the dictionary.)

(continued)

Pozo de actividades

Los fósiles, unas de las formaciones más interesantes asociadas con las rocas sedimentarias son restos conservados, o huellas de organismos que vivieron hace mucho tiempo. Los fósiles nos dejan entrever el pasado y nos revelan cómo cambiaron o evolucionaron los organismos. En esta actividad, haciendo modelos de distintos fósiles, podrás descubrir este proceso.

Parte A: simular fósiles

1. Obtén una concha con textura y forma muy determinadas, vaselina, yeso blanco, dos cucharas de plástico, colorante de alimento y dos vasos de papel.

2. Llena con agua dos tercios de un vaso de papel. Añade, poco a poco, el yeso blanco, removiendo con la cuchara, hasta conseguir una mezcla de consistencia parecida a la miel.

3. Cubre la concha con una capa fina de vaselina. Aprieta la concha contra la superficie del yeso. Deja secar el yeso durante la noche. ¿Qué aspecto tiene el yeso seco?

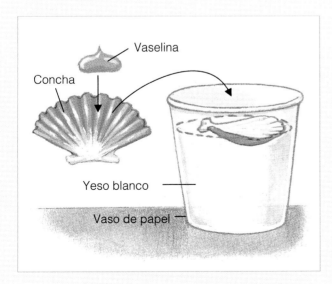

Vaselina

Concha

Yeso blanco

Vaso de papel

4. Bajo ciertas condiciones, la concha, el hueso u otra estructura que esté fosilizándose, se disuelve cuando los sedimentos que la rodean se han transformado en una roca. Representa este proceso sacando la concha. ¿Qué se ve? Imagina que una concha estaba completamente enterrada en sedimentos y se disolvió después de que los sedimentos se hicieran roca. ¿Qué tipo de huella dejaría en la roca?

5. Forra la superficie del yeso con una capa fina de vaselina.

6. Llena un vaso de papel hasta la mitad con agua. Mezcla otra vez el yeso blanco, como en el paso 1. Disuelve algunas gotas de colorante de alimento en el yeso fresco. Vierte lentamente el yeso fresco y coloreado en el vaso que tiene el yeso duro y blanco. ¿Qué representa el yeso coloreado?

7. Deja secar el yeso durante la noche. Con cuidado arranca el vaso de papel. Separa suavemente el bloque de yeso blanco del coloreado. Describe los dos bloques.

■ Los fósiles como el simulado en el yeso blanco se llaman moldes. ¿Por qué es apropiado este nombre?

■ Los fósiles como el simulado en el yeso coloreado se llaman huellas. ¿Por qué es apropiado este nombre? (*Pista:* Busca la palabra huella en el diccionario.)

(continúa)

Part B: A Sticky Situation

Amber is a beautiful orange-gold semi-precious stone. Because it formed from the sticky sap of evergreen trees that lived long ago, amber is a fossil. But amber may also contain fossils.

1. Obtain a dead, unsquashed, hard-bodied insect such as a beetle or an ant, a piece of waxed paper about 10 cm square, and white glue.

2. Put a drop of white glue on the waxed paper. Imagine that the waxed paper is the bark of a tree and that the glue is sap oozing from a damaged spot in the bark. Now put your insect on the spot of glue. Why do you think amber often contains insect fossils?

3. Cover the insect with more white glue. Allow the glue to dry. Describe your "fossil."

■ Explain why insects in amber are often extremely well preserved.

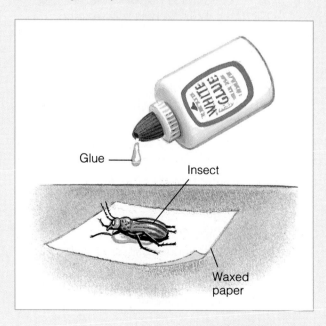

Glue

Insect

Waxed paper

Part C: Chill Out

Imagine eating steaks from a woolly mammoth (a shaggy relative of the elephant) that had been dead for thousands of years! Although this may seem disgusting, a few daring adventurers have actually done this. But how is it possible that the remains of organisms can be fossilized so that they are still edible thousands of years later?

1. Obtain two grapes, two paper cups, and permission to use the freezer.

2. Put one grape into each of two paper cups. Put one cup in the freezer. Put the other cup in a warm place where it will not be disturbed.

3. After a week, examine the two grapes. How do they differ in appearance? If you like, you may eat the frozen grape. **CAUTION:** *Do not eat the grape that was not frozen.*

■ Based on your results, explain how and why low temperatures affect preservation. Why are mammoth fossils found in frozen mud often well-preserved?

Sharing What You Learned

1. Write a brief, illustrated report that describes your observations and conclusions.

2. Prepare a display on fossils that includes the models you made in parts A and B, drawings of your results for part C, and one or more of the following: drawings of fossils and prehistoric animals, plastic models of dinosaurs, shoe-box dioramas, and/or real fossils. Be prepared to answer questions from your classmates and teacher about the items in your group's display.

Parte B: simular el ámbar

El ámbar es una hermosa piedra semipreciosa de color oro-anaranjado. Es un fósil porque se formó de la savia de árboles muy antiguos de hoja perenne. Pero el ámbar también puede contener fósiles.

1. Consigue un insecto de cuerpo duro, muerto y sin aplastar (un escarabajo o una hormiga), un cuadrado de papel encerado de unos 10 cm y pegamento blanco.

2. Pon una gota de pegamento en el papel. Imagina que el papel es la corteza de un árbol, y el pegamento, la savia rezumando de un corte en la corteza. Pon al insecto sobre la gota de pegamento. ¿Por qué crees que el ámbar contiene, con frecuencia, insectos fósiles?

3. Cubre el insecto con más pegamento blanco. Déjalo secar. Describe tu "fósil."

■ Explica por qué los insectos suelen conservarse muy bien en el ámbar.

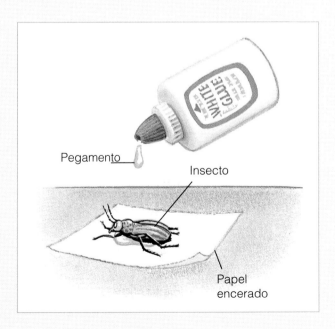

Pegamento

Insecto

Papel encerado

Parte C: simular fósiles congelados

¿Cómo sería comerse un filete de un mamut lanoso (un pariente peludo del elefante), muerto desde hace miles de años? Aunque te parezca repugnante algunos aventureros se atrevieron y lo hicieron. Pero, ¿cómo es posible que restos de organismos puedan fosilizarse y ser comestibles miles de años más tarde?

1. Consigue dos uvas, dos vasos de papel y permiso para usar el congelador.

2. Pon una uva en cada uno de los vasos de papel. Mete uno en el congelador. Pon el otro en un lugar sin enfriar, donde nadie lo toque.

3. Después de una semana examina las dos uvas. ¿En qué parecen distintas? Si quieres, te puedes comer la uva congelada. **CUIDADO:** *no te comas la uva no congelada.*

■ Explica cómo y por qué las bajas temperaturas afectan a la conservación. ¿Por qué los mamuts encontrados en barro helado están, con frecuencia, bien conservados?

Comparte lo que has aprendido

1. Escribe un informe breve y con ilustraciones, describiendo tus observaciones y conclusiones.

2. Prepara una exposición de fósiles con los modelos hechos en las parte A y B, los resultados de la parte C, y con una o más de las siguientes cosas: dibujos de fósiles y animales prehistóricos, modelos plásticos de dinosaurios, dioramas en cajas de zapatos, con o sin fósiles auténticos. Prepárate para contestar preguntas de tus compañeros(as) y profesor(a) sobre lo expuesto.

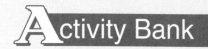

THE BRASS IS ALWAYS GREENER

Many decorative and useful objects are made of metal. But metals, like all other materials on the Earth's surface, are subject to weathering. In this activity you will see one form of weathering for yourself and make inferences from your observations. As you continue reading Section 5–1, you will find out the details about how this breaking down of metals occurs.

You Will Need

a copper penny (The date to the right of Lincoln's head must be 1981 or earlier. If you can't find an appropriate penny, you may use a piece of copper foil.)

a flat waterproof dish, such as a plate or an aluminum pie pan

vinegar

salt

Now you are ready to begin.

You Will Do

1. Put the penny on the plate. What color is the penny? Record your observations.

2. Sprinkle a little salt on the penny. Then pour a little vinegar over the penny. What do you observe? What do you think will happen to the penny after it has been standing for a few days? Record your prediction and explain the thinking behind it.

3. Let the penny stand for a few days. Record your observations.

You Will Discover

1. What happened to the penny after it had been standing for a few days? Why do you think this occurred?

2. Was your prediction accurate? Why do you think you were "on target" or "missed your mark"?

3. Using what you have learned from your reading of Section 5-1, what kind of weathering is the tarnishing of metal? How can you tell?

4. Compare your results with those obtained by your classmates. Explain why they are similar or different.

Pozo de actividades

Muchos objetos útiles y decorativos son de metal. Pero los metales, como todos los materiales de la superficie terrestre, sufren los efectos de la erosión. En esta actividad podrás observar, por ti mismo, una forma de erosión y sacar deducciones de tus observaciones. Al leer la sección 5–1 encontrarás detalles sobre cómo se separan los metales.

Qué necesitas

un centavo de cobre (La fecha a la derecha de la cabeza de Lincoln debe ser de 1981 o antes. También se puede usar un trozo de lámina de cobre.)

un plato no poroso o una bandeja de aluminio.

vinagre

sal

Ahora ya puedes empezar.

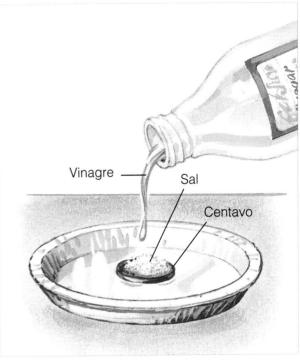

Vinagre — Sal

Centavo

Qué vas a hacer

1. Pon el centavo en el plato. ¿De qué color es? Anota tus observaciones.

2. Rocía un poco de sal sobre el centavo. Vierte un poco de vinagre sobre él. ¿Qué observas? ¿Qué crees que le ocurrirá al centavo después de unos días? Anota tu predicción y razona por qué la haces.

3. Deja el centavo estar durante unos días. Anota tus observaciones.

Qué vas a averiguar

1. ¿Qué le ocurrió al centavo después de estar así unos días? ¿Por qué crees que sucedió eso?

2. ¿Fue correcta tu predicción? ¿Por qué crees que "diste en el blanco" o "erraste el tiro"?

3. Usando lo que aprendiste al leer la sección 5–1, ¿qué tipo de erosión es el deslustre de un metal? ¿Cómo puedes saberlo?

4. Compara tus resultados con los de tus compañeros(as). Explica por qué son iguales o diferentes.

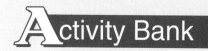
DOWN BY THE OLD MILL STREAM

Running water is a major force of erosion and deposition. It picks up and wears away materials as it flows over the land. It carries dissolved minerals and particles of mud. On rare occasions, running water can even sweep away large objects such as boulders, train engines, and houses. Obviously, running water has a lot of energy. In this activity you will find out how this energy can be harnessed and put to work for humans.

Procedure

1. Obtain a drawing compass, ruler, small disposable aluminum pan (such as a pie plate), scissors, pencil, piece of string 45 cm long, and small weight (such as a metal nut or an eraser).

2. With the compass, draw a circle about 10 cm in diameter on the bottom of the aluminum pan. Then, using the same center hole, draw a circle 3 cm in diameter.

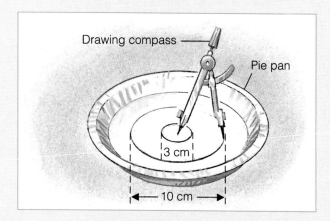

3. Using the scissors, cut out a 10 cm aluminum disk along the line you drew in step 2. **Note:** *Do not cut along the line you drew for the 3 cm circle.* **CAUTION:** *The cut edges of the pan may be sharp. Handle with care.*

4. With the scissors, make eight cuts in the disk as shown in the accompanying diagram. Notice that the cuts start at the edge of the disk, stop at the 3 cm circle, and are evenly spaced.

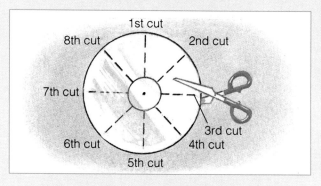

5. Twist each section of the disk a quarter-turn clockwise, as shown in the accompanying diagram. **CAUTION:** *Be careful—the edges may be sharp.*

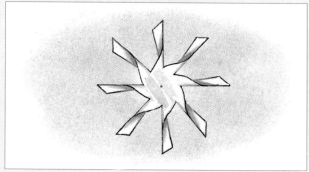

6. Punch a hole in the center of the disk with the compass point. Enlarge the hole with the tip of the scissors. Then push the pencil through the hole. Slide the pencil through the hole until the disk is in the middle of the pencil.

7. Tightly tie one end of the string to the pencil about 3 cm from the disk. The string around the pencil should not be able to slip. (If it can, try securing it with tape.)

Pozo de actividades

LA CORRIENTE EN EL ARROYO DEL VIEJO MOLINO

El agua en movimiento tiene mucha importancia en la erosión y en la sedimentación. Al fluir recoge y arrastra materiales. Transporta minerales disueltos y partículas de barro. A veces, incluso puede llevarse cosas grandes como peñas, locomotoras y casas. Evidentemente, el agua corriente tiene mucha energía. En esta actividad encontrarás cómo puede controlarse esta energía para que la usen los seres humanos.

Procedimiento

1. Consigue un compás, una regla, un plato pequeño de aluminio desechable (como para pastel), tijeras, un lápiz, 45 cm de cuerda y un peso pequeño (tuerca de metal o borrador).

2. Con el compás dibuja un círculo de unos 10 cm de diámetro en el fondo del plato de aluminio. Luego, con el mismo centro, dibuja otro círculo de 3 cm de diámetro.

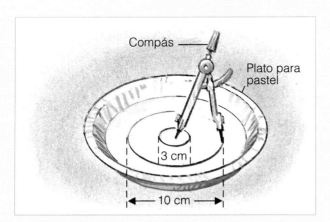

3. Con las tijeras corta un disco de aluminio de 10 cm, siguiendo la línea dibujada en el paso 2. **Nota:** *No cortes por la línea del círculo de 3 cm.* **CUIDADO:** *los bordes del plato pueden ser cortantes.*

4. Con las tijeras haz ocho cortes, como en el diagrama. Observa que los cortes empiezan en el borde del disco, se paran en el círculo de 3 cm y están espaciados regularmente.

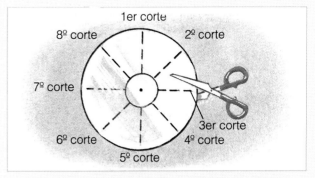

5. Gira cada sección del disco un cuarto de vuelta hacia la derecha, como en el diagrama. **CUIDADO:** *los bordes pueden ser cortantes.*

6. Perfora un agujero en el centro del disco con la punta del compás. Ensánchalo con la punta de las tijeras. Mete el lápiz por el agujero hasta que el disco esté a la mitad del lápiz.

7. Ata bien un extremo de la cuerda al lápiz a unos 3 cm del disco. La cuerda no debe resbalarse sobre el lápiz (Si es necesario, pégalo con cinta adhesiva).

8. Tie the other end of the string to the weight.

9. Hold the disk under a stream of water from a faucet, as shown in the accompanying diagram. **Note:** *The pencil should rest lightly on the tips of your thumbs and first fingers, so that it is able to move freely.* What happens?

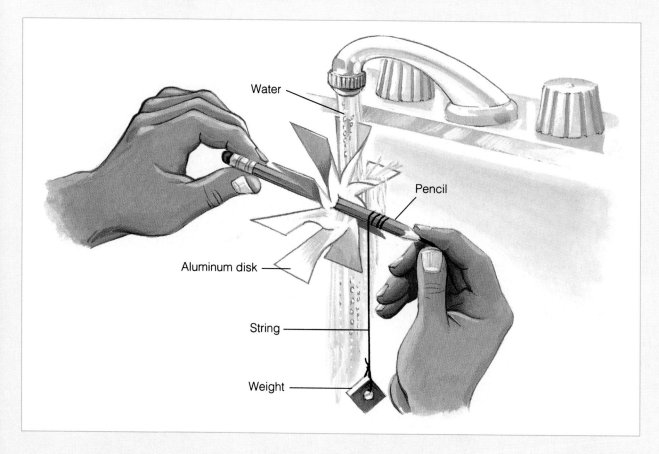

Water

Pencil

Aluminum disk

String

Weight

■ The disk you made in this activity is an example of a wheel that is turned by water. Such wheels played an important role in the technology of the past, and continue to play an important role today. How? A little sleuthing in the library will help you to solve this mystery! Prepare a report or poster and share your findings.

8. Ata el otro extremo de la cuerda al peso.

9. Coloca el disco bajo el agua corriente de un grifo, como en el diagrama.

Nota: *Sujeta el lápiz entre el pulgar y el índice para que pueda moverse libremente. ¿Qué pasa?*

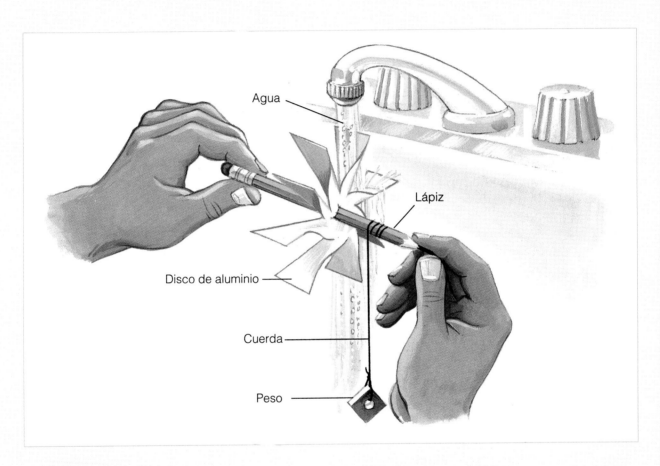

Agua

Lápiz

Disco de aluminio

Cuerda

Peso

■ El disco que construíste en esta actividad es un ejemplo de una rueda que gira con el agua. Estas ruedas representaron un papel importante en la tecnología del pasado, y lo siguen haciendo hoy día. ¿Cómo? ¡Una pequeña investigación en la biblioteca te ayudará a resolver el misterio! Prepara un informe o cartel y comparte tus resultados.

Appendix A

The metric system of measurement is used by scientists throughout the world. It is based on units of ten. Each unit is ten times larger or ten times smaller than the next unit. The most commonly used units of the metric system are given below. After you have finished reading about the metric system, try to put it to use. How tall are you in metrics? What is your mass? What is your normal body temperature in degrees Celsius?

Commonly Used Metric Units

Length   The distance from one point to another

meter (m)
   A meter is slightly longer than a yard.
   1 meter = 1000 millimeters (mm)
   1 meter = 100 centimeters (cm)
   1000 meters = 1 kilometer (km)

Volume   The amount of space an object takes up

liter (L)
   A liter is slightly more than a quart.
   1 liter = 1000 milliliters (mL)

Mass   The amount of matter in an object

gram (g)
   A gram has a mass equal to about one paper clip.

   1000 grams = 1 kilogram (kg)

Temperature   The measure of hotness or coldness

degrees Celsius (°C)
   0°C = freezing point of water
   100°C = boiling point of water

Metric–English Equivalents

2.54 centimeters (cm) = 1 inch (in.)
1 meter (m) = 39.37 inches (in.)
1 kilometer (km) = 0.62 miles (mi)
1 liter (L) = 1.06 quarts (qt)
250 milliliters (mL) = 1 cup (c)
1 kilogram (kg) = 2.2 pounds (lb)
28.3 grams (g) = 1 ounce (oz)
°C = 5/9 × (°F − 32)

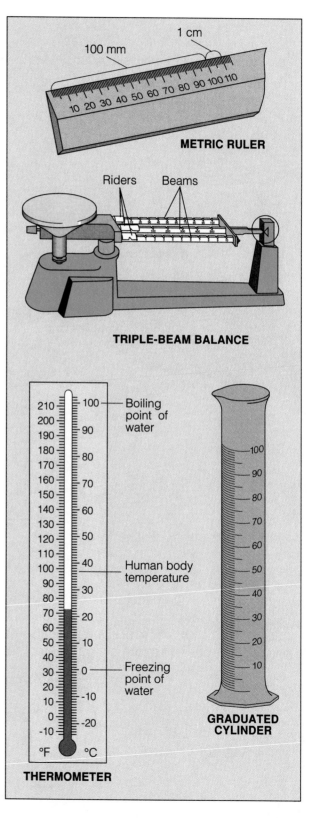

METRIC RULER

TRIPLE-BEAM BALANCE

THERMOMETER

GRADUATED CYLINDER

Los científicos de todo el mundo usan el sistema métrico. Está basado en unidades de diez. Cada unidad es diez veces más grande o más pequeña que la siguiente. Abajo se pueden ver las unidades del sistema métrico más usadas. Cuando termines de leer sobre el sistema métrico, trata de usarlo. ¿Cuál es tu altura en metros? ¿Cuál es tu masa? ¿Cuál es tu temperatura normal en grados Celsio?

Unidades métricas más comunes

Longitud   Distancia de un punto a otro

metro (m)   Un metro es un poco más largo que una yarda.

1 metro = 1000 milímetros (mm)

1 metro = 100 centímetros (cm)

1000 metros = 1 kilómetro (km)

Volumen   Cantidad de espacio que ocupa un objeto

litro (L) =   Un litro es un poco más que un cuarto de galón.

1 litro = 1000 mililitros (mL)

Masa   Cantidad de materia que tiene un objeto

gramo (g)   El gramo tiene una masa más o menos igual a la de una presilla para papel.

1000 gramos = kilogramo (kg)

Temperatura   Medida de calor o frío

grados   0°C = punto de congelación del agua

Celsio (°C)   100°C = punto de ebullición del agua

Equivalencias métricas inglesas

2.54 centímetros (cm) = 1 pulgada (in.)
1 metro (m) = 39.37 pulgadas (in.)
1 kilómetro (km) = 0.62 millas (mi)
1 litro (L) = 1.06 cuartes (qt)
250 mililitros (mL) = 1 taza (c)
1 kilogramo (kg) = 2.2 libras (lb)
28.3 gramos (g) = 1 onza (oz)
$°C = 5/9 \times (°F - 32)$

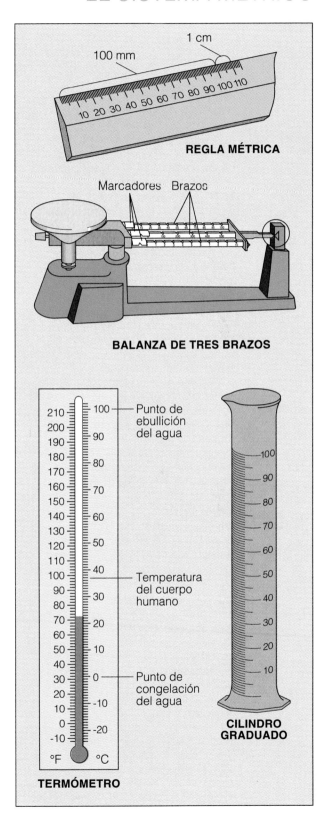

REGLA MÉTRICA

BALANZA DE TRES BRAZOS

TERMÓMETRO

CILINDRO GRADUADO

Glassware Safety

1. Whenever you see this symbol, you will know that you are working with glassware that can easily be broken. Take particular care to handle such glassware safely. And never use broken or chipped glassware.
2. Never heat glassware that is not thoroughly dry. Never pick up any glassware unless you are sure it is not hot. If it is hot, use heat-resistant gloves.
3. Always clean glassware thoroughly before putting it away.

Fire Safety

1. Whenever you see this symbol, you will know that you are working with fire. Never use any source of fire without wearing safety goggles.
2. Never heat anything—particularly chemicals—unless instructed to do so.
3. Never heat anything in a closed container.
4. Never reach across a flame.
5. Always use a clamp, tongs, or heat-resistant gloves to handle hot objects.
6. Always maintain a clean work area, particularly when using a flame.

Heat Safety

Whenever you see this symbol, you will know that you should put on heat-resistant gloves to avoid burning your hands.

Chemical Safety

1. Whenever you see this symbol, you will know that you are working with chemicals that could be hazardous.
2. Never smell any chemical directly from its container. Always use your hand to waft some of the odors from the top of the container toward your nose—and only when instructed to do so.
3. Never mix chemicals unless instructed to do so.
4. Never touch or taste any chemical unless instructed to do so.
5. Keep all lids closed when chemicals are not in use. Dispose of all chemicals as instructed by your teacher.

6. Immediately rinse with water any chemicals, particularly acids, that get on your skin and clothes. Then notify your teacher.

Eye and Face Safety

1. Whenever you see this symbol, you will know that you are performing an experiment in which you must take precautions to protect your eyes and face by wearing safety goggles.
2. When you are heating a test tube or bottle, always point it away from you and others. Chemicals can splash or boil out of a heated test tube.

Sharp Instrument Safety

1. Whenever you see this symbol, you will know that you are working with a sharp instrument.
2. Always use single-edged razors; double-edged razors are too dangerous.
3. Handle any sharp instrument with extreme care. Never cut any material toward you; always cut away from you.
4. Immediately notify your teacher if your skin is cut.

Electrical Safety

1. Whenever you see this symbol, you will know that you are using electricity in the laboratory.
2. Never use long extension cords to plug in any electrical device. Do not plug too many appliances into one socket or you may overload the socket and cause a fire.
3. Never touch an electrical appliance or outlet with wet hands.

Animal Safety

1. Whenever you see this symbol, you will know that you are working with live animals.
2. Do not cause pain, discomfort, or injury to an animal.
3. Follow your teacher's directions when handling animals. Wash your hands thoroughly after handling animals or their cages.

¡Cuidado con los recipientes de vidrio!
1. Este símbolo te indicará que estás trabajando con recipientes de vidrio que pueden romperse. Procede con mucho cuidado al manejar esos recipientes. Y nunca uses vasos rotos ni astillados.
2. Nunca pongas al calor recipientes húmedos. Nunca tomes ningún recipiente si está caliente. Si lo está, usa guantes resistentes al calor.
3. Siempre limpia bien un recipiente de vidrio antes de guardarlo.

¡Cuidado con el fuego!
1. Este símbolo te indicará que estás trabajando con fuego. Nunca uses algo que produzca llama sin ponerte gafas protectoras.
2. Nunca calientes nada a menos que te digan que lo hagas.
3. Nunca calientes nada en un recipiente cerrado.
4. Nunca extiendas el brazo por encima de una llama.
5. Usa siempre una grapa, pinzas o guantes resistentes al calor para manipular algo caliente.
6. Procura tener un área de trabajo vacía y limpia, especialmente si estás usando una llama.

¡Cuidado con el calor!
Este símbolo te indicará que debes ponerte guantes resistentes al calor para no quemarte las manos.

¡Cuidado con los productos químicos!
1. Este símbolo te indicará que vas a trabajar con productos químicos que pueden ser peligrosos.
2. Nunca huelas un producto químico directamente. Usa siempre las manos para llevar las emanaciones a la nariz y hazlo solo si te lo dicen.
3. Nunca mezcles productos químicos a menos que te lo indiquen.
4. Nunca toques ni pruebes ningún producto químico a menos que te lo indiquen.
5. Mantén todas las tapas de los productos químicos cerradas cuando no los uses. Deséchalos según te lo indiquen.

6. Enjuaga con agua cualquier producto químico, en especial un ácido. Si se pone en contacto con tu piel o tus ropas, comunícaselo a tu profesor(a).

¡Cuidado con los ojos y la cara!
1. Este símbolo te indicará que estás haciendo un experimento en el que debes protegerte los ojos y la cara con gafas protectoras.
2. Cuando estés calentando un tubo de ensayo, pon la boca en dirección contraria a los demás. Los productos químicos pueden salpicar o derramarse de un tubo de ensayo caliente.

¡Cuidado con los instrumentos afilados!
1. Este símbolo te indicará que vas a trabajar con un instrumento afilado.
2. Usa siempre hojas de afeitar de un solo filo. Las hojas de doble filo son muy peligrosas.
3. Maneja un instrumento afilado con sumo cuidado. Nunca cortes nada hacia ti sino en dirección contraria.
4. Notifica inmediatamente a tu profesor(a) si te cortas.

¡Cuidado con la electricidad!
1. Este símbolo te indicará que vas a usar electricidad en el laboratorio.
2. Nunca uses cables de prolongación para enchufar un aparato eléctrico. No enchufes muchos aparatos en un enchufe porque puedes recargarlo y provocar un incendio.
3. Nunca toques un aparato eléctrico o un enchufe con las manos húmedas.

¡Cuidado con los animales!
1. Este símbolo, te indicará que vas a trabajar con animales vivos.
2. No causes dolor, molestias o heridas a un animal.
3. Sigue las instrucciones de tu profesor(a) al tratar a los animales. Lávate bien las manos después de tocar los animales o sus jaulas.

Glossary

abrasion (uh-BRAY-zhuhn): the wearing away of a substance by solid particles carried by wind, water, or other forces

alluvial fan: a fan-shaped deposit of sediments formed at the point where a river leaves the mountains and runs out onto a plain

anticline (AN-tih-klighn): an upward fold in rock

bedrock: the layer of rock beneath the soil

caldera: a roughly circular, steep-sided pit at the top of a volcanic cone whose diameter is at least three times its depth

carbonation: the process in which carbonic acid reacts chemically with other substances

chemical rock: a non-clastic sedimentary rock formed by inorganic processes such as evaporation

chemical weathering: weathering that involves changes in the chemical makeup of rocks

cinder cone: a volcano made mostly of cinders and other rock particles that have been blown into the air

cinder: a small, rough volcanic bomb no more than several centimeters across

clastic rock: a sedimentary rock formed from fragments of previously existing rocks

cleavage: the tendency of a mineral to break along smooth, definite surfaces

composite volcano: a volcano built of alternating layers of rock particles and lava

compression: the type of stress that squeezes rocks together

convection current: a movement of material caused by differences in temperature

convergent (kuhn-VER-jehnt) **boundary:** a plate boundary at which plates come together

crater: a funnel-shaped pit at the top of a volcanic cone whose diameter is less than three times its depth

crust: the surface layer of the Earth

crystal: a solid in which the atoms or molecules are arranged in a definite pattern that is repeated over and over again

deformation: in geology, any change in the original shape or volume of rocks

delta: a triangular formation of sediments deposited at the mouth of a large river that flows into a lake or ocean

density: the amount of matter in a given space; the mass per unit volume

deposition (dehp-uh-ZIHSH-uhn): the process by which sediments are laid down in new locations

divergent (digh-VER-jehnt) **boundary:** a plate boundary at which plates move apart

dome: a raised area shaped roughly like the top half of a sphere, often formed by magma pushing upward on the rock layers above it

drainage basin: the area drained by a main river and its channels

drainage system: the network of streams and other bodies of running water that ultimately drain into an area's main river

drumlin: an oval-shaped mound of till

earthquake: the shaking and trembling that results from the sudden movement of part of the Earth's crust

epicenter (EHP-uh-sehn-tuhr): the point on the Earth's surface directly above the focus of an earthquake

erosion (ee-ROH-zhuhn): the process by which the products of weathering are moved from one place to another

exfoliation (ehks-foh-lee-AY-shuhn): the breaking off of curved sheets or slabs parallel to a rock's surface due to weathering

extrusive (ehk-STROO-sihv) **rock:** an igneous rock formed from lava

fault-block mountain: a mountain formed by blocks of rock uplifted from normal faults

fault: a break or crack along which rocks move

flood plain: a flat area that is found on both sides of a river or stream and is formed by sediments deposited during floods

focus (FOH-cuhs): the underground point of origin of an earthquake, where the rocks break and move

fold: a bend in rock

foot wall: the block of rock below a fault

fossil: the preserved remains or traces of an ancient organism

fracture: break or crack

fracture: in minerals, the way a mineral that does not cleave breaks along a rough or jagged surface

frost action: the breaking apart of a rock caused by the water freezing and expanding within cracks

gemstone: a hard, beautiful, durable substance that can be cut and polished for jewelry and decoration

glacier (GLAY-shuhr): a large mass of moving ice and snow

Glosario

abanico aluvial: depósito de sedimentos formado donde un río sale de las montañas y entra en la llanura

abrasión: meteorización mecánica de una sustancia por las partículas sólidas llevadas por el viento, el agua, o por otras fuerzas

acantilado: superficie abrupta de una roca producida por la erosión de las olas

acción del hielo: rotura de una roca por la repetida congelación de agua en las grietas y su expansión

agua de deshielo: agua procedente de hielo o nieve

Anillo de Fuego: zona de terremotos y volcanes en torno al Océano Pacífico

anticlinal: pliegue hacia arriba de una roca

banco de arena: larga cresta de arena submarina

bomba volcánica: pequeñas piedras volcánicas de pocos centímetros de ancho

caldera: depresión circular de lados abruptos en la cumbre de un cono volcánico, de diámetro, al menos, tres veces mayor que su profundidad

carbonatación: proceso en el que el ácido carbónico reacciona con otras sustancias

carga: sedimentos que arrastra una corriente de agua

ceniza volcánica: partículas de roca entre 0.25 y 5 mm de ancho, lanzadas al aire durante las erupciones

chimenea volcánica: abertura por la que sale la lava en las erupciones

ciclo de las rocas: procesos interrelacionados por los que las rocas cambian continuamente de una clase a otra

cima: área elevada, como la mitad de una esfera, originada por el magma que sube

compresión: tensión que junta las rocas

cono de cenizas: volcán formado principalmente por cenizas y otras partículas de rocas que han sido lanzadas al aire

corriente de convección: movimiento de un material debido a diferencias de temperatura

corriente costera: movimiento del agua paralelo a la costa

corteza: capa más superficial de la Tierra

cráter: abertura con forma de embudo en un cono volcánico de diámetro no inferior a tres veces su profundidad

cresta midoceánica: sistema montañoso submarino donde se produce un nuevo fondo oceánico; límite de placas constructivo (límite divergente)

cristal: sólido cuyas partículas están arregladas de una forma regular y repetida

crucero: tendencia de un mineral a romperse a lo largo de superficies definidas y lisas

cuenca de drenaje: área drenada por un río principal y sus canales

cueva marina: hueco en un acantilado marino

deformación: en geología, cualquier cambio en la forma o volumen original de las rocas

delta: formación triangular de sedimentos depositados en la boca de un río que desemboca en un lago u océano

densidad: cantidad de materia en un espacio dado; masa por unidad de volumen

desprendimiento: gran movimiento hacia abajo de rocas y tierra debido a la fuerza de la gravedad

dique: en la Naturaleza, depósito de sedimentos a lo largo de las orillas de un río

drumlin: montículo ovalado de tierra cultivada

duna: loma de arena depositada por el viento

dureza: capacidad de un mineral para resistir ser raspado

elemento no metal: elemento de superficie opaca, mal conductor de la electricidad y el calor, poco dúctil

epicentro: punto en la corteza terrestre directamente sobre el foco de un terremoto

erosión: proceso por el que las rocas y partículas del suelo son transportadas de un lugar a otro

escala de Richter: escala usada para medir la fuerza de los terremotos

espacio poroso: espacio entre las partículas del suelo

estrato: capa de tierra

exfoliación: desprendimiento de trozos de roca, curvos o planos, paralelos a la superficie causado por la erosión

expansión de los fondos oceánicos: proceso en el que la cresta midoceánica empuja el fondo del mar, creando un nuevo fondo

falla: grieta a lo largo de la cual se mueven las rocas

falla de cobijadura: falla inversa en la cual el labio elevado se desliza sobre el labio hundido

falla inversa: falla formada cuando el labio elevado sube en relación con el labio hundido

falla lateral: falla a lo largo de la cual los bloques se mueven horizontalmente unos contra otros

hanging wall: the block of rock above a fault

hardness: the ability of a mineral to resist being scratched

horizon (huh-RIGH-zuhn): soil layer

humus (HYOO-muhs): the part of the soil formed by decaying organic material

iceberg: a part of a glacier that has broken off and drifted into the sea

igneous (IHG-nee-uhs): formed from molten rock

immature river: a river in an early stage of development

inorganic: not formed from living things or the remains of living things

intrusive (ihn-TROO-sihv) **rock:** an igneous rock formed from magma

isostasy (igh-SAHS-tuh-see): the balancing of the downward force of the crust and the upward force of the mantle

kettle lake: a round, deep lake formed by a huge block of ice left behind by a glacier

landslide: a large downhill movement of loose rocks and soil caused by the pull of gravity

lateral fault: a fault along which the blocks move horizontally past each other

lava: molten rock at the Earth's surface

leaching (LEECH-ihng): the process in which water washes minerals from the topsoil to the subsoil

levee (LEHV-ee): in nature, a ridgelike deposit along the sides of a river

lithosphere (LIHTH-oh-sfeer): the topmost solid part of the Earth, which is composed of the crust and some of the mantle

load: the amount of sediment carried by a stream

loess (LOH-ehs): accumulations of fine particles of sand and silt deposited by the wind

longshore current: the movement of water parallel to a shoreline

luster: the way a mineral reflects light from its surface

magma: molten rock beneath the Earth's surface

mantle: the layer of the Earth that extends from the bottom of the crust to the core

mass wasting: the downhill movement of sediments due to gravity

mature river: a river that has been developing for many thousands of years

meander (mee-AN-der): a loop in a river

mechanical weathering: weathering that does not involve changes in the chemical makeup of rocks

meltwater: formed by the water from melting ice or snow; water from melting ice or snow

metal: an element that is shiny, conducts electricity and heat, and is easily shaped

metamorphic (meht-ah-MOR-fihk): changed in form as a result of chemical reactions, heat, and/or pressure

metamorphism (meht-ah-MOR-fihz-uhm): the process in which metamorphic rock is formed

midocean ridge: an undersea mountain chain where new ocean floor is produced; a constructive (divergent) plate boundary

mineral: a naturally occurring, inorganic solid that has a definite chemical composition and crystal shape

moraine: a ridge of till left behind by a retreating glacier

nonmetal: an element that has a dull surface, is a poor conductor of electricity and heat, and is not easily shaped

normal fault: a fault in which the hanging wall moves down relative to the foot wall

ocean-floor spreading: the process in which old ocean floor is pushed away from a midocean ridge by the formation of new ocean floor

ore: a mineral or rock from which metals and nonmetals can be removed in usable amounts

organic rock: a sedimentary rock that is formed either directly or indirectly from material that was once alive

outwash plain: flat, fan-shaped areas in front of terminal moraines formed by sediments deposited by rivers of glacial meltwater

oxbow lake: a U-shaped lake formed when erosion and deposition cuts off a meander of a river

oxidation (ahk-suh-DAY-shuhn): the process in which oxygen chemically combines with another substance

Pangaea (pan-JEE-ah): the single giant landmass that existed more than 200 million years ago and that gave rise to the present-day continents

plate: in plate tectonics, one of the moving, irregularly shaped slabs that make up the Earth's lithosphere

plateau (pla-TOH): a large area of flat land that is raised high above sea level and that consists of horizontal rock layers

pore space: a space between soil particles

primary wave, P wave: a push-pull seismic wave, which can travel through solids, liquids, and gases; P waves are the fastest type of seismic wave

residual (rih-ZIHJ-oo-uhl) **soil:** soil that remains on top of the rock from which it was formed

reverse fault: a fault in which the hanging wall moves up relative to the foot wall

falla normal: falla formada cuando el labio elevado desciende en relación con el labio hundido

falla transformante: falla que va a lo largo de la cordillera midoceánica

foco: punto debajo de la superficie terrestre, origen de los terremotos, donde las rocas se rompen y se mueven

fosa de hundimiento: valle formado cuando un bloque de tierra entre dos fallas normales se desliza hacia abajo

fosa submarina: valle submarino en forma de "V" donde el antiguo fondo marino se hunde; un límite de placas destructivo (convergente)

fósil: restos o huellas conservados de un organismo de una era geológica pasada

fractura: rotura o grieta; en los minerales, rotura irregular de un mineral que no se rompe en superficies definidas y lisas

gema: sustancia dura, bella y durable que puede tallarse y pulirse para joyería y decoración

glaciar: gran masa movible de hielo y nieve

humus: parte del suelo formada por material orgánico en descomposición

ígneo: formado a partir de una roca fundida

inorgánico: no formado por seres vivos o restos de seres vivos

isostasia: equilibrio entre la fuerza descendente de la corteza y la ascendente del manto

labio elevado: bloque de roca sobre una falla

labio hundido: bloque de roca bajo una falla

lago caldera: lago redondo y profundo formado por un gran bloque de hielo de un glaciar

lago de recodo: lago en forma de "U" formado cuando la erosión y los sedimentos aislan un meandro del río principal

lava: rocas fundidas en la superficie terrestre

lecho de roca: capa de rocas bajo el suelo

límite conforme: límite donde las placas se cruzan horizontalmente

límite convergente: límite donde se juntan las placas

límite divergente: límite donde las placas se separan

litosfera: parte sólida más externa de la Tierra, compuesta por la corteza y algo del manto

lixiviación: proceso en el que el agua lava minerales del mantillo hacia el subsuelo

loess: acumulación de pequeñas partículas de arena y cieno depositadas por el viento

lustre: modo en que la superficie de un mineral refleja la luz

llanura aluvial: área llana a ambos lados de un río formado por sedimentos depositados durante los desbordamientos

llanura fluvio-glaciárica: área llana, en forma de abanico, formada por sedimentos depositados por ríos de glaciares deshelados, frente a una morena terminal

magma: roca líquida subterránea

mantillo: suelo en el estrato A, o capa superior de suelo fértil

manto: capa de la Tierra que se extiende desde la base de la corteza hasta el núcleo

meandro: curva en un río

mena: mineral o roca de la que pueden extraerse metales y no metales en cantidades útiles

meseta: gran área de tierra llana, elevada sobre el nivel del mar y formada por capas horizontales de rocas

metal: elemento brillante, dúctil, buen conductor de la electricidad y el calor

metamórfico: que cambia de forma como resultado de reacciones químicas, calor con o sin presión

metamorfismo: el proceso de formación de las rocas metamórficas

meterorización: erosión de rocas y otras materias en la superficie terrestre

meteorización mecánica: erosión que no implica cambios en la composición química de las rocas

meteorización química: erosión que implica cambios en la composición química de las rocas

mineral: sólido inorgánico, que se da en la Naturaleza, con composición química definida y forma cristalizada

montaña de bloques de fallas: montaña formada por una elevación de bloques a lo largo de una falla normal

morrena: cresta de till que deja un glaciar al retirarse

onda de superficie, onda L: onda sísmica, que sube y baja; las ondas L son las más lentas de las ondas sísmicas

onda primaria, onda P: onda sísmica, que empuja y tira, y puede atravesar sólidos, líquidos y gases; las ondas P son las más rápidas de las ondas sísmicas

onda secundaria, onda S: onda sísmica, de lado a lado que puede atravesar sólidos, pero no líquidos ni gases; las ondas S son más lentas que las ondas P, pero más rápidas que las L

onda sísmica: onda producida por un terremoto

oxidación: proceso químico en el que el oxígeno se combina químicamente con otra sustancia

Pangaea: masa gigante de tierra que existió hace más de 200 millones de años y dio origen a los continentes actuales

Richter scale: the scale used to measure the strength of earthquakes

rift valley: a valley formed when the block of land between two normal faults slides downward

Ring of Fire: the earthquake and volcano zone that encircles the Pacific Ocean

rock cycle: the interrelated processes that cause the continuous changing of rocks from one kind to another

rock: a hard substance composed of one or more minerals or minerallike substances

root-pry: the breaking apart of rocks caused by the growth of plant roots

sand bar: a long, underwater ridge of sand

sand dune: a mound of sand deposited by the wind

sea cave: a hollowed out portion of a sea cliff

sea cliff: a steep face of rock produced by wave action

sea stack: a column of resistant rock left behind after a sea cliff has been eroded away

secondary wave, S wave: a side-to-side earthquake wave, which can travel through solids but not through liquids and gases; S waves are slower than P waves but faster than L waves

sediment (SEHD-ih-mehnt): particles of rock or organic materials that have been carried along and deposited by water and/or wind

sedimentary (sehd-ih-MEHN-tuh-ree): formed by the compacting and cementing of sediments or by other non-igneous processes at the Earth's surface

seismic (SIGHZ-mihk) **wave:** an earthquake wave

seismogram (SIGHZ-muh-gram): a record of seismic waves recorded by a seismograph

seismograph (SIGHZ-muh-grahf): an instrument that detects and measures seismic waves

seismologist (sighz-MAHL-uh-jihst): a scientist who studies earthquakes

shearing: the type of stress that pushes rocks of the crust in two opposite, horizontal directions

shield volcano: a volcano composed of quiet lava flows

soil profile: a cross section of soil horizons

spit: a sandbar connected to the shoreline

stable rock: a rock composed of minerals that resist chemical weathering

streak: the color of the powder left by a mineral when it is rubbed against a hard, rough surface

stress: the forces that push and pull on the Earth's crust, causing its deformation

strike-slip boundary: a plate boundary at which two plates slip past one another horizontally

subduction (suhb-DUHK-shuhn): the process in which crust plunges back into the interior of the Earth

subsoil: the soil in the B horizon, or middle layer of soil

surface wave, L wave: a up-and-down earthquake wave; L waves are the slowest-moving seismic waves

syncline (SIHN-klighn): a downward fold in rock

tectonics (tehk-TAHN-ihks): the branch of geology that deals with the movements that shape the Earth's crust

tension: the type of stress that pulls rocks apart

terrace: a flat platform of rocks, sand, and silt at the base of a sea cliff

theory of continental drift: the theory, proposed by Alfred Wegener, that the continents were once joined together and have since drifted apart

theory of plate tectonics: the theory that links together the ideas of continental drift and ocean-floor spreading and explains how the Earth has changed over time

thrust fault: a reverse fault in which the hanging wall slides over the foot wall

till: the rocks and debris deposited directly by a glacier

topsoil: the soil in the A horizon, or uppermost layer of mature soil

transform fault: a fault that runs across a midocean ridge

transported soil: soil that is moved away from its place of origin

trench: a V-shaped valley on the ocean floor where old ocean floor is subducted; a destructive (convergent) plate boundary

tributary (TRIHB-yoo-tehr-ee): a large stream or small river that flows into an area's main river

tsunami (tsoo-NAH-mee): a giant sea wave produced by an earthquake

vent: an opening through which lava erupts

volcanic ash: rock particles more than 0.25 mm but less than 5 mm across that are blown into the air by a volcanic eruption

volcanic bomb: rock particles larger than 5 mm in diameter that are blown into the air by a volcanic eruption

volcanic dust: the smallest rock particles blown into the air by a volcanic eruption

volcano: a place in the Earth's surface through which molten rock and other materials reach the surface

weathering: the breaking down of rocks and other materials at the Earth's surface

penetración de la raíz: rotura de las rocas debida al crecimiento de las raíces de las plantas

peñasco costero: columna de roca resistente que permanece tras la erosión de un acantilado

pérdida de masa: movimiento descendente de los sedimentos, debido a la fuerza de la gravedad

perfil del suelo: corte transversal de los estratos del suelo

placa: referido a las placas tectónicas, uno de los bloques de forma irregular, que componen la litosfera de la Tierra

pliegue: doblez de una roca

polvo volcánico: las partículas más pequeñas de roca lanzadas al aire durante una erupción

raspadura: color del polvo dejado por un mineral al frotarlo contra una superficie dura

río inmaduro: río en una etapa temprana de su evolución

río maduro: río que ha ido evolucionando durante miles de años

roca: sustancia dura compuesta de una o más sustancias minerales o similares

roca clástica: roca sedimentaria formada por fragmentos de rocas ya existentes

roca estable: roca compuesta de minerales resistentes a la meteorización química

roca extrusiva: roca ígnea, formada por lava

roca intrusiva: roca ígnea formada a partir de magma

roca orgánica: roca sedimentaria formada, directa o indirectamente, por materiales que, alguna vez, fueron materia viva

roca química: roca sedimentaria no clástica, formada por procesos inorgánicos, como la evaporación

roca sedimentaria: roca formada por sedimentos comprimidos y cementados o por otros procesos no ígneos de la superficie terrestre

sedimentación: proceso por el cual los sedimentos se depositan en nuevos lugares

sedimento: partículas de roca o materia orgánica que han sido arrastradas y depositadas por el agua o el viento

sinclinal: pliegue de una roca hacia abajo

sismógrafo: instrumento que detecta y mide las ondas sísmicas

sismograma: registro de ondas sísmicas en un sismógrafo

sismólogo: científico que estudia los terremotos

sistema de drenaje: conjunto de arroyos y otras corrientes de agua que, por último, forman el río principal

subducción: proceso en el que la corteza penetra de nuevo en el interior de la Tierra

subsuelo: tierra en el estrato B, o capa media del suelo

suelo aluvial: tierra que es desplazada de su lugar de origen

suelo residual: suelo que permanece por encima de la roca sobre la que se formó

tectónica: rama de la geología que trata de los movimientos que conforman la corteza terrestre

témpano: iceberg, parte de un glaciar que se ha desprendido y va a la deriva en el mar

tensión: fuerzas que empujan y tiran de la corteza terrestre, deformándola

tensión de cizalla: tensión que empuja a las rocas en dos direcciones horizontales opuestas

teoría de la deriva continental: teoría propuesta por Alfred Wegener según la cual los continentes estuvieron unidos y se han ido separando

teoría de las placas tectónicas: teoría que combina las ideas de la corriente continental y el desplazamiento del fondo marino para explicar cómo la Tierra ha cambiado con el tiempo

terraza: plataforma plana de rocas, arena y limo, en la base de un acantilado

terremoto: agitación y temblor producido por el movimiento repentino de la corteza terrestre

till: rocas y tierra depositados directamente por un glacial

tracción: tipo de presión que separa las rocas

tributario: arroyo grande o río pequeño que fluye hacia el área de un río mayor

tsunami: ola marina gigante producida por un terremoto

volcán: lugar en la superficie terrestre a través del cual las rocas fundidas y otros materiales alcanzan la superficie

volcán compuesto: volcán constituido por capas alternativas de partículas de roca y lava

volcán de escudo: volcán compuesto de flujos de lava inactiva

Index

Índice

Créditos

Cover Background: Ken Karp
Photo Research: Omni-Photo Communications, Inc.
Contributing Artists: Illustrations: Warren Budd & Assoc. Ltd.; Gerry Schrenk, Mark Schuller; Carol Schwartz/Dilys Evans, Art Representatives; Charts and graphs: Function Thru Form
Photographs: 5 Dr. E. R. Degginger; 6 top: Lefever/Grushow/ Grant Heilman Photography; center: Index Stock Photography, Inc.; bottom: Rex Joseph; 8 top: James Blank/Stock Market; bottom: Soames Summerhays/ Science Source/ Photo Researchers, Inc.; 9 Douglas Faulkner/Photo Researchers, Inc.; 10 and 11 Jeff Gnass Photography; 12 left: Kent & Donna Dannen/Photo Researchers, Inc.; right: David Muench Photography Inc.; 13 G. R. Roberts/Omni-Photo Communications, Inc.; 14 left: G. R. Roberts/Omni-Photo Communications, Inc.; right: Geoff Johnson/Tony Stone Worldwide/Chicago Ltd.; 15 Steve Kaufman/Peter Arnold, Inc.; 16 Robert P. Comport/Animals Animals/Earth Scenes; 17 top: Dr. Nigel Smith/Animals Animals/Earth Scenes; bottom: G. R. Roberts/Omni-Photo Communications, Inc.; 19 left: Douglas Faulkner/Photo Researchers, Inc.; right: Victor Englebert/Photo Researchers, Inc.; 20 Doug Wechsler/Animals Animals/Earth Scenes; 21 Kent & Donna Dannen/Photo Researchers, Inc.; 22 Elaine Braithwaite/Peter Arnold, Inc.; 25 left: Werner H. Müller/Peter Arnold, Inc.; right: M. Long/Envision; 29 Carl Frank/ Photo Researchers, Inc.; 30 and 31 Alon Reininger/ Contact Press Images/ Woodfin Camp & Associates; 32 Frank Fournier/ Contact Press Images/Woodfin Camp & Associates; 33 top: William Felger/Grant Heilman Photography; bottom: Jules Bucher/ Photo Researchers, Inc.; 36 Clarence R. Allen/Seismological Laboratory/California Institute of Technology; 37 left and right: Granger Collection; 38 West Light; 41 top: Reuters/Bettmann; bottom: US Geological Survey; 42 top and bottom: William E. Ferguson; 43 top to bottom: Gary Rosenquist/Earth Images; 44 top: Reuters/Bettmann; bottom: J. C. Ratte/ USGS; 45 left: Jerry Frank/DPI; center:

Thomas Nebbia/Woodfin Camp & Associates; right: G. R. Roberts/Omni-Photo Communications, Inc.; 46 left: Mike Severns/Tom Stack & Associates; right: Joe McDonald/Animals Animals/Earth Scenes; 49 left and right: Scala/Art Resource; center: Napoli, Museo Nazionale/Scala/Art Resource; 53 Granger Collection; 54 and 55 USGS/EROS; 57 Martin Land/Science Photo Library/Photo Researchers, Inc.; 58 Bob Abraham/Stock Market; 59 Kunio Owaki/Stock Market; 60 left: John Shelton; right: Ragnar Larusson/Photo Researchers, Inc.; 63 Robert D. Ballard/ Woods Hole Oceanographic Institution; 66 Marie Tharp, Rebecca M. Espinosa; 67 David Parker/Science Photo Library/Photo Researchers, Inc.; 69 Catherine Ursillo/Photo Researchers, Inc.; 73 top: Tom McHugh/Photo Researchers, Inc.; center: Esao Hashimoto/Animals Animals/Earth Scenes; bottom: Tom McHugh/Photo Researchers, Inc.; 78 and 79 Fred Ward/ Black Star; 80 top: Dr. E. R. Degginger; center: Breck P. Kent; bottom: Stephenie S. Ferguson; 81 left and top right: William E. Ferguson; bottom right: Manfred Kage/ Peter Arnold, Inc.; 82 left: Carl Frank/Photo Researchers, Inc.; right: Martin Land/ Science Photo Library/Photo Researchers, Inc.; 83 top left: J. Cancalosi/Peter Arnold, Inc.; top center and bottom right: Dr. E. R. Degginger; top right: Martin Land/ Science Photo Library/Photo Research ers, Inc.; bottom left: Paul Silverman/Fundamental Photographs; bottom center: Dennis Purse/Photo Researchers, Inc.; 84 top left: Manfred Kage/ Peter Arnold, Inc.; center and right: Dr. E. R. Degginger; bottom left: J & L Weber/Peter Arnold, Inc.; 86 far left, center right, and far right: Dr. E. R. Degginger; left: Robert De Gugliemo/Science Photo Library/Photo Researchers, Inc.; center left: Roberto De Gugliemo/ Photo Researchers, Inc.; right: Jeffrey Scovil; 87 top left, top center, and top right: Grace Davies/Omni-Photo Communications, Inc.; center right and bottom right: Dr. E. R. Degginger; 88 left: Ken Karp/Omni-Photo Communications, Inc.; right: Dr. E. R. Degginger; 89 left and right: Dr. E. R. Degginger; 90 top left, center, and right: Photograph by Erica and Harold Van Pelt, courtesy American Museum of Natural History; bottom left: Steve Vidler/Leo De Wys, Inc.; 92 top right, bottom

left, and bottom right: Fred Ward/Black Star; center right: GE Corporation; 93 Nicole Galeazzi/Omni-Photo Communications, Inc.; 94 left: Soames Summerhays/Photo Researchers, Inc.; center and right: Breck P. Kent; 95 top: Spencer Swanger/Tom Stack & Associates; bottom left and bottom right: Dr. E. R. Degginger; 96 top left, top right, bottom left, and bottom right: Dr. E. R. Degginger; 98 top left and bottom right: Dr. E. R. Degginger; top right: Joyce Photographics/ Photo Researchers, Inc.; bottom left: Breck P. Kent; 99 left and right: Breck P. Kent; 100 Dr. E. R. Degginger; 101 left: Gerald Corsi/Tom Stack & Associates; top right: Breck P. Kent; center: John Buitenkant/Photo Researchers, Inc.; bottom right: Dr. E. R. Degginger; 102 top left: Dr. E. R. Degginger; bottom left: G. R. Roberts/Omni-Photo Communications, Inc.; right: Stephenie S. Ferguson; 103 left: Phil Degginger; right: Djorn Bolstad/Peter Arnold, Inc.; 104 top left: Don Carroll/Image Bank; top right: John Cancalosi/Peter Arnold, Inc.; center left: John S. Shelton; bottom left: G. R. Roberts/Omni-Photo Communications, Inc.; bottom right: Bob McKeever/Tom Stack & Associates; 105 left: Breck P. Kent; right: D. Cavagnaro/Peter Arnold, Inc.; 106 top and center top: Hubbard Scientific; center bottom and bottom: Breck P. Kent; 107 Breck P. Kent; 111 Photograph by Erica and Harold Van Pelt, courtesy American Museum of Natural History; 112 and 113 National Park Service; 114 left: William E. Ferguson; right: John Mead/ Science Photo Library/Photo Researchers, Inc.; 115 B. G. Murray, Jr./Animals Animals/Earth Scenes; 116 top and bottom: William E. Ferguson; bottom left: Henryk Tomasz Kaiser/Envision; 117 left: William E. Ferguson; right: Charlie Ott/Photo Researchers, Inc.; 118 Robert Lee/Photo Researchers, Inc.; 119 left: Adrienne T. Gibson/Animals Animals/ Earth Scenes; right: John S. Shelton; 120 left: Fred Whitehead/Animals Animals/Earth Scenes; right: Ilona Backhaus/Okapia/ Photo Researchers, Inc.; 123 top and bottom: USDA; 124 top: Walter Dawn; bottom: USDA; 125 Brian Parker/Tom Stack & Associates; 126 left: Dr. E. R. Degginger; right: Omni-Photo Communications, Inc.; 127 top: Asa C. Thoresen/Photo Researchers, Inc.; bottom: Chip

& Jill Isenhart/Tom Stack & Associates; 132 and 133: Chester Christian/Alpha; 134 R. Valentine Atkinson/Focus on Sports; 135 left: William E. Ferguson; center: Tom McHugh/Photo Researchers, Inc.; right: G. R. Roberts/Omni-Photo Communications, Inc.; 137 left: Tony Stone Worldwide/ Chicago Ltd.; right: Galen Rowell/ Peter Arnold, Inc.; 138 top left: Terry Donnelly/Tom Stack & Associates; top right: Ken Biggs/Tony Stone Worldwide/Chicago Ltd.; bottom: G. R. Roberts/Omni-Photo Communications, Inc.; 141 William E. Ferguson; 142 top: Lenore Weber/Omni-Photo Communications, Inc.; bottom: NASA/Omni-Photo Communications, Inc.; 143 left: Garry D. McMichael/Photo Researchers, Inc.; right: Pat and Tom Leeson/Photo Researchers, Inc.; 144 G. R. Roberts/Omni-Photo Communications, Inc.; 145 left: G. R. Roberts/Omni-Photo Communications, Inc.; right: Andrew Rakoczy/Photo Researchers, Inc.; 146 left: Stephen J. Krasemann/Peter Arnold, Inc.; right: Roger Mear/Tony Stone Worldwide/Chicago Ltd.; 147 top: Omni-Photo Communications, Inc.; bottom: NASA; 148 top: Helmut Gritscher/Peter Arnold, Inc.; bottom: Dr. E. R. Degginger; 149 left: Frans Lanting/Minden Pictures, Inc.; right: Stephenie S. Ferguson; 151 left: William E. Ferguson; right: Ed Cooper; 152 left: Suzanne and Nick Geary/Tony Stone Worldwide/Chicago Ltd.; right: Dr. E. R. Degginger; 153 top: Lawrence Manning/Tony Stone Worldwide/Chicago Ltd.; bottom left: Peter Newton/Tony Stone Worldwide/Chicago Ltd.; bottom right: C. Seghers/Photo Researchers, Inc.; 155 left: E.R.I.M./Tony Stone Worldwide/Chicago Ltd.; right: Farrell Grehan/Photo Researchers, Inc.; 159 Martin Wendler/Peter Arnold, Inc.; 160 top: Giraudon/Art Resource; bottom: Joe McNally/© 1984 Discover Magazine; 161 Joe McNally/© 1984 Discover Magazine; 162 Mike J. Howell/Envision; 163 and 164 Department of Energy; 166 left: David J. Cross/Peter Arnold, Inc.; right: UPI/Bettmann; 167 left: Michael Salas/Image Bank; right: Chuck O'Rear/Woodfin Camp & Associates; 168 David Muench Photography Inc.;187 Victor Englebert/Photo Researchers, Inc.